JINGJI GUANLI JIAOCAI

高等院校经济管理“十二五”

规划教材·人力资源管理系列

Labor Relation Management

劳动关系管理

尚 珂 左春玲◎著

中国发展出版社

图书在版编目（CIP）数据

劳动关系管理/尚珂，左春玲著．—北京：中国发展出版社，2011.9

ISBN 978-7-80234-710-6

Ⅰ.劳… Ⅱ.①尚… ②左… Ⅲ.劳动关系—管理 Ⅳ.F246

中国版本图书馆 CIP 数据核字（2011）第 162396 号

书　　名：劳动关系管理
著作责任者：尚　珂　左春玲
出版发行：中国发展出版社
（北京市西城区百万庄大街 16 号 8 层　100037）
标准书号：ISBN 978-7-80234-710-6
经 销 者：各地新华书店
印 刷 者：北京瑞哲印刷厂
开　　本：787×980mm　1/16
印　　张：18
字　　数：340 千字
版　　次：2011 年 9 月第 1 版
印　　次：2011 年 9 月第 1 次印刷
定　　价：32.00 元

咨询电话：（010）68990642　68990692
购书热线：（010）68990682　68990686
网　　址：http：//www.develpress.com.cn
电子邮件：fazhanreader@163.com
fazhan02@drc.gov.cn

Foreword

前　言

劳动关系是生产关系中极为重要的组成部分。随着生产力的飞速发展，劳动关系呈现出格局不断变迁，新类型及新模式迭出，以及走向趋同等多彩分呈的情态。因此，有必要对动态发展的劳动关系状况进行系统、及时、客观地追踪和总结，进而验证和发展劳动关系理论。在实践领域，企业是重要的、基本的经济单位，企业劳动关系的状况必然对企业的经济效率产生直接而且重大的影响。明确企业劳动关系发展的目标，选择实现目标的可行手段，制定操作程序和细节，检验和评价理论与实践、目标与结果之间的差异等等，这些决定企业劳动关系发展的重要内容需要经过全面梳理和科学提炼以形成具有普遍指导意义的一些结论和观点。另外，企业劳动关系管理越来越复杂，比如，如何依法进行集体谈判、维护雇佣双方的权益、处理劳动争议等，需要全面系统的理解与劳动关系管理相关的法律体系。因此，研究劳动关系系统，研究它与生产力系统的关系及耦动机制，研究劳动关系管理的法律体系及相关规定在实践中的应用是紧扣发展脉搏的现实性议题。

本书主要从宏观和微观两个角度对劳动关系管理理论进行阐述。宏观部分主要内容包括：劳动关系与劳动关系管理概论、劳动关系主体与劳动力市场、宏观劳动关系管理机制、中国的劳动关系及劳动关系管理、劳动关系管理法律体系五部分。微观部分主要内容包括：企业劳动关系管理概述、企业劳动合同管理、企业劳动标准实施管理、企业集体合同管理、企业民主管理、企业劳动争议管理和企业特殊身份人员的劳动关系管理六部分。

在研究中，本书将劳动关系理论与实践领域的众多理论、经验与事例等分别归入宏观和微观两个分析框架。在宏观部分提出“宏观劳动关系管理”概念并对其内在管理机制进行科学的阐述；微观部分中，针对企业几类特殊身份人员的劳动关系管理展开专门论述。

本书的特点主要表现在以下三个方面：一是结构清晰，内容分别归入宏观和微观两个框架之中；二是细致阐述劳动关系管理经典的、核心的、普适的理论、原则和方法，特别针对企业中特殊人员具体的劳动关系管理进行了详细阐述，对与劳动相关法律的阐述从劳动关系管理构架出发，贯穿于各相关内容中直接与企业劳动关系管理实践相结合；三是在编写方法上，本书更注重内容的先进性、实用性和可操作性，表达形式力求通俗简练。

本书读者对象主要面向劳动科学领域（人力资源管理专业、劳动与社会保障专业、劳动关系专业等）本科学生、正在从事或有兴趣从事劳动关系管理的企业及社会人员；也可作为高等职业院校、大学和专科院校、成人院校企业管理专业的培训教材。

在书中，参考了众多专家学者的学术观点、研究成果，在此表示感谢。由于水平的局限性，不足的地方在所难免，疏漏之处敬请读者批评指正。对于书中一些有争议的问题愿意与同行切磋商榷，相互交流。

作　者

2011年8月

Contents

目 录

宏观篇

第 1 章 劳动关系与劳动关系管理概论 …… 2
1.1 劳动关系概述 …… 3
1.2 劳动关系系统及其运行 …… 8
1.3 劳动关系管理概述 …… 10
1.4 劳动关系管理的法律体系 …… 17
本章小结 …… 19
思考题 …… 19

第 2 章 劳动关系主体与劳动力市场 …… 20
2.1 劳动关系中的劳动者及工会组织 …… 21
2.2 劳动关系中的雇主及雇主组织 …… 28
2.3 劳动关系中的政府 …… 32
2.4 劳动关系与劳动力市场 …… 37
本章小结 …… 43
思考题 …… 43

第 3 章 宏观劳动关系管理 …… 44
3.1 集体谈判制度 …… 45
3.2 三方协商机制 …… 56
3.3 雇员参与制度 …… 65
本章小结 …… 70
思考题 …… 71

第 4 章 中国的劳动关系及劳动关系管理 …… 72
4.1 中国劳动关系发展历程 …… 73
4.2 中国宏观劳动关系管理制度变迁 …… 81
本章小结 …… 89
思考题 …… 89

微观篇

第 5 章 企业劳动关系管理概述 …… 92
5.1 企业劳动关系管理概述 …… 93
5.2 中国企业劳动关系管理模式 …… 97
本章小结 …… 105
思考题 …… 105
案例思考 …… 105

第 6 章 企业劳动合同管理 …… 107
6.1 劳动合同概述 …… 108
6.2 企业劳动合同管理概述 …… 113
6.3 中国企业劳动合同管理状况 …… 134
6.4 中国企业劳动合同的程序性管理 …… 136
本章小结 …… 147

思考题 …… 147
案例思考 …… 147

第 7 章 企业劳动关系管理之劳动标准实施管理 …… 149
7.1 企业劳动标准管理概述 …… 150
7.2 企业劳动关系管理之工时与休息休假管理 …… 152
7.3 企业劳动关系管理之薪酬与福利管理 …… 160
7.4 企业劳动关系管理之职业卫生与安全管理 …… 166
本章小结 …… 169
思考题 …… 170
案例思考 …… 170

第 8 章 企业集体合同管理 …… 171
8.1 企业集体谈判与集体合同制度概述 …… 172
8.2 企业集体合同管理 …… 178
本章小结 …… 185
思考题 …… 185
案例思考 …… 185

第 9 章 企业民主管理 …… 187
9.1 企业民主管理概述 …… 188
9.2 企业民主管理在中国的一般形式 …… 191
9.3 企业民主管理在中国的特殊形式 …… 200
9.4 中国企业民主管理状况 …… 203
本章小结 …… 208
思考题 …… 208
案例思考 …… 208

第 10 章 企业劳动争议处理 …… 210
10.1 企业劳动争议管理概述 …… 211
10.2 企业劳动争议处理 …… 218
本章小结 …… 232
思考题 …… 233
案例思考 …… 233

第 11 章 企业特殊人员的劳动关系管理 …… 234
11.1 身份特殊类职工的劳动关系管理 …… 235
11.2 身体特殊类职工的劳动关系管理 …… 249
11.3 职务特殊类职工的劳动关系管理 …… 255
11.4 用工形式特殊类职工的劳动关系管理 …… 258
11.5 工龄特殊类职工的劳动关系管理 …… 263
11.6 地位特殊类职工的劳动关系管理 …… 265
11.7 表现特殊类职工的劳动关系管理 …… 268
本章小结 …… 272
思考题 …… 272
案例思考 …… 273

参考文献 …… 274

宏观篇

第1章

劳动关系与劳动关系管理概论

学习目标

1. 正确认识劳动关系、劳动关系管理的内涵
2. 掌握劳动关系的性质、类型及实质
3. 掌握劳动关系系统运行的机制、过程及机制
4. 了解劳动关系和劳动关系管理理论及劳动关系管理类型和模式
5. 了解劳动关系管理法律体系的概况

内容预览

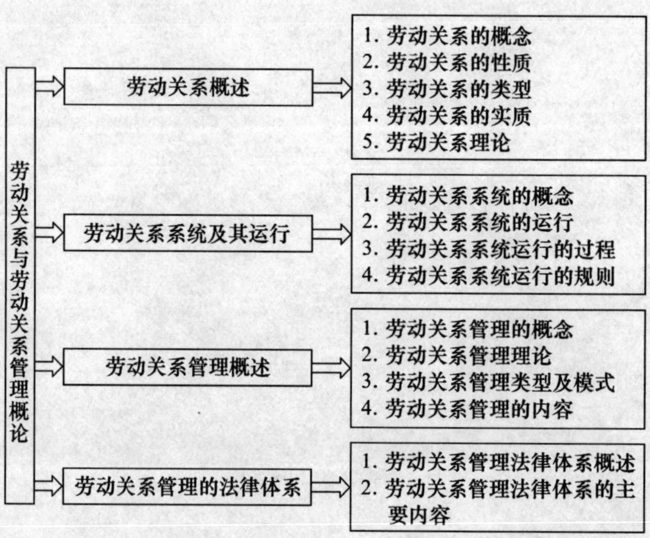

1.1　劳动关系概述

1.1.1　劳动关系的概念

劳动关系是在特定社会背景下，劳动者与劳动力使用者以及相关组织为实现劳动过程所构成的社会经济关系。

知识拓展　　劳动关系下的劳动者与劳动力使用者范畴

1. 劳动者的范畴

不同学科对劳动者有不同的界定。劳动关系管理主要在法学意义“劳动者”概念的基础上形成关于“劳动者”范畴。

我国《劳动合同法》中提到的“劳动者”是指与中华人民共和国境内的企业、个体经济组织、民办非企业单位等组织建立劳动关系的人员。

公务员、比照实行公务员制度管理的工作人员、现役军人、事业单位实行聘用制但另有规定的人员、自给自足的农民、帮工、不从属于劳务派遣公司的保姆等不适用《劳动合同法》的人员不属于本书所指的劳动关系下的劳动者范畴。

2. 劳动力使用者的范畴

劳动力的使用者主要分为劳动力的直接使用者和间接使用者两类。其内涵是指基于直接或间接的劳动契约关系而使用劳动力，以自然人或法人为代表承担相应民事权利与义务的单位或个人。

1.1.2　劳动关系的性质

劳动关系是一种具有从属特征的雇佣关系。

1. 劳动关系与雇佣关系

雇佣关系是指劳动者与劳动力使用者通过合法途径，一方有偿供给劳动力，另一方有偿使用劳动力以实现其各自的利益，进而结成的社会经济关系。

关于劳动关系与雇佣关系的关系，有三种看法：第一，二者是并列关系；第二，劳动关系包容雇佣关系；第三，雇佣关系包容劳动关系。本书认为第三种观点更加符合中国劳动关系研究的实际。在雇佣关系中，除劳动关系之外，还包括一系列“非劳动关系的雇佣关系”。

2. 劳动关系的从属性

关于劳动关系的从属性，可以结合生产要素论[①]来加以描述。生产要素分析认为，在劳动过程中，资本、管理等生产要素总是具有稀缺性和排他性，这使得劳动过程中劳动者总是处于被支配和被管理的地位，这种情形综合表现的结果往往呈现出劳动者对于资本等其他要素的从属性特征。

知识拓展　　非劳动关系的雇佣关系

1. 家庭帮工，如家务钟点工、保姆、家庭教师、家庭护士等与雇主间的雇佣关系。

2. 农民帮工，如联合收割机手、采棉工等，与雇主间的雇佣关系。

3. 合作型雇工形式下的雇佣关系，如出租车公司与只需定期上缴“份钱”，其他工作安排受公司约束较小的出租车司机之间的雇佣关系等。

4. 以完成特定劳动事项为限的雇佣形式。例如，临时雇人搬运重物的雇主与被雇者之间的雇佣关系等。

5. 返聘人员与雇主间的雇佣关系。

资料来源：罗睿：《雇佣关系的概念体系及其调整模式》，http：//www. civillaw. com. cn/article。

1.1.3　劳动关系的类型

按照不同的标准，可对劳动关系进行以下不同类型的划分。

以劳动关系主体构成为标准，劳动关系分为狭义劳动关系和广义劳动关系。狭义劳动关系指在具体的劳动组织中，劳动者个人与劳动力使用者之间形成的社会经济关系。广义劳动关系指在实现劳动的过程中劳动者与劳动力使用者以及相关的社会组织之间的社会经济关系。广义劳动关系分为个别劳动关系、集体劳动关系和社会劳动关系三个层次（见表1－1）。

---

① 生产要素分析有多种学派。其中，“二要素论”认为生产要素包括劳动者与劳动工具两种要素；“三要素论”认为劳动、资本、土地是一切社会生产所不可缺少的三个要素；“四要素论”认为在三要素论的基础上，生产要素还应增加管理要素；“五要素论”认为在前述基础上还应将信息因素加入生产要素中。

表1-1 广义劳动关系的层次结构

	层 次	主 体	特 征
广义劳动关系	个别劳动关系	个别劳动者、具体的雇主	主体独立、雇主权利强势
	集体劳动关系	工会所代表的劳动者群体、雇主或雇主组织	主体独立、权利对等、工会代表
	社会劳动关系	劳方、资方和政府	政府作为直接主体介入社会劳动关系中

以利益关系格局为标准，劳动关系分为利益冲突型、利益协调型和利益一体型。二战前西方国家和当代英国的劳动关系属于利益冲突型；德国及北欧国家的劳动关系属于利益协调型；以日本为代表的部分东亚国家以及社会主义国家中国有企业的劳动关系表现为利益一体型。

以双方力量对比状况为标准，劳动关系分为均衡型、倾斜型（资方主导）和政府主导型。

1.1.4 劳动关系的实质

劳动关系是生产关系的重要组成部分。在生产资料所有制关系一定的条件下，劳动关系即是生产关系。

劳动关系是一个多层次的概念。第一级劳动关系涉及人们在直接的生产和服务过程中共同活动和互相交换其活动的各种关系。其实质可概括为个别劳动与个别资本之间的关系。这一级劳动关系反映的是劳动者与资本相结合的社会形式，是通过人与人的关系来解决人与物的关系。第二级劳动关系则囊括了除直接生产和服务过程以外的，人们在交换、分配等领域表现出来的社会经济关系。其实质表现为劳动者群体与其他社会经济组织之间的关系。第三级劳动关系是泛化的劳动关系，它超越了社会经济关系的局限，包括由前两级劳动关系衍生出来的各种社会关系，如政治的、法律的、宗教的、道德的以及各种意识形态方面的相互关系等，其实质表现为与劳动关系相关的各类上层建筑之间的交互关系。

1.1.5 劳动关系理论

劳动关系理论主要是研究劳动关系的主体特征、劳动关系的存在形式以及劳动关系形成的机制等问题。这方面的理论分为两类：一是有关劳工问题和工会的理论；二是关于劳动关系状态的理论。

1. 有关劳工问题和工会的理论

劳工理论最早发轫于古典经济学理论。18世纪中到19世纪中，古典经济学学者通过对当时经济制度的观察，发现资本主义经济制度下，在工资分配机制上存在劳资矛盾或劳资调和。亚当·斯密认为：劳动者总是希望多得工资，而雇主则期望少付工资，利益矛盾使得这两类人寻求成立各自的组织以提出和坚持自己的观点。而工人组织往往更具有暴力性和侵犯性。李嘉图论证了工资和利润的对立关系，进而揭示了资本主义社会的阶级对立关系。约翰·密尔认为工资和利润是工人和资本家分别牺牲“安乐与休息”和“享受”所应得的报酬，因此，劳资关系是共同牺牲的伙伴关系。基于这种观点，密尔主张建立劳资合作关系。

到了19世纪中叶，劳工问题已经演化成严重的社会问题。马克思开创了劳资关系和劳工运动理论。他认为：资本主义的劳动关系本质上是对抗性的劳动关系。具体表现为：劳资关系是无产阶级与资产阶级之间的对立关系；劳资关系是剥削与被剥削的关系；劳资关系是建立在生产资料私有制基础上的具有阶级斗争性质的关系；合法斗争与非法斗争相结合是重要的革命策略；在资本主义条件下工会是合乎规律的必然现象，工会要与政党在政治斗争中协同动作，为工人阶级的彻底解放而努力。

19世纪末20世纪初，韦伯夫妇提出了产业民主思想。劳工运动的原因在于工人阶级要求提高他们在工业社会中的经济和社会地位。只要这种内在需求不灭，劳工运动就会存续。韦伯夫妇分析了工会主义的起源、策略等，指出工会是产业民主的代理人。约翰·康芒斯认为，劳资双方间存在既相互分离，又相互合作的工资意识；美国的工会本质上并非阶级意识的产物；工会是经济制度中可以代表工人与雇主进行谈判的力量。罗伯特·霍克斯根据工会职能的不同，将当时的工会主义分为：商业工会主义（其目标主要是提高工资和改善工作条件）、提高工会主义（目标主要是提高会员的福利、教育和娱乐状况）、革命工会主义（目标是推翻现存经济和政治体制）、掠夺工会主义（通过同雇主结盟侵害工会会员和消费者）和依附工会主义（通过组建听命于雇主的工会来防止其他工会组织本企业雇员）。尽管这些劳工理论及思想主要针对工业革命以来劳工问题的某个侧面来展开论述，但它们对劳动关系状况的认知为以后的理论奠定了基础。

2. 有关劳动关系状态的理论

关于劳动关系到底处于何种状态，存在多元主义、一元主义和冲突理论三种代表性观点，见图1.1。

多元主义流派的理论认为，劳动关系领域存在着多个利益集团，他们通过其所拥有的权力来影响和实现利益。这一流派中的代表性理论是劳动关系系统论。美国经济学家邓洛普首先将系统理论模型引入劳动关系研究中，他将劳动领域所观察的对象构造为由主体、环境、意识形态和规则网络构成的系统。这个系统的主要作用就是将冲突转化为规则。具体讲，就是首先输

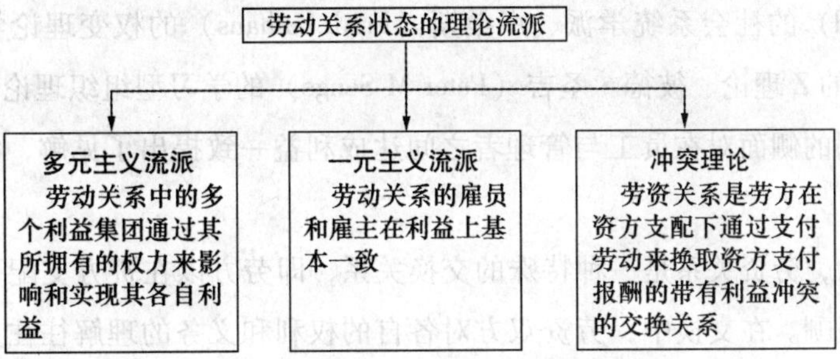

图1.1　劳动关系状态理论的流派

入主体、环境和意识形态，然后经过系统内部转换（如通过集体谈判或仲裁机制等），形成并输出规则，最终这些规则再反馈到输入和转换过程中以校正和检验。在邓洛普的理论中，劳动关系系统是一个静态系统，他假定系统的各个组成部分内在稳定，各构成要素彼此不发生作用。这种假设方法在描述复杂多变的劳动关系系统时无疑存在重大缺陷。在邓洛普劳动关系系统论的基础上，克里格（Aiton W. J. Craig）、达福梯（Norman F. Dufty）、桑德沃（Marcus H. Sandver）和安德森等人对劳动关系系统论进行了创新。其中，安德森突破了静态模型的设计方法，安德森模型认为劳动关系系统由“投入、主体、转换过程和产出”四个相互连续的部分组成，并且投入和主体的性质同时也受转换过程和产出部分的直接和间接影响。各部分之间的相互作用使得劳动关系系统成为一个内部具有因果联系的动态系统，即使没有系统外其他因素的作用，整个劳动关系系统在内在因素的作用下仍然会呈现动态多变的特点。

一元主义流派的理论认为，劳动关系的主体（即雇员和雇主）在利益上是基本一致的，因为雇主追求效益提升的同时，雇员的利益状况也会得到改善。一元主义流派产生于20世纪初，理论研讨的核心是如何提高管理的科学性，以达到效率提升和劳动关系和谐的双重目标。因此，一元主义流派的理论实际上蕴藏于大量的管理理论之中。在一元主义流派的起源阶段，古典管理学家弗雷德里克·泰勒、马克思·韦伯和亨利·法约尔的古典管理理论认为，员工具有“经济人”属性，因此，只要提高劳动生产率，就可以扩大利益分配的基础，而提高了员工的工资，劳资矛盾就会缓和。在一元主义流派的发展阶段，学者们开始将员工视为“社会人”。马斯洛、麦格雷戈、赫茨博格等针对人的需要、行为动机和人际关系问题展开研究，认为人的心理、行为等会对高效率实现组织目标产生重大影响。劳动关系方面所呈现出的问题实际上就是“人”的问题的体现。到了一元主义流派的完善阶段，特别是二战后，企业管理理论将员工行为放在更广泛、更开放的系统中去考量，认为在实现组织目标的同时满足组织成员的个人需要，才能使劳资利益更好地结合。这一时期的代表性理论有孔茨（H. Koontz）的管理过程学派、巴纳德

（Chester. I. Barnard）的社会系统学派、卢桑斯（Fred. Luthans）的权变理论学派、威廉·大内（William Ouchi）的Z理论、彼德·圣吉（Peter M Senge）的学习型组织理论等。这些理论运用不同的工具从不同的侧面对在员工与管理者之间达成利益一致提出了见解，为增进员工参与等提出了管理策略。

冲突理论认为，劳资关系是一种特殊的交换关系，即劳方以在资方支配下从事劳动为代价来换取资方支付报酬。在交换中，劳资双方对各自的权利和义务的理解往往充满不确定性，双方都容易以为对方没有很好地履行其义务，自己没有得到应得的权利而产生不满，进而可能产生劳资冲突。冲突理论有两个研究视角：一是研究劳方产生不满感并进而抗争的原因和抗争的表达形式等问题。二是研究资方如何管理、控制劳方，如何化解工人的不满，如何调控工人释放不满的方式等问题。以马克思为代表的冲突论学者认为，劳动力是一种可变资本，这种可变性意味着把劳动力转化为生产利润的有效劳动需要资本对劳动过程进行控制。与马克思的认为“资本必须直接控制工人”的观点不同，弗来德曼、埃德沃兹、布洛维等人的理论强调资本需要适应工人的抗争，强调管理者应该承认工人的某些权利要求，而不是一味采取直接的强制手段。

上述劳动关系状况的三大理论流派为当代的劳动关系管理实践提供了理论依据。

1.2 劳动关系系统及其运行

1.2.1 劳动关系系统的概念

劳动关系系统是指以劳动关系为基本关系，通过输入外部环境因素，产生出一系列规则，并在这三者之间构成各种反馈的系统。其中，政治、经济、社会等外部环境因素的投入构成劳动关系系统存在的社会条件；劳、资、政三方是劳动关系系统的主体；劳动关系系统运行或转换过程的结果形成规则，这种规则反过来又会影响到劳动关系的外部因素以及劳动关系系统本身的运行。

1.2.2 劳动关系系统的运行

劳动关系系统的运行是指系统主体的组织构成和变动、系统内外的权利分配和关系处理及作用发挥的过程和方式。要确切把握劳动关系系统的运行状况，需要对其运行状态、运行过程以及运行规则等进行详细的探查。

1. 劳动关系系统运行的状态

劳动关系系统运行的状态所指的对象是一个连续且动态变化的事物，它的极端表现形式有两个，即劳动关系和谐发展的良性状态和劳动关系畸形发展的恶性状态。通常情况下，劳动关系系统的运行状态介于这两个极端状态之间。

劳动关系和谐发展可能呈现的状态有：劳资关系稳定，劳动标准水平较高且执行有力，劳资双方满意度高，劳方主体组织承诺强，等等。见图1.2。

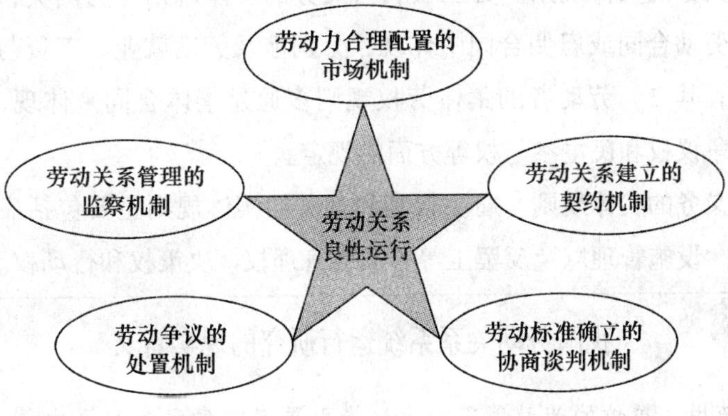

图1.2　劳动关系良性运行的机制保障

劳动关系畸形发展的表现有：劳资冲突显性化；劳资主体权责不对等；劳动关系主体虚位、缺位或错位；等等。

2. 劳动关系系统运行的过程

劳动关系系统运行的过程一般分三个阶段。首先是劳动关系的组织构成阶段，其次是劳动标准的确定和实施阶段，再次是劳动争议的处理和解决阶段。

3. 劳动关系系统运行的规则

劳动关系系统的运行规则分为程序规则和实体规则两类。

(1) 程序规则。劳动关系系统运行的程序规则主要指劳动关系系统运行中所遵循的原则、方法和形式等。这有三个层面的程序规则。

①个别劳动关系的运行规则。这些规则主要蕴藏于劳动力市场运行规则、劳动合同法等法律体系中。这类规则主要用于规范劳动合同的签订、变更、撤销及终止程序；规范劳动者就业准入及劳动力市场中介行为程序等。

②集体劳动关系的运行规则。这类规则主要为劳动者结社、集体谈判、民主参与和三方协商以及集体行动等事项提出程序性安排。例如，缔结工会的程序、工资集体谈判的程序、职工董事产生程序、合法罢工程序等。

③劳动行政和劳动争议处理规则。主要涉及劳动行政、劳动监察和争议处理中的程序性问题。比如，劳动行政处罚的施行程序、劳动争议的调解或仲裁程序等。

（2）实体规则。劳动关系系统运行的实体规则主要涉及劳动关系各方主体的权利、义务方面的规定，具体表现为劳动者和雇主的权利、义务和实现途径方面的规定。

①劳工权利与义务的实体规则。劳工权利与义务的实体规则分为两类：其一，劳动者的个别劳权规则主要在劳动合同或雇佣合同中体现，分别涉及劳动就业、工资与福利、工时、职业安全与卫生等方面；其二，劳动者的集体劳权规则多通过集体合同来体现，主要包括团结权、集体谈判权、集体争议权和民主参与权等方面的规定。

②雇主权利和义务的实体规则。雇主权利和义务的实体规则主要包括雇主在组织生产、人事安排、业务运行、设施管理以及反罢工等方面的管理权、决策权和行动权。

知识拓展　　我国劳动关系系统运行研究的现实意义

（1）可以规范用人单位的劳动用工行为，指引更多的雇主参与民主创建活动，自觉承担社会责任，促进用人单位和谐劳动关系的形成。

（2）可以引导劳动者形成劳权意识，帮助劳动者运用正确的手段来维护和提高自身劳动权益。

（3）可以推动相关法律法规的构建与完善，帮助劳动关系系统的三方主体及时、准确地对新形势下出现的劳动关系新情况、新问题进行认识、判断和处理。

1.3 劳动关系管理概述

1.3.1 劳动关系管理的概念及内容

1. 劳动关系管理的概念

劳动关系管理是指劳动关系系统各方主体积极行动以调整劳动关系格局或者主动参与制定

调整决策的各种行为的总称。通常，政府有对国家或地区劳动关系格局进行宏观调控的权力；雇主和雇主组织可以对企业或行业劳动关系格局直接进行管理；劳动者可以通过职工董事、职工监事或通过员工持股渠道参与企业劳动关系的民主管理。

2. 劳动关系管理的内容

实践中，劳动关系管理的核心内容是在劳动关系管理理念的基础上，再结合管理技术的应用而发展形成的。

具体来讲，劳动关系管理有三个层面的内容。

第一层面，即在直接实施劳动过程的层面，劳动关系管理主要包括劳动合同管理、集体合同管理、劳动标准的实施管理、劳动争议管理、企业民主管理等内容。

第二层面，即第一层面的外延层面，劳动关系管理主要覆盖劳动力市场管理、劳动关系三方协商制度的实施管理、集体谈判制度的实施管理等内容。

第三层面，即劳动关系调整的上层建筑层面，劳动关系管理的主要内容就是形成劳动关系调整的各种制度规则，具体讲就是形成相关法律、制度和惯例。

1.3.2　劳动关系管理理论

基于多元主义流派、一元主义流派和冲突理论对劳动关系的表现形态和运行机制的不同认识，劳动关系管理理论也分为三类，见图1.3。

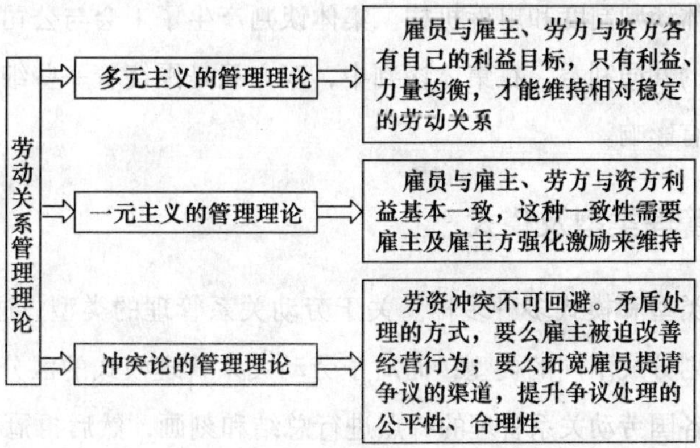

图1.3　劳动关系管理理论的分类

多元主义流派下的劳动关系管理承认劳动关系中多利益目标的存在，强调劳动关系的均衡发展，追求通过管理手段使劳动关系各方主体达到利益均衡。这类理论认为，集体谈判是劳动关系管理的核心机制，此外制定劳动合同和劳动争议处理制度，创设工人参与管理的机制，鼓励劳资合作等都可以有效地平衡劳动关系管理中的利益格局。

一元主义流派下的劳动关系管理强调在“员工与管理者利益一致”的意识前提下考量各主体的特点并设计管理和激励机制。在内容型激励理论中，马斯洛、奥尔德佛、赫茨泊格、麦克利兰等从理论上对员工的需要进行了划分，认为员工是有多层次需要的，应依据需要的差异来设计激励措施；在进行员工管理时，应充分了解员工的特点，尽量将其安排在他喜欢的工作岗位上；在组织中应合理搭配处在不同需要层次上的人员；等等。在过程型激励理论论丛中，佛隆、劳勒、亚当斯、洛克、波特等从不同的视角分析了激励的过程机制，认为要提高组织管理效果，应按以下原则设计激励制度，即按需激励；物质激励与精神激励相结合；内在激励与外在激励相结合；正激励与负激励相结合；组织目标与个人目标相结合。唯如此，才能在组织绩效目标实现的同时实现个人利益目标。

冲突理论下的劳动关系管理承认劳资冲突的必然性，强调调整资本主义企业管理方式以适应工人抗争。弗来德曼提出高层管理者可以在“责任自治”和“直接控制”两种极端的管理策略之间采取相应行动来行使他们对工人的权威。埃德沃兹提出了“技术控制”和“官僚控制”两种管理方式。其中，官僚控制的根本特征是将公司内部等级权利的行使制度化，即工作任务的界定和指挥，工人绩效的评估、报酬的分配等都依赖于规则和程序，而非依赖于管理者本人的标准。这样，对于工人的评判就获得了一定的客观性和合法性。如果工人不同意管理者的评估，可以通过申诉来试图矫正。布洛维建议建立“内部国家”的管理策略来应对劳资冲突，主张在公司内部建立集体谈判制度和申诉机构。集体谈判产生了工会与公司之间的一种建立在企业生存和发展基础上的共同利益。在集体谈判中，双方只是围绕着一些细节而进行斗争，对劳资关系的本质特性没有影响。

1.3.3 劳动关系管理类型及模式

劳动关系管理的类型和模式多种多样。关于劳动关系管理的类型，通过设定不同的标准，即可依据特定的标准划分成不同的类型；而对于劳动关系管理模式的区分，通常的做法是，以国家为单位，通过对各国劳动关系管理的特点进行总结和刻画，然后再冠以“××模式”而得到。

1. 劳动关系管理的类型

通常，依据各国处理劳资关系的方式和制度特征，劳动关系管理分为多元放任式、协约自治式、统合式和斗争式（见表1-2）。

表1-2 劳动关系管理的类型

类 型	主要特征	代表国家
多元放任式	政府对劳动关系的干预较小，认为市场是决定就业状况的至关重要的因素，工会倾向于以短期利益换取长期利益	美国
协约自治式	以正统多元论学派理论为基础，主张劳资双方通过谈判取得均衡与和谐，以协约自治原则处理劳资事务。协约自治式又分为“劳资抗衡”和“劳资制衡”两个细类	法国、德国、意大利等
统合式	以管理主义学派和自由改革主义学派理论为基础，分为“社会统合”、“经营者统合”、“国家统合”三种类型	瑞典、日本
斗争式	认为雇佣劳动和剩余价值的生产所导致的剥削与被剥削的关系，劳资之间存在着不可调和的阶级矛盾，因而主张以阶级斗争方式解决劳动问题	1949年10月至社会主义改造完成之前的中国

2. 劳动关系管理的模式

对于劳动关系管理模式的区分，主要考察三方面因素：一是看政府持何种经济理念，是经济自由主义，还是国家干预主义等；二是看政府抱有何种政治理念，是自由放任主义，还是法团主义①等；三是看政府主张的是何种劳动关系理论，是一元论、多元论，还是斗争论。以此为尺度区分出的代表性国家的劳动关系管理模式分别是德国模式、日本模式和美国模式（见图1.4）。

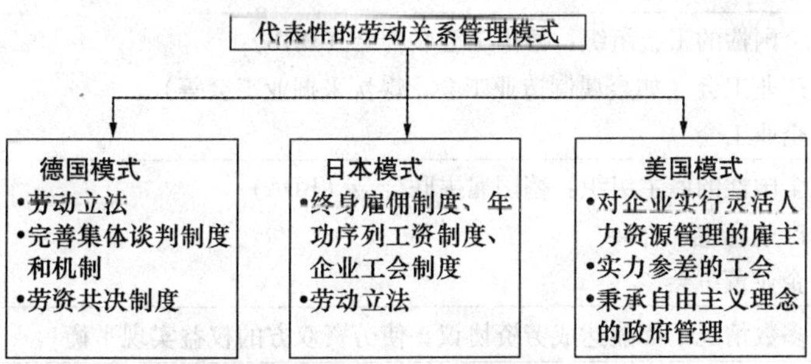

图1.4 劳动关系状态理论的流派

（1）德国模式。德国模式肇始于20世纪20年代，于二战后逐步成形。其基本理念和传统

① 法团主义也称工团主义、阶级合作主义等。法团主义的思想和实践与欧洲经济社团的集权化、经济市场中的垄断化、寡头化和卡特尔化倾向、雇主联合会的建立、组织良好的工会运动的发展、集权化的工会联盟的出现以及国家对经济干预的增强等因素有着极为密切的联系，可以说是资本主义发展到一定历史阶段的必然产物。近来西欧法团主义倾向已经表现为中央工会和产业组织共同参与经济政策的制定。这种做法事实上扩大了民主，缓和了资本主义的基本矛盾。法团主义的权力机构模式由高级国家机构成员、工商社团的高级成员和工会的高层人士组成，他们的权力来源于资本主义社会的阶级结构。

做法在社会民主党长期执政的欧洲国家中具有代表性。德国模式稳定发展了大约 30 多年，在进入到八九十年代以后逐渐受到挑战。

德国劳动关系管理的理论基础是社会市场经济理论。该理论主张经济体制应该以自由市场机制调节为主，国家的有限干预为辅。市场经济不能完全自由放任，而应有强有力的社会政策。必须兼顾社会效率与社会公平两大原则。

德国劳动关系管理模式的核心精神是：劳资双方的实力必须保持相对均衡。该模式奉行的政策主要是：政府宏观调控和劳资双方自治。

德国劳动关系管理模式的具体做法有三点：

①强化劳动立法。德国民法典对劳资双方的权利义务做了原则性规定。此外，德国还制定了 70 多部全国性法律、法规来规范雇主与雇员之间的劳动关系。

②完善集体谈判制度和机制。在德国，劳资协议以劳资双方集体谈判形式来确定，其基本特点如下（见表 1-3）。

表 1-3　德国集体谈判制度的基本特点

框　架	特点及内容
谈判时间	大多每年进行一次
谈判结构	分别在国家、产业和企业三级劳资双方间进行，并以产业级谈判为主
谈判主题	集体谈判每年有不同的主题
劳方谈判主体	全国性的工会组织：德国工会联合会（DGB） 产业工会（如金属制造业工会，煤炭采掘业工会等） 企业工会
资方谈判主体	全国性的雇主组织：德国雇主联合会（BDA） 产业雇主联合会 企业董事会
谈判结果	多数情况下都能达成劳资协议，使劳资双方的权益实现平衡
集体协议效力	集体协议对雇主具有明确的强制约束力；对雇员的约束较弱 根据有利适用原则，如果劳资双方又达成了比集体协议更有利的契约式约定，则该约定不受集体协议影响

③巩固劳资共决制度。德国法律规定，德国企业应根据雇员人数建立相应机构，代表雇员参与管理与决策（见图 1.5）。

总之，德国劳动关系管理模式的核心机制为：劳资协议自治，即劳资双方在不受国家干预的条件下，通过集体谈判自行确定雇员、劳动报酬和工作条件。

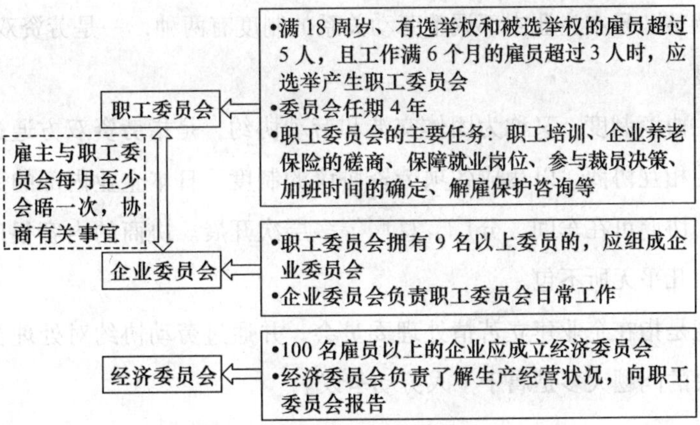

图1.5　德国的劳资共决制度框架

(2) 日本模式。日本的劳动关系管理模式形成于二战结束后。在渡过了二战后初期的劳资矛盾尖锐期以后，从60年代开始逐步进入到稳定发展期。

日本劳动关系管理的理论基础是管理主义学派。该学派主张劳资关系一元论，强调员工和管理方的相互信任与合作。日本劳资关系调整的三大支柱是终身雇佣制度、年功序列工资制度以及企业工会制度。在劳资关系三大支柱的作用下，劳方对企业的目标高度认同。到了八九十年代，泡沫经济使日本企业深陷困境，企业化的劳资关系格局受到挑战。日本劳资关系中的终身雇佣、年功序列工资等制度受到冲击，劳资关系不稳定因素增加。

日本劳动关系管理的调整机制有三种：

①立法调整。日本构建了完备的法律体系以调整劳动关系。不同类型、不同级别的法律拥有各自特定的调整对象（见表1-4）。

表1-4　日本调整劳动关系的法律体系

法律类型	具体法律举例
劳动关系调整基本法	《劳动组合法》、《劳动基准法》、《劳动关系调整法》
调整个别劳动关系的法律	《劳动安全卫生法》、《最低工资法》、《劳灾保险法》、《劳动者派遣法》、《育儿休业法》等
调整集体劳动关系的法律	《工会法》、《国营企业劳动关系调整法》等

②惯例调整。在长期实践中，日本企业形成了一系列的劳动关系惯例调整机制。如每年2月至3月的“春斗”（工资集体谈判）、10月至11月的“秋斗”（劳动条件集体谈判），终身雇佣制和年功序列制等都是在日本企业内部自发形成的惯例调整制度。

③企业内部调整。日本企业内部调整劳动关系的制度有两种，一是劳资双方自主协商制度，二是苦情处理制度。

劳资双方自主协商制度，又称为团体交涉和劳动协约，是指劳资双方通过经常性的、多层次的、内容广泛的相互协商，以达成各项劳资协议的制度。日本企业内部的劳资自主协商一般一个月进行一次。协商可在车间、分厂、总厂等多层次开展。协商的内容很广泛，从日常生活到企业经营活动，几乎无所不包。

苦情处理制度是指在企业建立苦情处理委员会，并通过劳动协约对处理苦情的原则和程序做具体规定，解决的问题大多是属于个人劳动争议。

表 1-5　日本调整劳动关系的组织机构

机构名称	调整劳动关系的主要做法及特征
劳动行政部门	政府劳动行政部门不直接参与企业内部的劳动关系，也不直接参与劳动争议的处理；而是采取措施为劳动关系的良好发展创造外部条件，促进劳动关系的和谐、稳定
工会组织	日本以企业工会为主，大多数的企业工会都加入某一行业工会，并通过行业工会加入全国工会。各企业工会不仅在组织运营或工会活动中享有极大的自由权，而且在财政上也采取独立结算的原则。在协调劳动关系的过程中，企业工会发挥着基础性的重要作用，而全国性工会组织则起着指导协调性的作用
雇主组织	“日经联”不直接介入企业内部劳动关系，主要是通过制定政策、提供咨询，指导雇主进行团体交涉，维护和发展良好的劳动关系
劳动委员会	日本的劳动委员会的主要职责就是通过处理劳动争议和不当劳动行为案件来调整劳动关系。劳动委员会由劳方、资方和公益方委员组成，劳方委员由工会组织推荐，资方委员由雇主组织推荐，公益方委员往往由学院的经济法律专业的教授、有过法官经历的人士以及律师担任。会长由公益方代表担任

（3）美国模式。美国劳动关系管理模式形成于二战结束后。美国在战后初期劳资关系呈紧张状态，到了六七十年代，工会与民主党结盟，劳资关系趋于缓和。

美国劳动关系管理的理论基础是自由主义。自由主义重视市场对经济发展的主导作用，认为政府在经济发展中起次要作用；主张减少对雇主的约束，让市场自己灵活配置各种资源。

在美国劳资关系模式下，工会呈多元化格局，结构分散；低层次工会较多（如企业、区域工会等），劳方力量分散；工会主动与雇主合作，尽力缓解劳资矛盾；雇主通常采取多种手段来应对劳资关系矛盾，如通过人力资源管理的办法来设法绕过工会行动等。而政府在劳动立法方面功能较弱，只确认了集体谈判的程序、原则、谈判主体以及最低劳动标准等，其他由劳资双方自由解决。一旦劳工运动危及经济发展和雇主利益，政府往往动用权威对工会采取强硬措施。

1.4 劳动关系管理的法律体系

1.4.1 劳动关系管理法律体系概述

劳动关系管理法律体系由两部分构成：一部分由对劳动关系具有调整功能的所有劳动法律法规构成；另一部分由应用这些规范的机构及其运行规则构成。

劳动关系管理法律调整的对象有以下三个：

①劳动者与劳动力使用者在实现劳动过程中发生的社会经济关系。

②与劳动过程实现密切联系的其他关系，主要包括：有关国家机关（如劳动行政部门、法院）及企业与职工之间由于调处和审理劳动争议而产生的关系；劳动管理行政机关、企业组织、NGO组织与劳动者由于招聘、配置和培训而发生的关系；相关国家行政部门与企业因监督、检查劳动法律的执行而产生的关系；工会与职工或用人单位因组织工会、职工参加民主管理、维护职工合法权益而发生的关系等。

③劳动管理和劳动司法机构内在的运行机制。

按照市场经济的要求，劳动关系管理法律体系由宪法、劳动法典、劳动法律、劳动法规、劳动规章、劳动行政规范和劳动司法规范等形式构建而成。各国根据国情需要，构建多层次的法律体系，从而为各层面的劳动关系管理提供法律支撑（见表1－6）。

表1－6　各国劳动法律规范的构建模式

构建模式	特　点	代表国家及代表法律
劳动法典模式	劳动法完全脱离民法而独立，通过法典化建立统一的劳动法律体系	法国：《法国劳动法典》
民法典与多部劳动单行法并行的模式	在民法典中规定雇佣合同或劳动合同，另外制定大量的单行劳动法律。这种模式的特点是法律比较分散，需注意法律间的统一和协调	德国：《德国民法典》和《集体合同法》、《工作时间法》、《解雇保护法》等
多部单行法的模式	制定大量单行的劳动法律	美国：《国家劳资关系法》、《公平劳动基准法》、《同工同酬法》等

资料来源：林嘉：《我国的劳动法律制度》，http：//news. xinhuanet. com/politics/2008－01/31/content_ 7532925_ 3. htm 2008年1月31日。

1.4.2 劳动关系管理法律体系的结构及内容

依据功能需要，劳动关系管理法律体系由以下四个子系统构成。

1. 劳动标准法律体系

该体系所包含的法律规范主要以实现劳动条件基准化为基本功能。劳动者要参与实现劳动的过程，有三个必经阶段，即劳动关系建立前、劳动关系运行中和劳动关系结束后。各个国家或地区各行各业的劳动者在经历上述三个阶段时，面临的就业市场和劳动条件千差万别。为保障劳动者的基本劳权，使劳动管理更趋规范，各国普遍采用立法形式在劳动关系管理所涉及的各个层面实施劳动基准化管理。最终大量的劳动标准规范构成了劳动标准法律体系。

这一体系涉及的内容主要有：就业准入标准、劳动力市场管理规范、劳动报酬标准、工时标准、休息与休假标准、职业卫生与安全标准、职业培训标准以及社会保障标准等。

2. 劳动契约法律体系

该体系的主要功能是规范劳动关系在建立、运行、变更、终止以及争议处置过程中的各方主体行为。通常，劳动合同规范和集体合同规范是这一法律体系的核心内容。通过制定相应的程序规则和实体规则，劳动合同和集体合同规范能够基本满足保障各项劳资权益的立法要求。该法律体系还包括工会法和雇主组织法。这些规范着重解决劳动关系主体的代表产生及代表权责等问题。此外，劳动关系中冲突总是不可避免，劳动调解与仲裁法、劳动争议和集体争议处置规范能够有效地对之予以调处。

3. 劳动行政法律体系

该法律体系的功能在于通过立法形式调整劳动关系管理的行政主体与劳动组织之间的权责分配、行为规范以及约定罚则等。这一法律体系包括的规范主要有：劳动行政法规、行政复议法规、劳动监察法规、劳动统计规则等。

4. 劳动司法法律体系

该体系的功能在于以立法的形式规范司法或准司法机构及人员的行为规范，以及制定相应的司法程序与准则等。该体系主要包括：劳动司法救助规范、司法或（准）司法人员办案规则、相关司法法律（如民事诉讼法）等。

本章小结

本章重点围绕着劳动关系、劳动关系系统、劳动关系管理三个基础性概念展开叙述。对劳动关系及劳动关系管理理论进行了系统回顾。针对劳动关系管理实践，梳理和分析了德、日、美三国劳动关系管理在理念、措施以及实施效果方面的差别。

思考题

1. 劳动关系的内涵是什么？
2. 劳动关系理论有几个流派，其各自的主要观点是什么？
3. 劳动关系系统良性运行所需要的保障机制有哪些？
4. 德国、日本和美国劳动关系管理模式的差别是什么？
5. 劳动关系管理法律体系的组成有哪些？

第2章

劳动关系主体与劳动力市场

学习目标

1. 准确掌握劳动的概念、内涵及其在劳动关系中的权利与义务
2. 了解工会的概念、类型，掌握劳动关系中工会组织的行为及特征
3. 准确掌握雇主和雇主组织的概念，掌握雇主在劳动关系中的权利与义务
4. 掌握政府在劳动关系中的行为及特征
5. 掌握中国政府在劳动关系中角色的演变及行为目标的变迁

内容预览

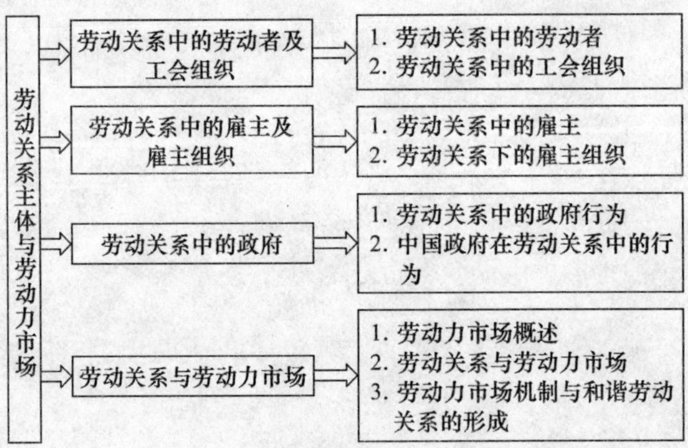

2.1　劳动关系中的劳动者及工会组织

2.1.1　劳动关系中的劳动者

1. 劳动者的概念

劳动关系中的劳动者通常是指在现代产业社会中受雇于他人，以劳动工资收入为基本生活来源的体力和脑力工作者。

（1）劳动关系中的劳动者的界定。对劳动关系中的“劳动者”和“雇主”进行清晰界定，是研究劳动关系的基本前提。要准确刻画出劳动关系中劳动者的特征，主要有三种方法。

①借助综合的指标体系来司法判定。美国是使用这种方法的代表国家。为准确判定当事人是否为“劳动关系中的劳动者”，美国雇佣法规定了 19 项指标，然后法官进行综合测评，最终判定当事人是否具有劳动关系中的劳动者身份（见表 2－1）。

表 2－1　美国劳动关系中“劳动者”的界定指标

项　目	劳动关系中的劳动者的特征描述
控制	在完成工作的方式等方面（何时、何地、如何工作）受完全、全面控制
监管	在广泛监管下进行工作
如何工作	必须遵守雇主安排的工作实践、工作地点、工作方式
培训	接受雇主的培训，以特定的方式进行工作，也可能与有经验的员工一起工作，以向他们学习，也可能参加企业安排的特定的课程或会议
整体性	雇员所从事的工作是企业日常经营运行的一部分，要与公司其他员工的工作相协调。企业的成功依赖于员工正在进行的工作
谁完成工作	雇员必须亲自做被分配的工作，不能雇人代做
关系的持续	年复一年地为雇主工作
工作时间	雇主决定
工作场所	通常必须在雇主办公室或其他雇主指定的场所工作
工作步骤	雇主可以对雇员必须完成的工作设定步骤，特别是当完成这项工作可以通过不同的步骤达到同样结果时
工资	在特定的日期取得固定总额的工资，通常雇主要承担雇员差旅费用和办公费用

续表

项　目	劳动关系中的劳动者的特征描述
工作供给	雇主为雇员提供完成工作所需要的工具和材料
在设施或装备中的投资	雇员不在雇主用来完成服务的设施或装备上进行投资
损益	雇员不会由于正确或错误的决策而导致金钱上的损益，雇员获得的是固定工资
为几家企业工作	雇员通常仅仅为一家企业工作
工人的服务是否可被一般公众获得	一般来说，雇员为雇主工作、服务，而不是为一般公众
雇主或雇员任意终止关系的权力	一般来说，即时没有正当理由或者没有预先通知，雇主也可以解雇雇员，雇员也可以辞职
工作是否于辅助分离	雇员是雇主工资的一部分，不独立于雇主提供服务
需要技能	一般来说，只需要很少的技能或专业知识就能从事工作

②借助多元分层法来界定。多元分层法主要通过设计多元的社会分层指标，然后经过综合评分，将研究对象分为几类特征明显的社会阶层。中国学者陆学艺以职业分类为基础，以组织资源、经济资源、文化资源的占有状况为标准，将中国社会划分为国家与社会管理者阶层、经理人员阶层、私营企业主阶层、专业技术人员阶层、办事人员阶层、个体工商户阶层、商业服务业员工阶层、产业工人阶层、农业劳动者阶层和城乡无业、失业、半失业者阶层等10个阶层。其中，劳动关系中的劳动者主要由专业技术人员阶层（4.6%）、办事人员阶层（7.2%）、商业服务业员工阶层（11.2%）、产业工人阶层（17.5%）和大部分城乡无业、失业、半失业者阶层（4.8%）组成，约占统计基数的45.3%左右。

③借助阶级分层法来界定。在阶级分层方法中，社会分工与生产资料的占有关系是阶级形成和划分的主要标志。因此，借助这种方法，社会的基本结构由工人阶级、资本家阶级和地主阶级组成，其中工人阶级即为劳动关系中的劳动者。

知识拓展　企业高层管理者是否是“劳动者”

现代企业制度下，企业的所有权与经营权分离，由此发展出“高层管理者”群体。高层管理者通常包括企业的总经理、副总经理、总会计师、总工程师等角色，他们接受来自于企业所有者（或者董事会）的委托，代表所有者意愿来对企业进行实际运营和操作。要判断他们是否属于“劳动者”范畴，应该从其典型行为中寻找依据。高层管理者的典型行为：一是接受所有者的聘雇，通过支付其管理才能或专属技能来换取回报。这种回报通常包括基于其业绩表现的风险收入或延期支付（如股票、期权等）；二是接受所有者的委托，基于委托人的利益来实际进行劳动过程管理，包括行使人员雇用、配置、补偿等方面的决策权。用劳动者的概念来衡量企业高层管理者的行为，可以得出“企业高层管理者在劳动关系中不属于劳动者范畴”的判断。

（2）劳动关系中劳动者的分类。通常，人们多以职业和收入多少作为区分劳动者类型的标准。以此来划分，劳动关系中的劳动者可分为白领工人、蓝领工人、金领工人、灰领工人和粉领工人五个基本阶层（见表2－2）。

表2－2　劳动关系中的劳动者分类

类型	特征	举例
白领工人	企业中从事非单纯的体力性操作的各类人员	办公室工作人员（秘书、会计、事务员）、技术人员、推销人员、企业管理人员等
蓝领工人	企业中主要从事纯体力劳动的各类人员	产业工人、农场工人、建筑工人、码头工人、技工技师、仓库管理员、服务行业的工人等
金领工人	企业中从事知识密集型工作的人员	工程技术人员，多媒体计算机、网络及其软件工作人员，程序编制人员，各种类型的分析师和预测师等
灰领工人	在制造企业生产一线从事高技能操作、设计或生产管理以及在服务业提供创造性服务的专门技能人员	操作机床、维修电器、安装设备的技术工人
粉领工人	从事服务性工作的女性劳动者	秘书、护士、打字员、速记员、零售业售货员等

2. 劳动者的权利与义务

（1）劳动者的权利。劳动者的权利（以下简称“劳权”）是宪法赋予公民的一项权利。关于劳动关系中的劳动者究竟拥有哪些基本劳权，“劳权说”认为，最狭义的劳权主要是指劳动者劳动或就业的权利。随着市场经济和现代产业关系的发展，劳权的外延不断扩大。在当今市场经济国家，劳权已发展为以劳动权利为基础的，包括经济、政治、社会、文化等内容的广泛的社会权利。劳动者在个别劳动关系中享有的是个别劳权，主要包括劳动就业权、劳动报酬权、休息休假权、社会保险权、劳动安全卫生权、职业培训权、劳动争议提请处理权等；劳动者在集体劳动关系中享有集体劳权，主要包括团结权、集体谈判权、集体行动权和民主参与权。

（2）劳动者的义务。劳动者的义务主要包括以下两项内容。

①完成劳动任务的义务。劳动者一旦在某个劳动关系中固定下来，其劳动力资源的使用权将转移到雇主一方。雇主可以按照工作需要和劳动契约中的约定对劳动者自主进行使用和调配。劳动者有义务努力工作以完成劳动任务。

②忠实的义务。忠实的义务要求劳动者履行服从义务、保密义务和增进义务，具体如下(见图2.1)。

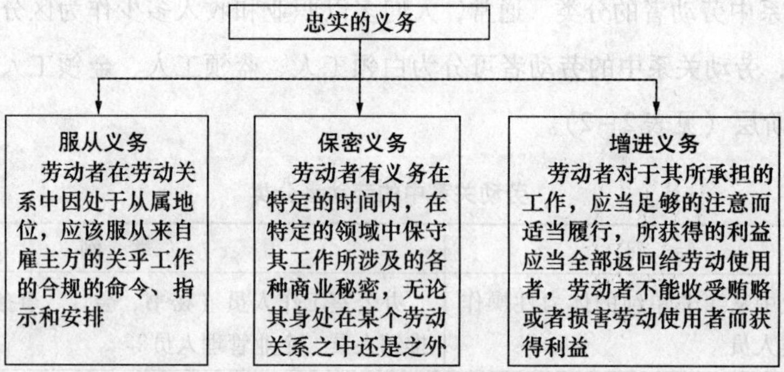

图 2.1　劳动关系中劳动者的义务

3. 劳动关系中劳动者的状况

劳、资、政三方在特定社会环境的影响下不断地进行博弈，最终劳动者会在劳动关系中呈现出一种相对稳定的状态，并以一定的特征表现出来。分析劳动者在劳动关系中的状况，主要看三个方面。

（1）看劳动者在劳动关系的建立、调整和终止机制中处于什么样的地位，发挥什么样的作用。顺应市场经济发展的需要，劳动关系日趋规范化、契约化。在缔结和履行劳动契约的各个环节，劳资双方的博弈力量最终决定双方在劳动关系中的位置。通常来看，单个劳动者在劳动关系中处于弱势地位，雇主力量越强，则个别劳动关系建立和调整的随意性就越大。当然也有很多反例。比如，当某个劳动者拥有某项对雇主来讲非常关键的技能时，劳动是可以雇佣资本的。此时的劳动者在劳资关系博弈中将居于主导位置。

（2）看劳动争议总量、规模的大小以及争议处理制度是否提供了公平、有效的机制，以便于劳动者维护劳动权益。劳动争议分为个别劳动争议和集体劳动争议两种。个别劳动争议数量的多少以及争议焦点的集中与否直接反映出劳动者在劳动关系中的状况。个别争议数量多，可能暗示着劳动者独立性强、法律意识强，也可能表明劳动者普遍在劳动关系中处于劣势因而需要抗争。个别劳动争议的焦点集中则反映出该时期劳动关系的关键矛盾到底是什么，劳动者赢得争议的几率能够真实凸显他们在这一矛盾中所处的位置。集体劳动争议的数量和规模同样隐含着劳动者在处理劳动关系力量方面的信息。集体劳动争议的数量多、规模大，则表明劳动者的团结意识和集体行动意识强，他们处理劳动关系矛盾时比较有力量。劳动争议处理制度的机制安排也能影响劳动关系格局。按照惯例，劳动争议处理制度应该设计能够纠正劳弱资强态势的机制（即所谓的倾斜机制）。各国在这项制度的理解和设计上存在着明显差异，这意味着，法律系统为劳动者维护劳动权益所提供的支持是不同的，这必然会影响劳动者在劳动关系中的状况。

（3）看劳动者在获得和享受劳动标准相关待遇方面有多大的谈判余地。劳动报酬、工时休假、职业卫生与安全等是劳动者同意与雇主交换劳动力资源使用权的条件。理论上看，追求效率的雇主通常不会主动提高上述待遇标准，因此，劳动者必须与雇主进行较量才能改善工作条件和待遇标准。为此，劳动者要么提高自身谈判能力，要么组织起来依托集体的力量来增加赢得谈判的几率。显然，劳方谈判的余地越大，表明劳资力量越对等，劳方在劳动关系中所处的位置越优越。

2.1.2　劳动关系中的工会组织

1. 工会组织的概念

工会组织是一个由雇佣劳动者组织起来的永久性或者临时性的社会团体，它的功能定位是作为劳方利益代表来参与和处理劳动关系问题。这个组织的基本活动主要是围绕着维护和提高劳动者权益而开展的。

2. 工会的特征及组织形式

工会组织具有群众性、阶级性、经济性和政治性四项特征。

（1）工会是一个由雇佣劳动者组织起来的群众性组织。许多国家在工会法以及工会组织实践中遵循着“只要是雇佣劳动者均可自愿参加工会”的做法，这使参加工会事实上成为劳动者的一种权利而非义务。由于在地域、身份、信仰、年龄、种族、文化程度等方面没有过多限制，使雇佣劳动者能够最大程度地组织起来，这使工会成为名副其实的群众性组织。

（2）工会是一个由雇佣劳动者组织起来的带有阶级性的组织。工会之所以诞生，就是为了使雇佣劳动者能够摆脱或减缓来自雇佣者集团的利益侵害。为雇佣劳动者争夺阶级利益是工会的根本使命。

（3）工会肩负着重要的经济职能和政治职能。在现代社会中，工会在许多社会层面担任着重要角色。它可以是国家劳工政策制定的参与者或者游说者；可以是集体谈判的劳方代理人；

还可以是劳动争议处置的裁决人之一。如果这些活动涉及财富分配等经济问题，工会在其中的作用就表现为工会组织的经济性。工会的某些活动还使其在一定意义上带有政治组织的色彩。工会发起产业行动以表达政治诉求或者工会参与劳工政策的制定等活动，都使工会组织蒙上政治性色彩。而这类活动在工会发展史上占有重要篇章，因此，不能不说工会还是一个具有政治性的组织。

表 2－3　工会的组织形式

工会组织类型	特征描述
职业工会	由相同或相似职业（或工种）的劳动者自愿组成的工会
产业工会	由相同产业的劳动者（不分职业或工种）自愿组织的工会
企业工会	由同一企业的劳动者自愿组织的工会
区域性工会	一种是由同一地域范围内的劳动者（不分行业、不分职业）自愿组织的工会 一种是由同一地区范围内的基层工会组织起来的工会联合会
职员工会	由非体力劳动者自愿组成的工会
总工会	由一国各类工会组织为成员的工会联合会

3. 劳动关系中工会组织的行为

工会的成立之本和组织目标是维护和提升会员的劳动权益。在此基础上，不同的工会会有其特定的目标。概括来讲，在劳动关系中大致有以下几种典型的工会行为。

（1）作为劳方代理人与雇主进行集体谈判。集体谈判从来都是工会的核心职能。经过近百年的发展，集体谈判已经从最初的以工资和工作条件为主要内容的专门性谈判发展为包括诸多内容、涉及诸多层次的一种综合性谈判。譬如，企业层面的技术引进、员工职业保障、员工持股计划等；地区或行业层面的工资指导线、职业准入政策等；国家层面的最低工资标准、国家间劳工政策的协调甚至国际劳动关系机制安排等问题。这些都可以通过集体谈判的方式在各相关主体间进行磋商和协调。

（2）作为劳方代表与雇主进行交涉。工会可以代表会员就劳权问题与雇主进行交涉，交涉的形式有很多种。工会可以在制度框架下与雇主展开定期交涉，如提出集体谈判请求，选派职工董事和监事参加定期举行的管理会议；也可以不定期地进行交涉，如工会随时寻访工作现场或者接待员工投诉，发现问题及时向雇主反应等。工会还可以适用三方机制，在更高的层面实现与雇主面对面地表达。例如，参与相关法律和劳工政策的起草、意见征询和表决，参与地区或行业领域劳动争议的处理，参与行业管理委员会，等等。

（3）作为劳方代表参与政治活动。在许多国家，工会是一个重要的社会力量。工会参与政治活动体现了工会的政治性，这也是工会谋求自身发展的有效途径。工会参政有很多方法，例如在三方机制下，工会作为一方主体参政、议政；工会扮演“压力集团”角色最终影响政策走向，或者工会与政党结盟以间接实现其政治要求等。

（4）为会员提供社会性服务。工会为了发展的需要，往往通过提供福利或服务的方式来吸引非工会劳动者加入工会。这种做法简单而有效，因此为会员提供社会性服务已经成为工会惯常的行为策略。据统计，1895～1904年，英国100个工会的总支出为1606万英镑，其中的86%用于向会员提供各种福利。而现代工会能够为会员提供的各类服务更是多样，如提供各类保险、个人借款、法律咨询或者提供休闲娱乐场所、设施或者进行职业培训或职业介绍等。

知识拓展 中国的工会组织

1. 中国工会组织的雏形是“行帮”

雇工组成的行帮与封建社会手工业和商业的同业组织行会存在本质区别，是早期工人参加的主要的群众性组织。

2. 辛亥革命时期的早期工会萌芽

早期工会多在政党领导或推动下成立。此时期代表性工会有：中华民国工党推动成立的上海制造工人同盟会、工党缫丝女工同仁会；中国无政府党推动成立的晦鸣学舍等。到“五四运动”前后出现了一种由资产阶级知识分子、资产阶级政客、资本家、工头等直接把持和操纵下的劳工团体，即所谓的“招牌工会”。代表性的招牌工会有：中华工业协会、中国工会、中华工界联合会等。这些早期工会在成立初期，在反帝反封建斗争中发挥过积极作用，成立后期逐渐与国民党右派势力联合，与革命工会分道扬镳。

3. 国民党领导和组织的工会

孙中山扶助农工政策下建立的代表性工会有：广东机器研究公会（1909）、香港中华海员工业联合总会（1922）。这些工会在国共合作前后表现的特点不同。南京政府《工会法》颁布后，合法的工会多为官办工会，史称“黄色工会”。

4. 中国共产党领导和组织的工会

中国共产主义者建立的第一个现代工会是上海机器工会（1920）。中国共产党建立的第一个公开领导工人运动的机构是中国劳动组合书记部（1921）。第一个全国工会的统一组织是中华全国总工会（1925）。全总于1933～1935年间停止活动。在苏区，中共中央职工运动委员会

(1938) 成为领导工人运动的机关。抗战期间，各抗日根据地相继成立的工会组织中，代表性的有：陕甘宁边区总工会（1938）、山西省总工会（1937）、晋察冀边区工人抗日救国总会（1938）等。解放战争时期，各地工会组织继续壮大，代表性工会有：东北职工总会（1948）、晋察冀边区总工会（1945）、晋冀鲁豫边区总工会（1945）等。1948 年，第六次全国劳动大会召开，会议决定恢复中华全国总工会，推选陈云为中华全国总工会主席。新中国成立后，全国总工会积极参与中国共产党领导的各项活动。"文革"年间，全国总工会停止活动。1978 年在第九次全国代表大会上，全国总工会正式恢复活动。目前，它是中国唯一合法的总工会组织，也是国际劳动组织唯一认定的能够代表中国的工会组织。

资料来源：高爱娣：《中国工人运动史》，中国劳动和社会保障出版社 2008 年版。

2.2 劳动关系中的雇主及雇主组织

2.2.1 劳动关系中的雇主

1. 雇主的概念

劳动关系中的雇主是指通过聘雇劳动者来建立劳动关系，进而管理劳动过程和处理劳工事务的法人和自然人。

2. 雇主的特征

（1）雇主的基本特征是"雇用他人为其利益而劳动"。

（2）雇主对劳动过程具有控制权，对劳动成果具有剩余索取权和分配权。

（3）雇主可以是自然人，也可以是法人。在具体劳动关系事务中，雇主必须由自然人来充任或代表（见表 2－4）。

3. 雇主的权利与义务

（1）雇主的权利。由于雇主在劳动关系中居于强势地位，因此，各国在劳动法律体系中一般不对雇主进行倾斜性安排。关于雇主的权利，通常要从劳动实践以及从劳动者的义务角度来加以理解。概括而言，雇主拥有以下权利。

表2-4　雇主类型

雇主类型		特征描述
自然人雇主		所有者、经营者为一体的，小型的、非公司制的经营单位
公司雇主	私有公司雇主	公司资产为私人所有，经营者为法人
	混合所有制公司雇主	公司资产为私人和国家共同所有，经营者为法人
	公有公司雇主	公司资产为国家所有，经营者为法人
非企业雇主	公共部门雇主	雇佣辅助性工作人员的，为社会公众提供公共产品或准公共产品的部门
	非公司非政府雇主	雇佣工作人员的非政府、非营利性组织

①团结权。与劳动者拥有团结权相一致，在劳动关系中，面对工会的强力挑战，雇主必须团结组织起来才能有效维护其合法权益。按照国际劳工组织（International Labor Organization，ILO）第87号公约，工人和雇主应毫无区别地不经事先批准建立和参加他们自己选择的组织。

②劳动管理权。理论证明，资本的稀缺性决定了应由雇主来主导劳动过程。拥有劳动管理权是雇主的核心权利。依据这项权利，雇主可以配置生产所需的各种资源，可以制定各项管理规则，当然也会承担相应的管理和经营风险。劳动者在劳动中从属于雇主，应该遵照雇主的意愿和指示进行活动。劳动管理权实际上是资源使用权、配置权、奖惩权、分配权和受益权等权利的综合。雇主总是在一定约束下行使并从每一项权利中受益。例如，雇主在配置劳动力资源时，必须遵从职业准入、劳动力供给约束、劳动合同等限制或规则；当用解雇办法对雇员进行惩罚时，必须豁免妊娠女职工。又如，当雇主为对抗罢工而采取闭厂措施时，尽管大多数国家的法律对此不予禁止，但实践中形成的惯例迫使雇主要遵循两个原则，即不在工人罢工之前采用攻击性的闭厂手段，将闭厂行动掌握在仅仅作为对抗罢工手段的限度内。

（2）雇主的义务。相对于雇主权利，雇主在劳动关系中承担多项义务。从雇主应为劳动者提供必要劳动条件角度看，劳动者的权利均构成雇主的义务。

相对于个别劳权，雇主的义务有：平等雇佣劳动者的义务；提供劳动报酬的义务；保证劳动者休息休假权的义务；向劳动者提供社会保险和职业培训的义务；保证劳动者职业安全和健康的义务等。

相对于集体劳权，雇主的义务有：不控制、干涉工会的义务；应邀参加集体谈判的义务；依法应对产业行动的义务；实行民主管理的义务。

4. 劳动关系中的雇主行为

在劳动关系中，雇主是与劳动者相对应的关系主体。根据行为对象的不同，雇主在劳动关系中有三种不同的典型行为。

（1）雇主对管辖内劳动者的行为。不同背景的雇主面对不同的劳动者群体，可能会表现出三种典型的管理模式。

①驱使型。在这种模式下，劳动者被视为有头脑的“劳动工具”而非一个复杂的“人”，雇主为降低劳动力成本而采取的种种行动必然激起劳动者的反抗，进而催生出与雇主对立的工会组织，为此雇主会想尽办法来压制工会的行动。

②独裁型。在这种模式下，雇主认为如果没有自己的庇护和调教，劳动者难以找到更好的生存机会，劳动者应该感谢雇主睿智的管理所带来的福利，因而应该对雇主抱有忠诚之心并愿意接受雇主的管理。雇主对雇员的管理往往会表现出父亲对子女那样的行为方式，如利用自己的管理权威来预先安排生产程序，自行设定奖罚标准，注重维护雇员之间的公平等。

③民主型。在对待人力资本存量较高的劳动者时，雇主往往不得不采取民主型管理模式。这种模式注重雇员激励和雇员参与，雇员也愿意积极地参与到企业管理经营中来，最终雇主与雇员能够在劳动关系中实现双赢。当然，现实中雇主的行动方式可能是几种模式的综合，并且随着时间、环境、对象的变化而不断改变。

（2）雇主对企业工会的行为。劳动关系下，雇主与企业工会分别在企业级集体谈判和企业所涉及的劳动争议处置中发生行为联系。

当进行企业级集体谈判时，雇主是资方谈判主体。企业雇主可以依法选派代表或者通过委托第三人等方式来参加企业集体谈判的全过程。

当企业面临劳动争议时，雇主作为劳动争议的资方当事人，应该依法选派代表或者委托代理人参与劳动争议处置。

（3）雇主对政府的行为。面对经济和社会格局的变动，有影响或者有实力的雇主出于各种各样的目的，越来越多地参与到立法和政策制定当中。雇主针对政府的行为方式主要有：游说立法机构；直接与政府部门交涉；在立法环节，以代表身份提出立法建议；针对相关法律政策，制定应对方案。

2.2.2 劳动关系下的雇主组织

1. 雇主组织的概念及类型

雇主组织是指由雇主自愿依法组成的一类社会团体，其目的是通过组织形式在单个雇主间形成群体力量，以与产业和社会层面的工会组织相抗衡，促进并维护每个雇主成员的具体利益。其类型如下（见表2－5）。

表2－5　雇主组织类型

雇主组织类型	特征描述
行业雇主组织	由同行业企业组成
地区雇主组织	由某地区企业组成
国家级雇主联合会	由行业雇主组织、地区雇主组织以及非雇主组织成员企业组成的雇主联合会
国际雇主组织	由各国具有代表权的雇主组织组成的雇主联合会

2. 雇主组织的形成与发展

早期的雇主组织发轫于18世纪中晚期，当时的雇主组织多为自发性的“俱乐部”或“行会组织”。现代意义的雇主组织产生于19世纪中叶，勃发于19世纪90年代。为应对工会组织，特别是地方总工会的崛起和挑战，雇主们意识到必须采取联合的策略才能有效抵制由于工会罢工和工会发展带来的利益损害。此后，随着地方性总工会的联合和全国总工会组织的发展，地方性雇主组织也联合形成全国性雇主组织。

在与工会组织的抗衡过程中，雇主组织的行动策略几经变化。19世纪末，工会运动空前高涨，英、法、荷等国的雇主组织纷纷采取闭厂等行动以对抗工会对资方的冲击。20世纪初，工会已发展为稳定、强力的劳工组织，雇主不得不承认工会提出的谈判要求。最初的集体谈判主要在地方雇主组织和工会间进行。一战后，雇主组织在与工会协商、合作方面取得进展，集体谈判逐渐走向正规，一些区域性的工资集体谈判规则和区域性的争议处理机制陆续建立。二战中及二战后，雇主组织进一步稳定发展，一些雇主组织成为地区或国家级集体谈判的资方代表。20世纪80年代后，雇主组织不仅开展协调劳动关系等社会性事务和活动，而且也逐步开始关注经济事务，并在国家的政治、经济和社会生活中逐渐发挥重要作用。随着集体谈判模式开始向分散型谈判转移，一些雇主组织的行动策略逐渐调整为协调组织成员的管理战略和担任企业级集体谈判资方代表。

3. 劳动关系中的雇主组织行为

作为与工会对应的主体，雇主组织的行为对劳动关系格局产生重大影响。在劳动关系中，雇主组织要达到对组织成员有益的结果，必须针对不同的对象采取适当的行动。

(1) 雇主组织对工会的行为。在与工会发生行为联系时，雇主组织的典型行为有以下两种。

①在集体谈判中担任角色。雇主组织充任的角色可分为两种：在国家或行业（区域）集体谈判中出任资方谈判主体；协助会员进行集体谈判。例如，德国雇主协会总会可为会员提供信息、政策咨询、法律帮助等方面的协助。

②在劳动争议调处中担任角色。此时，雇主组织也可能表现为两种角色：作为集体劳动争议的资方当事人代表；在劳动争议调解和仲裁机构中充当资方调处主体。通过亲历当事人的攻辩过程，雇主组织可以知晓和判断争议的详情，进而表明自己的裁决意向。

（2）雇主组织对政府的行为。在对政府的行为联系中，雇主组织可以通过游说立法机构、协调会员行动、派出代表与政府部门交涉、以代表身份提出立法建议等方式来积极参与立法和政策制定。

（3）雇主组织对本组织会员的行为。雇主组织普遍能够为本组织会员提供咨询和协助。例如，提供法律咨询，提供经理人培训，提供产业信息，提供劳动力调查服务，提供雇主联谊服务，等等。

知识拓展　　中国多元化的雇主组织

（1）综合性的全国企业团体：中国企业联合会/中国企业家协会（国际雇主组织吸收并确认中国企联为中国唯一的雇主组织代表）。

（2）不分所有制的企业团体：中华全国总商会。

（3）各类行业协会：如中国缝制机械协会，中国糖业协会，中国调味品协会等。

（4）各类非公有制企业的雇主组织：全国工商联合会、中国外商投资企业协会、中国民营企业家协会和中国个体劳动者协会。

（5）各地由雇主自发成立的非正式雇主组织：联谊会、商工俱乐部。

2.3 劳动关系中的政府

2.3.1 劳动关系中的政府行为

在劳动关系的发展历程中，政府的卷入必然对国家级劳动关系产生重大影响。政府可以通过立法、行政和司法手段对各层面的劳动关系进行规制。当然，政府的这种角色并非自始存在。事实上，在二战前，无论工会还是雇主，都认为劳动关系处于其能力所及范围之内，故而反对政府的干涉；而秉承“自由主义”精髓的政府也认为市场能够解决劳资之间的问题，进而不愿直接介入劳动关系。然而，也有尊奉"凯恩斯主义"的政府通过积极干预，成功地减缓了劳动关系中蕴藏的激烈矛盾，使得国家财富的积累没有因为劳资矛盾而中断。因此，在二战后，各国政府开始乐于对劳动关系采取积极干预的态度，特别强调通过法律、政策来规范劳资行为。

知识拓展 三种理论流派对政府在劳动关系中作用的解释

经典马克思主义理论流派认为：国家只是资本家利益的代言人，是压迫劳动者的工具。在当代马克思主义理论流派中，工具主义认为：国家机关是各阶级进行经济的、文化的，更是政治的斗争的场域，其阶级政治斗争的结果（例如公共政策）肯定有利于资本家。结构主义认为：国家的功能与资本家的利益一致是由于结构所需。政府首先追求经济稳定，这需要资本主义经济体制的稳定，为此，政府通常会鼓励私人利润，达到资本积累的效果。在政策目标上，政府通常会有限考虑拥有和控制企业者的利益，而忽视劳动者的需求。

多元主义理论流派认为：公共政策是利益团体对政府机构施展压力的复杂互动。政府在劳资关系中扮演仲裁者角色，任务是确保劳资双方遵守竞争规则，协调双方在立法上的需求，并执行法律。"政府系中立组织"的一派认为：政府在团体斗争中是裁判者，包括订立游戏规则、判定胜负、将胜者与负者妥协的内容订立在公共政策中并加以执行。"政府系非中立组织"的一派认为：公共政策是利益团体目标与国家部门的目标妥协的结果，政府并非置于冲突之外，相反常参与或介入冲突中。

国家学派认为：国家/政府决不是阶级斗争的场域，也不是劳资双方竞争中消极的仲裁者，它是一个积极的自主个体，是代表公共利益的独立的政治组织，所制定的关于劳动关系的政策应该达到经济成长、充分就业、经济与社会安全、物价稳定、工业民主等目标。

资料来源：常凯：《劳动关系学》，中国劳动和社会保障出版社2005年版。

政府介入劳动关系，行为方式大致有四种。

1. 制定劳动关系相关法律和政策

政府是劳动关系法律体系的构建主体。一般经过征集立法提案、组织起草、意见征询、草案修改、表决通过和公布施行等程序，政府向劳动关系主体和社会公众供给国家、地方和行业级的法规。这些法规将构成劳动关系法律体系的骨架，并进而影响一国劳动关系格局。

具体来看，各国政府主要负责以下法规的制定。

（1）建立一套关于职业安全与卫生、工资报酬、工时等方面的最低劳动标准。

（2）制定劳动合同、集体谈判、劳动争议调解与仲裁等方面的法律，以规范劳资行为。

（3）制定就业促进、劳动力市场规制和收入分配等方面的政策及法律，以促进劳动关系系统的良性运行。

（4）积极参与制定和批准国际劳工标准，并促进本国劳动关系立法与国际接轨。

2. 依法进行劳动行政

依法进行劳动行政是另一项重要的政府行为。所谓劳动行政，主要是指政府委托其执行机构，依据劳动关系相关法律行使监督、检查、处罚等行政权力，以提高劳动条件，安定劳动关系，进而促进经济发展和社会进步的行为。政府劳动行政的对象主要有：监察劳动组织执行最低劳动标准的情况；监察劳动合同、集体谈判制度的执行情况；监察劳动争议处置的执行情况；进行劳动行政复议；进行劳动统计和信息公布；等等。

案例阅读　美国政府在罢工事件中的行为

2007年8月，美国发生全美卡车司机工会领导的30多万名卡车司机罢工事件，这些卡车司机受雇于美国联合包裹公司（简称UPS）。这次大规模罢工持续了16天之久。因为美国的货运主要依赖于公路，所以其影响相当严重。

这次劳资纠纷引起了美国政府的重视。美国劳工部长连续24小时与劳资双方协商，敦促谈判；联邦仲裁调解署署长代表政府主持了集体谈判。卡车司机工会与UPS经过80多个小时的艰难谈判，终于达成初步协议——全美卡车司机工会与UPS公司签订了5年的集体合同。该合同把一些半日制工作合成1万个全日制工作，全日制司机的工资由原来每小时19.95美元增加为23.05美元；公司还同意增加拨款，以补助工会主办的退休和健康保险计划。从这次劳资纠纷的解决中，可以看出政府的作用。

资料来源：http：//www.51Labour.com。

3. 依法进行劳动司法

劳动关系所涉及的司法工作主要由隶属于广义政府的司法或准司法机构来完成。目前，各国参与劳动司法的政府机构有多种形式。例如，德国的“劳动法院”属于特殊的公共部门；美国的“联邦合同执行程序办公室”、“公平就业机会委员会”属于公共部门的派出机构；中国的“劳动仲裁委员会”属于由政府代表、民间主体共同参加的混合性质的专门机构。

4. 建立、完善劳动力市场

政府要协调劳动关系，必须重视劳动力市场的建设。劳动力市场由劳动力供给方、劳动力需求方以及市场中介三个主体构成。政府有义务对这三个主体的行为加以规制。在政府的规范和调节下，这三个主体之间经过动态博弈，彼此影响、彼此塑造。博弈的结果，要么最终趋于市场均衡；要么表现为市场失灵。如果出现后一种情况，政府还需出面干预，以帮助落入弱势陷阱的一方恢复抗衡的能力或者改变陷入僵局的博弈格局。政府必须尊重劳动力市场规律，在此基础上设计和安排合理的市场机制，跟踪、监控市场运行状况。总之，政府可以发挥其在劳动力市场上的作用，最终达到减弱和消除劳资对立情绪、和谐劳资关系的目的。

2.3.2 中国政府在劳动关系中的行为

随着社会政治和经济体制的变迁，中国政府在劳动关系中所扮演的行为角色也在发生着明显的变化。表2－6概括了中国政府在60年间角色嬗变的路径。

表2－6　中国政府在劳动关系中角色的演变

时　间	行为角色
1949～1957公有制建立和资本主义社会主义改造完成时期	政府是非公有制经济组织劳动关系的改造者；是公有制经济劳动关系中的虚位雇主
1957～1979计划经济时期	政府是公有制经济劳动关系中的虚位雇主
1979～1992经济体制转型时期	政府是试图摆脱雇主角色的战略退出者；是劳动关系主体的缔造者；是公有制经济劳动关系中的虚位雇主
1992至今社会主义市场经济时期	政府是劳动关系的宏观调控者，具体扮演立法者、执法人和仲裁人角色；是公有制经济劳动关系中的虚位雇主

资料来源：李琪：《产业关系概论》，中国劳动和社会保障出版社2008年版。

中国政府在角色转换的过程中，有意识地选择了不同的行为目标，并针对目标制定了一系列的制度和政策。具体如下（表2－7）。

表2－7　中国政府在劳动关系转换的进程

行为目标	行为举措	制度和政策
缔造雇主主体	向企业、企业经营者放权让利	《关于扩大国营工业企业经营管理自主权的若干规定》（1979.7）、《国营工厂厂长工作暂行条例》（1982.1）、《关于全国利改税工作会｝义报告》和《关于国营工业企业利改税试行办法》（1983.4）

续表

行为目标	行为举措	制度和政策
缔造雇主主体	推行经营者承包	《关于深化企业改革、增强企业活力的若干规定》（1986.12）、《全民所有制工业企业承包经营责任制暂行条例》（1988.3）《全民所有制工业企业转换经营机制条例》（1992.7）
	发展非公经济	1982年中共十二大、1987年中共十三大政府工作报告确认私营经济是公有制经济必要的和有益的补充
	产权制度改革	1. 建立现代企业制度——《关于建立社会主义市场经济若干问题的决议》（1993.11）《中华人民共和国公司法》（1993.12） 2. 国企产权战略重组——1995年9月，中共十四届五中全会提出要着眼于搞好整个国有经济，对国有企业实施战略性重组－“抓大放小”；1997年9月，党的十五大指出：“国有经济起主导作用，主要体现在控制力上。要从战略上调整国有经济布局。对关系国民经济命脉的重要行业和关键领域，国有经济必须占支配地位。” 3. 推行债转股，国有企业产权整合——《中共中央关于国有企业改革和发展若干重大问题的决定》（1999.9）、《企业国有资产监督管理暂行条例》（2002）
	劳动用工制度松动	在企业中推行打破铁饭碗、优化组合等措施
	推行劳动合同制	《关于试行劳动合同制的通知》（1983.2）、《国营企业单位实行劳动合同暂行规定》（1986.7）、《国营企业招用工人暂行规定》（1986.7）、《全民所有制企业招用农民合同制工人的规定》（1991.7）、《关于全面实行劳动合同制的通知》（1994.8）《中华人民共和国劳动法》（1995.1）、《劳动合同法》（2008.1）
	鼓励灵活用工	1979年11月北京外企人力资源服务公司向一家日本公司驻华代表处派遣中方雇员。1990年代中期以来劳务派遣得以迅速发展。1998年后在国有企业实行“身份置换”
建立和完善劳动力市场	1. 推行“三结合”的就业制度（1979～1984.10） 2. 劳动力市场主体的分化、形成和体制外劳动力市场的发育（1984.10～1988） 3. 劳动力市场整顿（1989～1991） 4. 自由劳动力市场形成（1992～2001） 5. 颁布《就业促进法》（2007）	
收入分配制度调整	1. 重新确立并贯彻按劳分配原则——《贯彻执行按劳分配的社会主义原则》（1978）、《中共中央关于经济体制改革的决定》（1984） 2. 提出按劳分配为主体，其他分配方式为补充的原则——党的十三大报告（1987） 3. 提出个人收入分配要坚持以按劳分配为主体、多种分配方式并存——《关于建立社会主义市场经济体制若干问题的决定》（1993.11） 4. 提出按劳分配与按生产要素分配相结合——党的十五大报告 5. 提出劳动、资本、技术和管理等生产要素按贡献参与分配——党的十六大报告	

2.4　劳动关系与劳动力市场

2.4.1　劳动力市场概述

劳动力市场是围绕劳动力供求及交易所形成的市场形态，它是市场经济的重要组成部分。在劳动力市场机制下，一方面，劳动者以愿意接受的价格参与到社会经济活动中，以形成有效的劳动力供给；劳动人数、劳动时间和劳动效率构成劳动力供给的结构。另一方面，雇主以愿意支付的价格交换到生产所需的劳动力资源，以形成有效的劳动力需求。由于劳资双方各自拥有其合意的交易模型，也由于劳资双方在谈判实力方面存在差异，劳动力市场中供需矛盾将长期存在。劳动力市场发育的理想目标就是在政府的宏观控制下，市场主体调整各自行为，最终达到劳动力供需均衡。

理论和实践表明，实现劳动力供求平衡有两个途经：一是通过“直接投入”的方式，如资方通过物力投资来增加生产资料或者劳方通过人力资本投资来增强劳动能力；二是通过“间接控制”的方法，如政府制定影响劳动参与率的政策来改变劳动力供给等。

在社会经济运行中，劳动力市场起着把劳动力分配到各个组织、协调社会和个人就业行为的作用。按照不同标准，可以把劳动力市场划分为不同的类型。按组织方式，可以分为政府主导式劳动力市场、工会主导式劳动力市场、企业主导式劳动力市场和个体协商式劳动力市场；按市场发育程度，可分为一级劳动力市场和二级劳动力市场；按市场边界，可分为外部劳动力市场和内部劳动力市场；等等。

2.4.2　劳动关系与劳动力市场

劳动关系是雇佣劳动者与雇主在开放的劳动系统中形成的一种生产关系。在市场经济条件下，劳动者要想以自己愿意接受的价格向雇主让渡其劳动力资源的使用权，必须经过劳动力市场的有效运行。以劳动力市场为依托，各类劳动系统的运行必然孕育出各具特色的劳动关系并受其反馈之影响。所以，劳动力市场与劳动关系之间存在着紧密的联系。

1. 劳动力市场对劳动关系的影响

（1）劳动力市场主体与劳动关系。如果将劳动力市场视为一个系统，则系统边界内的主体有四个，分别是劳动者、工会、雇主和劳动力市场中介。

①劳动者是形成个别劳动关系的劳方主体。劳动者在与雇主为建立劳动关系而进行的沟通中，能否充分理解雇主的要求，能否诚实、有效地传递他所拥有的劳动技能方面的信息以及在实际的劳动过程中能否履行其应尽义务等，都会对劳动者与雇主缔结的个别劳动关系产生影响。

②工会是代表劳动者群体意愿与雇主形成集体劳动关系的劳方执行主体。在工会化程度比较高的劳动力市场中，工会是劳动力供给的实际控制者。基于这种控制权，工会可以与雇主就劳动所涉及的任何问题展开谈判或者参与企业民主管理。此外，工会作为“三方机制”中的劳方代表，可以参与劳工政策制定、劳动调解与仲裁等活动。工会的这些行为影响着劳动力市场的劳动力价格和供给结构，其影响力最终会渗透到劳动关系中并诱发其发生改变。

③雇主是劳动力的需求主体。雇主在产品市场中的地位和生产模式与他在劳动力市场中的需求行为之间存在着互为因果的关系。显然，不同的雇主对劳动力的素质要求不同，雇主对雇员的选择差异经过积累，将会使某个具体的雇主面对的是特异性的雇员群体。雇主与这种特异性雇员和雇员群体所建立的劳动关系必然也呈现出某种组织特色。正是沿着这个路径，雇主需求行为的差异最终会传递到劳动关系当中。

④劳动力市场中介是劳动力市场机制中具有特殊功能的各类组织的总称。他们通常在劳动力市场信息交换（如职业介绍、劳动力市场调查等）、劳动力资源开发与鉴定（如职业培训、职业技能鉴定等）、劳动力市场服务（如劳务派遣、人力资源外包服务、法律咨询等）等领域担当着重要角色。其行为影响劳动力供需，进而间接影响到劳动关系。例如，某物业公司通过劳务派遣公司来雇佣保安，则保安与劳务派遣公司之间结成“形式上的劳动关系”，保安与某物业公司之间形成“事实上的劳动关系”。这种劳动与劳动契约相分离的状态存在许多潜在的劳动关系问题，如两个雇主的责任划分问题、派遣公司的中间盘剥问题、被派劳动者与物业正式员工的差别待遇问题、被派劳动者团结权与集体谈判权受限问题等。又如，某权威劳动力市场调查机构定期向社会公众发布行业工资水平，这种信息的传播必然对劳动力市场的供需产生导向作用。很显然，高工资水平必然诱使潜在劳动力供给的增加，加剧该行业的人才竞争，降低该行业业内雇员的职业稳定性，进而可能影响到该行业的劳动关系。

（2）劳动力市场环境与劳动关系。劳动力市场的环境主要是指能够对劳动力市场体系产生影响的各种因素。按照系统论的观点，市场体系是一个由相互联系、相互影响的各个子系统所组成的要达到一定目标的开放系统，这个系统不仅要不断地与外部环境进行交流，还要不断地调整内部各个子系统之间的关系，以维持整个系统的稳定和正常运转。劳动力市场的环境因素影响和制约着劳动力市场的存在和发展。从系统的观点出发，可以将劳动力市场的环境划分为外部环境和内部环境。劳动力市场的外部环境主要包括一国的经济体制、政治体制、法律制度、经济发展状况、技术发展水平、社会文化以及价值观念等因素；劳动力市场的内部环境大致包含劳动力状况、工会形态、雇佣组织状态、劳动人口状况、非正式组织形态、中介组织形态等重要因素。

实证研究表明，劳动力市场的环境因素通过直接或间接的途径来影响劳动关系。例如，在雇主组织状态方面，越来越多的雇主为维持和提升竞争优势，倾向于行使他们在关键性决策上的特权，这其中就包括对关键雇员聘雇决策的决定力方面。这种管理权的加强影响了劳动关系中雇主与雇员的力量格局。又如，在外部环境方面，从20世纪80年代起，在应对全球化挑战的过程中，美国在政治和社会环境上逐渐形成一种氛围，即认为无工会环境更有利于公司经营和发展。进而，美国政府在政策上采取了一种默认甚至鼓励企业采取“工会替代战略”的做法（比如不干涉企业将产业转移到工会运动比较薄弱的乡村等）。这种政策取向极大地限制了工会的发展空间，削弱了劳动关系中工会一方的力量。

总之，社会经济、政治、文化、科技诸种外部因素以及劳动力市场自身的内部环境总是处于可控或不可控的变化之中，劳动力市场以及劳动关系系统对这些环境因素的依赖不断加强。只有正视环境因素的存在，努力调整劳动力市场机制，才能获得和谐稳定的劳动关系。

2. 劳动关系对劳动力市场的影响

劳动关系是劳资双方涉及劳动过程的所有社会经济关系的总括。它包括：劳资双方对于劳动力定价机制是否认可或者存在异议，劳资双方对于工会组织的合法性、代表性以及作用的判断，劳资双方对于各种劳动争议中利益侵损事实的认知等。这些劳动关系中的关键性问题都会影响劳动力市场状况。

（1）劳动关系对劳动力定价的影响。在劳动关系中，通过集体谈判可以形成两种劳动力定价体系：一是形成最低工资标准，二是形成薪酬标准。在劳动关系格局中，劳、资、政三方在谈判力量方面的任何变动，都会影响到它们所参与的劳动力定价谈判及其达成协议的执行。

（2）工会对劳动力供需的影响。工会是影响劳动力市场供需的重要力量。其影响力一般通过四种途径发挥作用（见表2－8）。

表2－8　　工会影响劳动力市场供需的措施

措　施	具体办法
直接影响劳动力的供给	1. 影响或参与立法以限制国外劳工移民的进入和外籍工人的雇用 2. 限制童工和青少年工的使用 3. 以谈判协定限制企业对非工会成员的雇用 4. 对工人的劳动时间和劳动效率进行限制，如直接通过谈判减少工人的劳动时间，缩短作业工时，延长学徒工的学习期等；也可通过限制工人的工作量（如限制工人油漆刷子的宽度，以降低油漆工作效率）等来限制劳动力的供给量
影响工资率	工会可以运用说服或者强迫手段来迫使雇主支付较高的工资，从而间接影响劳动力供需
影响雇主对劳动力的需求	1. 鼓励工会会员提高劳动生产率 2. 帮助企业改善经营管理方法 3. 帮助雇主扩大广告宣传和维持高额垄断价格等
消除雇主在劳动力市场中的买方垄断	在某些孤立地区，雇主或雇主集团很可能利用它是劳动力的唯一的雇用者的地位，压低工资。在这种情况下，工会的建立及其有组织的活动（如组织罢工等）有可能迫使雇主提高工资率，进而影响劳动力的供需

（3）劳动争议处置对劳动力市场的影响。劳动争议大多是围绕着劳动权益的得与失而发生的，特别是在集体争议方面，劳资双方的判断会直接影响劳动力市场格局。例如，建筑行业大量存在农民工工资拖欠、超工时工作和职业安全条件低下等问题，如果农民工群体提请集体争议，而仲裁裁决也支持其请求，那么，基于对建筑行业工作条件改进的预期，农民工的供给愿望将会增加。当然，建筑业雇主基于这样的预期很可能降低对农民工的需求。由此可以看出，对于劳动争议利益侵损的认定也会对劳动力市场产生影响。

2.4.3　劳动力市场机制与和谐劳动关系的形成

1. 劳动力市场机制

市场机制是指市场中供求、价格、竞争、风险等要素之间互相联系及作用机理。供求机制、价格机制、竞争机制和风险机制是在任何市场都存在并发生作用的市场机制。

劳动力市场的价格机制主要指工资机制（即劳动力定价机制），它的内涵是劳动力市场上劳动力市场价格的变动与市场上劳动力供求关系变动之间的有机联系的运动。

劳动力市场的供求机制是指通过劳动力供求间的矛盾运动来影响各种生产要素组合的一种

机制。

劳动力市场的竞争机制是指在劳动力市场，各行为主体之间为着自身的利益而相互展开竞争，由此形成的经济内部的必然的联系和影响。

劳动力市场的风险机制是与劳动力要素相关的市场活动同企业盈利、亏损和破产之间相互联系和作用的机制。

上述这些机制自劳动力市场产生以来就始终存在并发生作用。在劳动力市场性质发生变更或者各种外在制约因素作用各异条件下，劳动力市场机制作用的范围和程度在不同时期将存在一定区别。

2. 和谐劳动关系

关于什么是和谐的劳动关系，人们有不同的理解和认识。综览文献，大致有三种界定和谐劳动关系的方式。一是通过概括描述方式。如认为和谐的劳动关系是指劳动过程中主客体之间达到人与人和人与物（自然环境劳动条件等）的利益均衡和协调共处状态时的劳动关系。二是通过特征描述方式。如认为和谐的劳动关系应该建立在劳动合同基础之上，应该以劳动法律规制为存在基础，应该以三方协商和集体谈判等为调整机制。三是通过标准衡量方式。

中华全国总工会认为衡量和谐劳动关系企业的八条标准是：

①严格依法执行劳动合同制度、劳动用工行为规范；

②建立平等协商和集体合同制度；

③依法保障职工劳动经济权益；

④全心全意依靠职工群众办企业，坚持和完善职工代表大会和其他形式的企业民主管理制度；

⑤尊重和维护职工精神文化权益；

⑥建立健全工会劳动保障法律监督组织和企业劳动争议调解组织；

⑦维护女职工和未成年人的合法权益和特殊权益；

⑧建立健全工会组织，支持工会，依照工会法和中国工会章程开展工作，依法缴纳工会经费。

本书认为，中华全国总工会的八条标准可以用来衡量企业劳动关系和谐程度。而要评价一个国家或者地区劳动关系是否和谐，则至少需要考察四方面内容：一看管理者阶层与劳动者阶层间的矛盾是否逐步减少；二看劳动收入及中产阶层在社会分层中的比重是否逐步增加；三看劳动权益保障机制的发育程度；四看与劳动领域的歧视现象是否逐步减少等。

3. 劳动力市场机制与和谐劳动关系的形成

在现代经济社会中，只有在劳动力市场条件下雇佣组织与劳动者之间才能缔结并形成劳动关系。所以形成和谐劳动关系必须依靠劳动力市场机制的调节。

首先，依靠竞争机制，促进劳动者提高劳动素质和技能。和谐劳动关系强调劳资力量的对等，因此劳动者必须努力提高劳动技能才能改变他们在劳动关系中的弱势地位。劳动经济学认为：资方力量的根源来自于资本的稀缺；而劳动者力量的根源来自于其所拥有的劳动力资源的稀缺性。如果劳动技能的可替代性强，则劳动者在劳动关系中必然处于弱势，其劳动权益容易遭到侵害。所以，提高劳动者的劳动技能是构建和谐劳动关系的重要途径。劳动力市场的竞争机制可以促进劳动技能筛选制度的形成，可以帮助明确劳动技能的培训目标。也就是说，竞争机制能够为劳动者指明技能提升的方向并提供检验技能的环境。

其次，依靠供需机制和价格机制，促进劳动力资源的合理配置。和谐的劳动关系要求实现劳动力资源的合理配置。在市场经济体制下，判断劳动力资源配置是否合理及合理的程度，应当奉行兼顾效率和公平双重价值取向。就是说，需要同时追求劳动力资源的高效率配置和公平配置。在劳动力市场中，劳动力的供给权和需求权分别掌握在劳动者本人（工会）和雇主手中。双方经过价格博弈，可以解决微观领域的劳动力供需矛盾。至于中观和宏观层面的配置问题（如地区间的劳动力有序流动等），同样可以利用供需和价格机制寻找答案。

再次，依靠风险机制，改进劳动关系主体的权益保护。在市场经济条件下，劳动者和雇主这两个相对独立的权利和利益主体有着不同的利益取向和追求。劳动关系协调的任务之一，就是保护各方主体的权利和利益不受侵犯，从而保证劳动关系和谐而有序地运行。这可以通过在劳动合同中建立风险责任来对劳动关系主体的行为进行规范。例如，规定全面保护权益条款，以保护劳动者和雇主的权益，任何一方都不得随意侵犯对方的权益；规定劳动标准条款，既保护劳动者的法定权益也保护约定权益，既保护劳动者的财产权也保护其人身权；规定平等保护条款，对各类劳动者、雇主的权益进行平等保护。规定特殊群体劳动者权益保护条款，对女职工、未成年劳动者、残疾劳动者、军队退役劳动者等进行劳动权益保护。

总之，完善劳动力市场机制，发挥各种机制的协调作用，是构建和谐劳动关系的关键环节。

本章小结

本章论述的主题是劳动关系的三个主体。劳动者在劳动关系范畴下有其特定的对象范围以及行为特征。工会作为劳方代表是构成劳动关系的重要力量，它以劳方代理人的身份与雇主交涉，参与集体谈判，在有些国家工会甚至成为重要的政治力量。雇主在劳动关系中是劳动者的相对方，面对劳动者、工会以及政府，它要产生各种行为反应。雇主最重要的权利是团结权和劳动管理权。不同背景的政府在各种政策取向之下，在劳动关系中扮演着不同的角色。中国政府在改革开放的 30 多年间成功实现了它在劳动关系中的角色转变，通过各种政策、手段重新缔造了劳动关系的劳方主体和资方主体，建立并逐渐完善劳动力市场，为形成市场化的劳动关系选择了正确的发展路径。

思考题

1. 判断劳动关系中的劳动者的方法有哪些？劳动者在劳动关系中有哪些权利和义务？
2. 工会在劳动关系中的典型行为是什么？
3. 雇主在劳动关系中的行为对象有哪些？分别有哪些行为表现？
4. 简要概括劳动关系中政府的作用的理论。
5. 论述中国政府在劳动关系中的角色变迁路径，说明它在各个阶段的行为目标是什么，采取了哪些措施等。

第3章

宏观劳动关系管理

学习目标

1. 掌握集体谈判的概念及其制度模式
2. 掌握集体谈判制度的基本框架和内容
3. 掌握三方协商制度的概念、框架和内容
4. 掌握雇员参与的概念
5. 了解德、美两国雇员参与制度模式

内容预览

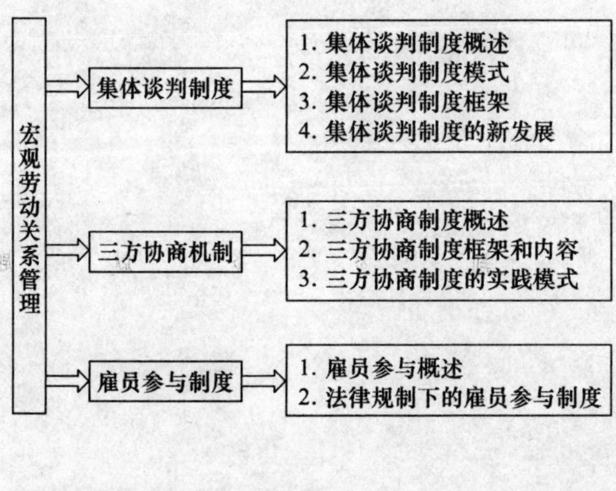

3.1 集体谈判制度

3.1.1 集体谈判制度概述

集体谈判制度是各国调节劳动关系的通用机制。它在彰显劳资双方集体利益、平衡劳资力量、改进组织管理绩效以及维护社会稳定等方面发挥着重要作用。

1. 集体谈判的概念

国际劳工组织在《关于促进集体谈判的公约》中将集体谈判界定为：单个雇主、雇主群体（或组织）同单个或若干工人组织之间签订有关劳动条件和其他劳动问题的各项协议的过程。

概念精解 集体谈判

集体谈判的主体有两个。一是资方主体；二是劳方主体。排除政府或者行业和地方组织的干预，只有成为谈判主体组织的内部成员，才可能通过集体谈判机制受益。（注意：在有些国家，集体谈判的扩展条款可能会在政府或者行业、地方组织的推广下覆盖到那些非谈判主体组织的成员。）

集体谈判的行动目标以改善集体劳动条件和调整集体劳动关系为主。随着实践经验的积累和进步，一些非劳动领域的议题，像企业技术改造、企业社会责任等，越来越多地成为集体谈判的内容。

集体谈判是法律规制下的谈判。集体谈判不是谈判双方就发生问题所进行的随意或随机性质的沟通或较量。它是一种具有明确规范限定的谈判。各国通常会依据本国情况，采用不同级别和不同形式的法律性规范对集体谈判的主体、内容、程序、执行和监督等进行规制。

除非谈判破裂，一般来讲，劳资双方通过集体谈判最终将达成集体协议。

2. 集体谈判制度的发展沿革

集体谈判肇始于18世纪末。1799年，美国费城制鞋业工人与雇主就劳动标准问题展开了集体谈判。此后，费城、纽约等地印刷等行业的工人也开始通过集体谈判途经来维护其合法经济利益。这些事件开创了集体谈判的先河。19 世纪初，为处置劳资争议，英国某些行业中专门成立了由雇主协会和工会共同组成的机构以协调处理那些难以决断的事项。

在集体谈判机制的雏形渐趋形成后，以美国为代表的一些国家开始出台一系列法案、法律，以规范劳资集体谈判制度。如美国著名的法案及法律有：《那里斯－拉瓜迪亚法案》（1930 年）、《国家劳资关系法案》（1935 年）、《公平劳动法》（1938 年）和《国家劳工管理法》（1947 年）。这些法律性文件对集体谈判的主体、内容、程序等作了详细规定，并确认了集体合同的法律效力。由此，集体谈判逐渐发展为一种规范的制度模式，并于 20 世纪中叶日臻完善。

从世界范围来看，集体谈判制度大致经历了禁止、承认和支持的发展走向。在制度产生之初，政府大多采取禁止态度，即通过制定禁止结社法将工会进行集体谈判和签订集体合同视为违法。随着劳工运动的蓬勃发展，在劳方的压力行动面前，各国政府开始反思政策趋向，陆续通过立法确认工人的结社和集体谈判权利。1871 年英国《工会法》首次承认工会有代表职工与雇主谈判并签订集体合同的权利。随后，新西兰、奥地利、荷兰、德国、法国等也相继制定了有关法律。1922 年，社会主义国家苏联在《苏俄劳动法典》中对集体谈判与集体合同做出了专章规定。此后，东欧国家建国后也参照苏联经验开始在企业内部实行集体谈判制度。国际劳工组织也制定了一系列的国际法来推动集体谈判制度发展和普及。重要的公约和建议书有：《组织权利和集体谈判权利公约》98 号公约、《关于企业职工代表》135 号公约、《关于集体谈判活动》154 号公约、《关于雇主动议下的终止劳动关系问题》158 号公约、《集体协议建议书》91 号建议书等。

到了二十世纪七八十年代，许多国家集体谈判制度面临新的挑战。这一时期，工会和雇主组织的会员不断减少，失业问题日渐凸显，集体谈判制度因模式雷同、执行僵化而缺乏灵活性。面对社会质疑，政府以及集体谈判主体采取了一系列的改良措施。这些措施包括：工会或雇主组织机构合并；将集体谈判的实践重心向企业级谈判转移；签订“社会公约”,[①] 整合集体谈判制度的方向和原则；加强政府在集体谈判制度中的作用等。

3.1.2 集体谈判制度模式

1. 西方国家集体谈判制度模式

西方国家的集体谈判制度在发展了百余年之后，形成了三种比较有代表性的制度模式，分

① “社会公约”通常是由劳资双方和国家三方签订的，政府在税收方面做出让步或者提供失业救济金，为企业员工培训发放补贴等等。

别是德国模式、美国模式和日本模式。在这三种典型模式的基础上，各国又结合自身国情，发展出一些中间形态（见表3-1）。

表3-1　　西方国家集体谈判制度模式比较

	集体谈判制度特点	谈判主体的特点	集体协议达成障碍的处理机制
德国	以产业级集体谈判为主	工会和雇主组织均发育完备，在集体谈判中力量对等。政府不介入集体谈判	调解、产业行动、继续谈判直至达成协议
美国	集体谈判的结构分散，一般选用集体谈判利益最优化的方式	工会组织的形态和力量各异，雇主组织在集体谈判中作用不大。企业雇主直接与工会组织谈判的模式较多。政府只在特定情势下介入关系到公众利益的集体谈判中	依《劳资合作法》由相应组织进行调解、仲裁、和解、非常方式，调解不成，则产业行动合法
瑞典	中央级集体谈判决定总的谈判格局	中央级的工会和雇主组织力量对等	仲裁、特别劳工法庭
日本	以企业级集体谈判为主	工会以企业工会为主，雇主直接与企业工会进行制度性谈判	劳动委员会进行斡旋、调停和仲裁，通常不会诉诸法律

（1）德国集体谈判模式。德国的集体谈判以产业级谈判为主。德国政府通常不直接介入劳资谈判（见图3.1）。

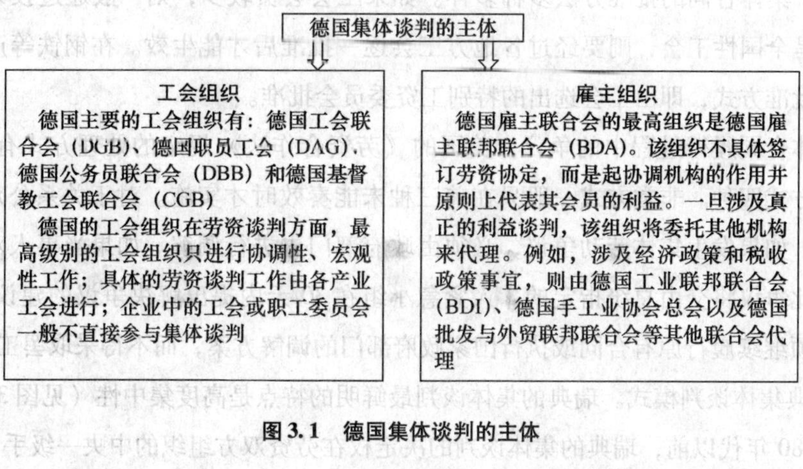

图3.1　德国集体谈判的主体

德国于1952年颁布了《集体合同法》，明确规定了集体谈判的规则以及集体合同的起因、内容和程序等。

在德国，集体谈判基本以工会提出的方案为基础，资方一般在工会提出要求后才制订资方的提议。

如果谈判出现僵局，谈判双方都可以宣布谈判失败，然后由双方都能接受的第三方出面调解。如调解无效，双方均可采取罢工或者闭厂等“工业行动”。较量过后，劳资双方会重新谈判，直至达成一致。

经工会联合会和雇主协会申请，某一行业集体合同可以被批准适用于整个行业。在德国，集体合同履行中出现的争议由劳动法院裁定，工会、雇主协会推荐的荣誉法官均可参与审理。

(2) 美国集体谈判模式。美国集体谈判主体结构分散。工会方面，组织类型有很多种，包括产业工会、行业工会、企业工会、服务业工会以及地方工会和全国性工会。由于美国工会的组织率低下，因此在集体谈判中的影响力有限。雇主方面，美国没有中央级别的雇主组织，雇主仅是产业与地方一级的组织团体，它们在谈判中所起的作用不大。美国政府极少直接介入集体谈判，即使介入也非常慎重。

鉴于集体谈判主体的结构特征，美国集体谈判的结构有多种，可以分散到各个层次进行，原则是哪种谈判结构实现的利益最大，就采取哪种。实践中，美国主要是通过在企业签订的集体合同和工人个人劳动合同来调节劳动和社会关系问题。

关于集体谈判的内容，美国通过完备的法律体系对集体谈判的基本议题进行规定，像工资、劳动时间和就业条件等均属于法定谈判内容。

美国法律规定，如果集体谈判陷入僵局，经过调解后仍未能达成协议，则罢工合法。

在美国，集体合同的批准方法多种多样。如果工会会员较少，则一般通过投票来决定批准与否；如果是全国性工会，则要经过各地方工会逐一批准后才能生效。在钢铁等产业采取的则是一种间接批准方式，即由工会选出的特别工资委员会批准。

关于集体合同履行过程中的争议，美国的《劳资合作法》规定的处理方式有调解、仲裁、和解和非常方式四种。非常方式一般只在前三种未能奏效时才实施。对于关系公众利益的铁路和航空业等，如果发生集体劳动争议，必须由政府部门先进行调解。如果当事人对调解结果都不满意，则此争议将交由总统指定的3人紧急小组在30天内提出解决争议的建议，在此期间，争议双方必须继续履行原有合同或执行国家政府部门的调解方案，而不得采取罢工行为。

(3) 瑞典集体谈判模式。瑞典的集体谈判最鲜明的特点是高度集中性（见图3.2）。

20世纪80年代以前，瑞典的集体谈判的决定权在劳资双方组织的中央一级手中，产业和企业一级的集体谈判必须参照中央一级的谈判来进行。80年代后，经济环境的变化迫使劳资双方采取更为灵活的谈判方式，企业级工资谈判逐渐增多。

在瑞典的集体谈判中，工资问题是谈判的最主要内容。

瑞典的集体协议对签订协议的工会和雇主都有约束力，并有法律效力。

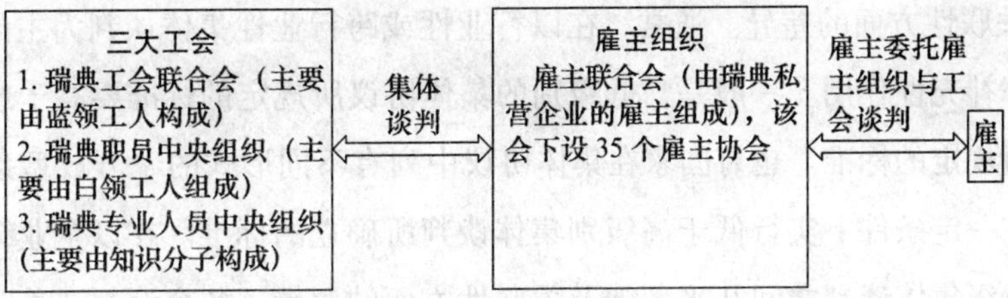

图3.2 瑞典高度集中的集体谈判主体结构

瑞典政府一般不直接介入集体谈判。

(4) 日本集体谈判模式。日本的集体谈判以企业级谈判为主且劳资双方在企业级集体谈判中多采取合作策略。

日本集体谈判的内容涉及面相当广泛，凡是涉及工人切身利益以及企业生产经营等事项，尽可列为集体谈判议题。

日本法律规定，集体谈判中出现争议，经过调解后仍未能达成集体协议的，举行罢工合法。如果在集体合同履行阶段发生争议，通常是通过由人数相等的劳方、资方、政府三方代表组成的各级劳资关系委员会进行斡旋、调停和仲裁的方式来解决劳动争议，一般不会诉诸法律。

2. 集体谈判制度模式的差异

除上述最具特色的四种集体谈判模式外，经过100多年的探索，各国发展出特色各异的集体谈判制度模式。这些制度的差异主要表现在六个方面。

(1) 集体谈判的覆盖面不同。一般来看，以行业性或跨行业性（全国性）谈判为主的国家，集体谈判的覆盖面往往较高。而建立集体协议的扩展程序也有利于提高覆盖面。粗略统计，大多数欧洲国家通过集体谈判达成的集体协议覆盖了2/3以上的工人，其中，奥地利达到100%；而英国、美国和日本等，集体协议通常覆盖不到工人总数的40%，且呈不断下降的趋势。近年来，随着就业形式的多样化，出现大批如临时工、季节工、家庭工等非正规就业职工，有些国家通过政府干预等方式也把他们纳入集体协议的覆盖范围。如奥地利的多数“自谋职业者”和意大利的许多合作社社员都受集体协议的保护。

(2) 集体谈判层次的差异。不同国家面对类似的谈判议题时，可能会通过不同层次的集体谈判来加以讨论和定夺。以工资集体谈判为例，谈判层次可分为三类：第一类是在国家或跨行业的层面来进行集体谈判，代表性国家有比利时、芬兰和爱尔兰。第二类是在行业层面进行谈判，这种做法主要集中在德国、奥地利、荷兰、意大利、希腊、挪威和瑞典等西欧和北欧国家。第三类是在企业层面实施集体谈判，代表国家包括英国、美国和日本等。

（3）谈判关联性方面的差异。通常，在以行业性或跨行业性集体谈判为主的国家，企业级的谈判往往发挥补充性作用。一般是，低级别的集体协议所规定的标准要高于或至少不低于高级别集体协议所规定的标准。也有国家在集体协议中列有不同形式的“开放型条款”或特殊条款，允许企业在一定条件下实行低于高级别集体谈判所确立的标准。在以企业级集体谈判为主的国家，各企业级集体谈判之间几乎不涉及关联性方面的逻辑。各个谈判本着其具体的情况来确定时间、议题等。

（4）集体谈判的内容不同。关于集体谈判内容，有的国家对此有法律规定，有的则无法律规定。比如美国《劳动关系法》规定，资方与工会务必就分配比例、工资、劳动时间和就业条件进行协商；而日本法律则没有规定。

（5）集体合同的法律效力不同。在绝大多数国家，集体合同具有法律效力；而有的国家则没有。比如英国，无论集体谈判还是集体协议的实施，都无法律保护，全靠劳资双方的信誉维持。

（6）政府在集体谈判中的角色不同。多数西方国家不主张国家机构对集体谈判进行直接干涉。政府主要通过制定谈判规则，通过劳动标准的实体立法，通过信息发布、接受咨询和培训服务等办法来对集体谈判制度施加间接影响。当然，在很多方面政府并非总是持旁观态度。例如在德国，联邦劳动部对集体谈判握有批准权，政府可以宣布某一劳资协议对整个行业有约束力。在荷兰，如果集体谈判发生紧急情况，总理有权干涉；在挪威和丹麦，国会可以对集体谈判的程序进行干涉，并且是最终决定集体合同的主管机关。在许多国家，政府在谈判陷入僵局时往往通过调解、斡旋，甚至采取强制性措施来改变集体谈判格局；还可能在特殊时期提出禁止谈判事项或者直接限制讨价还价幅度来直接干预谈判。

3.1.3 集体谈判制度框架

1. 集体谈判的主体

综观各国情况，集体谈判的直接主体是劳方主体和资方主体。在特定情况下，政府也可能直接介入谈判程序。

（1）集体谈判的意志主体。在进入集体谈判程序之前，首先要确定谈判究竟是在哪两个谈判单位之间进行利益博弈。谈判单位指集体谈判的意志主体，它由单个人或者在利益方面存在共性要求的人群组成。按照学者李琪的观点，谈判单位并不一定以一个雇佣组织为界来区分。事实上，不同的国家用于确定谈判单位的方法各异。在一些国家，谈判单位的确定是劳资之间实力较量的结果或者是双方形成的默契。在另外一些国家，特别是集体谈判结构比较分散的国家，政府设有专门的机构对之进行确认。例如，在美国，国家劳工关系委员会负责谈判单位的确定。委员会依据成员同质性、既往集体谈判史、成员集体谈判意愿、该单位工会组织模式等多元标准最终确定意志主体的边界。由此可知，集体谈判意志主体可以是一个工会联盟与一个产业的雇主组织联盟，也可以是单个雇佣组织中一个部门的雇员与该组织的雇主。

（2）集体谈判的执行主体。所谓执行主体，是指能够代表意志主体意愿并实际参加集体谈判过程的个人或代理人团队。显然，集体谈判要想顺利进行，劳资双方必须通过一定的机制产生各自的谈判代理人并对其参与谈判的合法性、代表性予以确认。基于历史与国情，各国分别形成了确认集体谈判执行主体的办法。例如在美国，首先确定集体谈判的意志主体，然后看这个单位工会的组织形态。如果存在两个以上的工会组织，劳工委员会要安排雇员以秘密投票的方式选举产生能够作为谈判代表的工会。在英国，有两种工会的承认程序：一是自愿承认程序。按照该程序，工会向雇主提出书面申请，要求雇主承认其谈判对手地位。二是法定承认程序。如果工会经自愿承认程序未获雇主承认，工会可以向中央仲裁委员会提出申诉。如果进行集体谈判的雇佣组织中大部分雇员都是该工会会员，则委员会可以直接裁定该工会为谈判代表；否则委员会将派员组织并监督雇员投票，如果40%以上的雇员同意该工会代表他们参加谈判，则委员会将认定该工会的代表资格，并要求雇主予以承认。

2. 集体谈判的方式

集体谈判方式主要有分配型谈判和整合型谈判两种类型。

分配型谈判是指谈判双方在对有限资源进行分配时，基于一方赢则另一方必定输的理念来展开的谈判。在谈判过程中，劳资双方认为谈判事项所涉及的利益份额不能改变，一方获得的利益就意味着对方的利益损失，因此，各方都想在谈判中获得尽可能大的份额。采用分配谈判方式时，双方要坚持的根本原则是在守护自己底线的同时，努力冲破或者靠近对方底线。为此，可能会采取一些必要的策略，如控制自有信息的传送；仅由谈判首席代表作为发言人；主张采取产业行动向对方施压；等等。

整合型谈判是合作性谈判，在这种方式下，谈判双方均认为至少有一种解决方案能使谈判双方都有所得。整合型谈判的策略主要有：扩大谈判所涉资源的数量；满足一方的利益要求，而从冲突问题以外的地方对另一方进行补偿；双方都采取求同存异的谈判态度；满足双方不相交叉的利益部分；等等。

图3.3清晰地显示了工资集体谈判过程中分配型谈判与整合型谈判在谈判结果、讨价还价

空间和策略选择方面的差异。显然，采取整合型谈判方式，拥有更多替代资源的一方可以使达成协议点更接近于自己的合意点。此外，从雇主角度看，雇主讨价还价的空间通常大于劳方，采用整合型谈判有利于雇主有效降低工会的谈判目标，有利于规避由于极端产业行动带来的经济和政治风险；从劳方角度看，仔细分析那些替代资源可以有效补偿降低谈判目标所造成的损失，有利于谈判的达成，进而可以降低罢工给工人带来的巨大风险。当然，谈判双方最终采取哪种类型的谈判方式受到谈判代表惯用策略、既往劳资关系状况以及谈判议题特点等因素影响。而且，两种谈判方式之间也并非是完全独立的关系。往往，整合型谈判中关于替代性资源的谈判还是要以分配型谈判方式来决断，而分配型谈判是在缺乏合作预期的劳资双方间分配资源的最有效和最常用的方式。

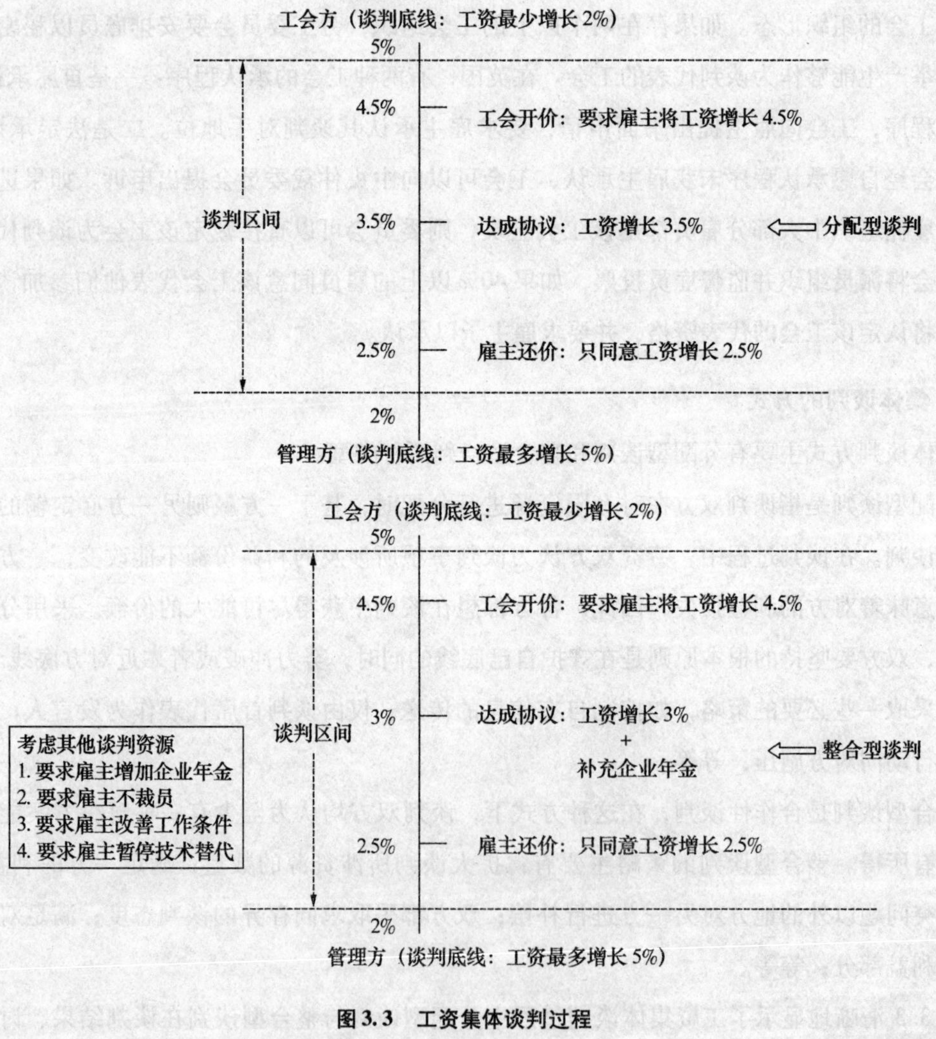

图 3.3 工资集体谈判过程

3. 集体谈判的结构

集体谈判过程中，劳资双方代表以不同的组织形态来进行谈判，会构成不同的集体谈判结构。实践中，集体谈判结构复杂而多样。按照不同的标准，可以进行以下划分。

按照谈判级别分类，有国家级、行业或地方级和企业级三类集体谈判。区分标准是谈判执行主体被确认的级别和地位。例如，谈判双方都是行业级谈判组织，则谈判即为行业级谈判。

按照谈判聚集度分类，有集中性集体谈判和分散性集体谈判。区分标准是在一定地域内企业级谈判占总集体谈判数的多少。企业级谈判比例高则表明是分散性谈判结构。

按照谈判卷入机构的配置模式分类，有6种集体谈判结构（见表3－2）。

表3－2 集体谈判的正式结构

谈判结构名称	谈判主体的组织形式	举　例
单雇主—多机构—单工会	一个雇主对一个工会（工会会员可能分布在几个机构）	某汽车公司与某地区汽车工人工会进行谈判
单雇主—单机构—单工会	一个雇主对一个工会（雇主与工会同属同一组织）	某大学与该大学的教师工会进行谈判
单雇主—多机构—多工会	一个雇主对多个工会（工会会员可能分布在几个机构，分属几个工会）	某铁路行业协会与分布于各地，代表各工种的工会进行谈判
单雇主—单机构—多工会	一个雇主对多个工会（雇主与工会属同一组织，但该组织中存在多个工会）	某个雇主先与本组织中的工会1和工会2谈判，然后工会1和工会2再联合起来与雇主谈判，达成一个协议
多雇主　多机构—多工会	多个雇主对多个工会	某地区所有建筑业雇主协会与该地区各工种工会谈判
多雇主—多机构—单工会	多个雇主对单个工会	某地区所有医院组成一个雇主协会与该地区的护士工会进行谈判

按照谈判单位之间的相互关系分类，有示范性和协调性谈判两种类型（见表3－3）。

表3－3 集体谈判的非正式结构

谈判结构类型	描　述
示范性谈判	谈判主体A首先选择最可能与自己达成最惠协议的谈判对象B进行谈判，达成协议后再以此协议为最低谈判条件同其他谈判对象谈判
协调性谈判	谈判主体A与谈判对象B、C、D等几乎同时展开谈判，第一个协议达成后，A与其他几个谈判对象达成的协议在基本内容、基本条件上都与第一个协议相仿

4. 集体谈判的程序

集体谈判的程序一般由法律加以规制。在谈判开始之前，一般都有一个谈判准备过程。各国法律对准备过程的要求各不相同。完成谈判准备之后，正式进入谈判程序。关于谈判程序的具体步骤，也要参照法律的相关规定（见图3.4）。

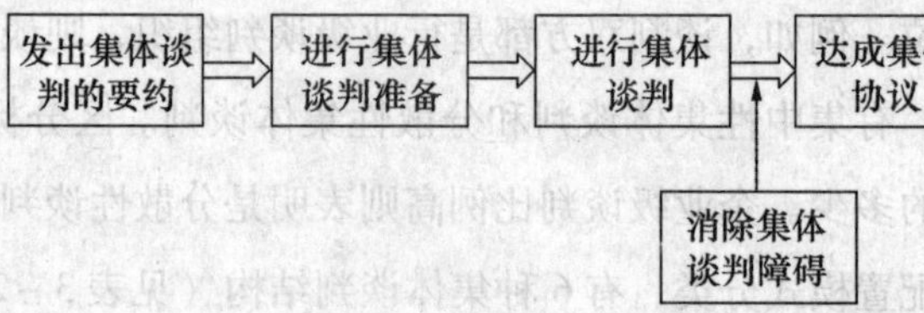

图3.4　集体谈判的一般程序

（1）发出集体谈判要约。集体谈判要约的发出通常由劳方谈判团队来完成。正式的要约应以书面形式来呈现。要约内容应包括谈判的议题、预期目标、谈判的建议时间和地点等。雇主收到谈判提案后，应在一定期限内做出回应。拒绝谈判或者无回应，将被认为是雇主的不当行为。

（2）谈判准备。谈判准备阶段，集体谈判双方通常要进行的工作有：确定谈判目标、收集信息、确定谈判代表、发出谈判要约与回应、拟订谈判方案、预约谈判内容、日期和地点、指定谈判记录员等。

（3）谈判。集体谈判是劳资双方依据各自实力，运用智慧和策略实现各自诉求的过程。如果谈判顺利，双方将可签署集体合同；如果谈判中双方立场对立，很难达成妥协，则双方均可采取应对手段。谈判过程通常包括：接触、磋商、敲定和扫尾四个阶段。谈判的结果通常受谈判双方力量对比、谈判技巧、利益与价值观、期望值等影响。

5. 集体谈判的内容

（1）纵向看集体谈判的内容。可从以下三个层面来看：

在宏观层面，集体谈判的内容可能会涉及国家宏观政策和一些全局性的利益调整。比如，为提高整个产业工人的工资率而展开国家级谈判。

在中观层面，集体谈判可能会触及行业性、地区性政策和利益格局。例如，为能否在金融行业实行员工持股计划而展开行业级谈判。

在微观层面，企业级集体谈判主要围绕着工资、工时、休息休假、劳动安全卫生、保险福利等内容展开。

（2）横向看集体谈判的内容。随着经济环境的变化，集体谈判的内容已经不可能仅局限于工资、福利、劳动安全等劳动条件，更多方面的内容已经引入集体谈判之中。雇主的一些经营行为，如采用新技术、引进先进设备，变更管理组织，工厂的迁移变卖、合并、分包等，由于可以直接或间接涉及员工的切身利益，也已开始被纳入集体谈判的内容范畴之中。

6. 集体合同条款

完整的集体合同应当由以下三类条款构成。

标准性条款对劳动关系当事人双方的权利、义务中涉及的劳动标准进行规定，如规定劳动报酬、工作时间、劳动定额、休息休假、保险福利、劳动安全卫生等方面的标准。

目标性条款规定在集体合同有效期内应当达到的目标和实现该目标的主要权利、义务。

劳动关系运行条款规定集体合同的运行规则，主要规定集体合同的期限，以及关于集体合同的履行解释、续订、变更、解除、终止集体合同的协商程序、违约责任、争议处理等方面的规则。

3.1.4 集体谈判制度的新发展

20世纪80年代以来，集体谈判和集体合同制度在世界范围内不断演变，表现出的发展趋势如下。

1. 集体谈判组织机构的卡特尔化

近年来，西方国家普遍出现了集体谈判体系力量减弱的趋势，具体表现为各国工会和雇主组织机构的会员日趋减少。以北欧国家为代表，越来越多的工会和雇主组织机构合并。集体谈判组织机构的卡特尔化意味着越来越多的劳动者由于机构合并而归属于同一个工会，则涉及的劳动者可能为同一个集体合同所约束。

2. 集体谈判结构的分散化

在欧洲，经典的集体谈判结构是以德国为代表的集中式谈判。随着经济环境的变化和企业竞争的加剧，集中式谈判结构的局限性日益凸显。越来越多的企业开始尝试在企业层面开展集体谈判和签订集体合同。但是这种制度的改良通常是在原有的集中式集体谈判制度框架之内进行的。在德国和奥地利，原有的集体谈判制度中引入了“公开的合同附加条款”机制，允许通过所谓的“附加条款”对集体合同所规定的最低基准进行狭小的偏移，偏移的边界也有严格的限定。例如，1994年德国的金属工业集体合同的公开附加条款规定：职工委员会和雇主不仅可以制定集体合同，还可以在一定的界限内有所偏离。允许为单个群体或企业中的某些部分签订一个集体协定等。这些举措使得集中式集体谈判制度变得更为灵活。这些灵活性改进构成谈判结构分散化的量变基础。

3. 集体谈判制度方向的集中化

20世纪90年代以来，许多西方国家在劳、资、政三方间签订“社会公约”，政府承诺做出税收让步或者提供失业救济金，为企业员工培训发放补贴等。其目的主要是让劳工就业和企业竞争力这对矛盾能够调和共融于集体合同之中。这样就在集体合同制定的方向性和指导原则等方面形成了一种集中化的趋势，社会公约的影响使得各类集体谈判和集体合同制度都能够凸显国家劳动力市场的整体战略。

4. 国家在集体谈判制度中担当更重要角色

在西方国家，政府在集体谈判过程中的作用不同。奥地利、德国、爱尔兰、芬兰和瑞典不允许国家机构对集体谈判进行干涉；但在荷兰，政府总理有在集体谈判发生紧急情况下对其进行干涉的权利；在挪威和丹麦，国会可以对集体谈判的程序进行干涉，并且是集体合同的最终决定的主管机关。丹麦国会在一定情况下可以延长集体合同的有效期。在挪威，设有一个特别的专门委员会，有权为谈判方规定一个有约束力的协议等。

3.2 三方协商机制

3.2.1 三方协商机制概述

1. 三方协商机制的概念

三方协商机制（又称三方机制）是指政府、雇主和工人代表之间通过一定的议事规则或程序，就制订和实施有关经济与社会政策进行有效协商的一项制度。它是社会对话的一种实现形式。

劳动关系三方协商机制是指政府、雇主和劳动者选派各自的代表，组成临时或常设机构，在制定劳动法规、处理劳动争议等方面，履行各自的职责，发挥各自的作用，在三方间进行协商和对话，消除误解，弱化有争议的问题，增加达成协议的机会，共同协调劳动关系的机制。

知识拓展 三方协商机制与三方原则的关系

三方协商机制的核心是三方性原则。三方性原则是国际劳工组织（ILO）实行的独特的、静态的组织原则。其核心精神是要求参加ILO各种会议和活动的成员国代表团必须由政府、雇主组织和劳工组织的三方代表共同组成，三方代表有平等独立的发言和表决权，政府、工人、雇主代表的表决权是2∶1∶1。三方性原则和三方机制是相辅相成、互相依存的统一体。

2. 三方协商机制的职能

（1）咨询和对话功能。三方协商机制，就其实质来讲，是一个集体协商过程或社会对话机制[①]。在这个过程或机制当中，雇员、雇主和政府在自愿的基础上展开互动和对话，以促进劳动标准的完善和劳工权益的保护。以欧盟为例，三方协商或社会对话已成为公共治理机制的一部分。在欧盟层级，社会对话不仅起咨询性的作用，而且已经成为决策机制的一部分。欧盟所发出的各项指令通过在欧盟层级上由劳、资、政三方达成协议来得到贯彻。在国家层级，各成员国可以通过三方协商或谈判来调整目标（如缩减工作时间等）或者寻求解决问题的路径。在产业层级，关于就业、工作条件、职业培训、产业变革等问题的讨论都适合建立在产业三方协商基础之上。在地方层级，有关就业发展、减缓劳资冲突、改善生活和工作质量的方案等也都有赖于三方协商机制下的社会伙伴的真正参与。在企业层级，跨国公司关于跨境就业的灵活性、退休金和资质认证的平等问题的解决也必须经由企业级三方协商的途径才能达成共识或找到突破点。

（2）集体谈判功能。在大多数国家，三方协商的重要工作是进行集体谈判。以北欧为例，北欧一些国家实行四级集体谈判制度。首先，在国家一级签订三方社会总协议。其作用是对协调与推行社会及经济政策的总原则以及政府、工会和雇主三方的权利与义务做出规定。其次，在地区一级，集体谈判通常在地方工会、雇主组织和地方政府间进行，其代表负责签署地区性集体协议，目的是在维护地区社会总体利益的基础上，对本地区的最低生活水平、工资报酬、就业、环保和劳保、文体事业、住宅建设等问题通过谈判达成一致。第三，在产业一级，由产业工会、产业雇主协会和工业部门的代表就本产业与劳动相关的问题进行磋商

① ILO对社会对话的概念：在关于经济与社会政策上相关利益的议题上，在政劳资双方或三方之间所进行的，包含所有形态的谈判、协商或仅仅是信息交换的行为。

和达成协议。产业级集体合同体现的是产业特点，主要的工作目标是协调产业内三方的权益和义务。其内容不仅涉及工资问题，也涉及工人培训、劳保和保健等社会保障问题。第四，在企业一级，通常是工会代表工人与企业主展开协商和谈判。企业内部劳动标准和劳动管理等事宜达成的集体协议的约束。可见，各级集体合同在作用上存在差异。通过多层级的三方协商与谈判，上级集体合同的内容最终可以落实到下级机构；而下级集体合同的内容不会低于上级合同的规定。

（3）劳动争议的调解和仲裁功能。三方机制广泛运用于劳动争议的调解和仲裁等过程。当三方机制被运用于解决劳动争议环节时，作为调解或者仲裁的一方首先应该保持中立且与处理结果没有利益关联；其次应该能够促进争议当事各方间的沟通与谈判。为此，政府或者独立第三方的存在对争议的成功处置起着至关重要的作用。构建劳动争议处置的三方机制可以有多种形式。例如，加拿大产业关系委员会（CIRB）负责对劳动争议的调解工作提供协助，它是一个由劳资代表同等人数组成的独立机构。而我国《劳动争议调解仲裁法》（2007 年）规定："县级以上人民政府劳动行政部门会同工会和企业方面代表建立协调劳动关系三方机制，共同研究决定劳动争议的重大问题。"在我国各级政府的推动下，企业、区域和行业劳动争议调解组织已大规模建立。政府代表在劳动争议调解委员会中出任调解员，在很大程度上改变了企业强势的调解格局，有利于公正维护双方当事人的利益。在劳动仲裁方面，我国《劳动争议仲裁委员会组织规则》规定：仲裁委员会应由劳动行政主管部门的代表、工会的代表和政府指定的经济综合管理部门的代表共同组成；仲裁委员会主任由同级劳动行政主管部门的负责人担任。这些规定显示出三方机制在劳动争议处置中扮演着越来越重要的角色。

3.2.2 三方协商机制的框架和内容

1. 三方协商机制的组织构成

劳动领域三方机制的组成各方分别是政府、雇主组织和工会组织。他们在三方协商机制中扮演着不同的角色，代表着不同的利益。

（1）政府。政府代表和维护国家利益。由于各国在政治体制、经济体制、法制体制、经济发展水平、历史文化传统等方面存在着差异，政府在三方协商机制中的行动目标、活动方式、介入程度必然形成各自的特点。

三方协商机制中，政府的代表一般由本国劳动行政部门来充任。

政府介入三方机制的方式主要有宏观调控和直接介入两种。在发达的市场经济国家，政府在三方机制中的行为主要有：通过制定相关法律和社会政策来推动劳资关系的平衡；在与雇主组织和工会的谈判中对国家的政治、经济和社会发展计划与战略等重大问题提出意见和建议；通过立法和调节手段把个人及其所在组织的权利与义务结合起来，把对国家和企业利益的维护与公民个人及其组织利益的维护结合起来。在一些非市场经济国家，如果三方机制中雇主或者工会的发展不顺畅，政府往往倾向于采取直接介入的方式来支配劳资格局。

（2）雇主组织。雇主组织代表其雇主成员的利益。各国雇主组织在劳资关系方面的主要工作大致集中在六个方面：一是参与劳动关系立法讨论和制定；二是获得资格确认的雇主组织可以代表资方进行集体谈判，签订集体合同；三是参与劳动争议的处理；四是定期召开成员会议，交流有关劳动关系的情况，分析交流雇主和工会的动向，搜集会员的意见和建议，为政府和工会进行对话做准备；五是参与培训工作，主要是与工会就开展员工培训的相关问题进行协商，同时对政府的培训政策提出建议；六是为成员企业分析劳资关系发展趋势，帮助企业搜集劳资关系方面的信息，为企业提供劳资关系方面的咨询服务。

（3）工会组织。工会组织代表工会成员的利益。在三方机制中，工会组织的主要工作有：在涉及劳动者利益的问题上开展与政府和雇主组织的协商活动；不断完善签订各级各类集体合同和集体协议的活动；推动建立调节劳动与社会关系的专门机构，如仲裁委员会和仲裁法庭等；利用工会的权利对政府或企业主违犯劳动法规的行为向法庭起诉；通过与雇主组织协调立场共同纠正和影响政府的社会与经济政策；对议会批准国际劳工组织公约和建议书提出建议；代表工人参与各个级别的民主管理实践；为会员提供咨询或者服务等。

2. 三方协商机制运行的原则

（1）利益均衡原则。利益均衡是指三方主体通过协商机制，在利益的分配或者裁决上实现总体平衡。这种平衡与各方协商或者谈判的实际力量相对应。劳资双方的力量差异，将在中立一方的作用下得到均衡。

（2）补偿原则。补偿原则强调各方通过多个博弈，最终获得整体均衡的结果。三方协商的当事主体如果可以操作多个协商或者谈判，那么，一个协议使一方利益实际受损，在另外的协议中应安排对其进行补偿。只有这样，三方机制才有持续运行的可能性。反之，如果一方总是受损而无补偿机制，则三方机制必因失衡而瓦解。

（3）许诺与期待原则。许诺与期待原则主要指在本轮次获得利益优先的主体，可以对利益受损的主体表示承诺，在下一轮博弈中予以回报。利益受损的主体也可以期待未来的利益平衡，获得期待的利益，以实现双方或三方合作。

（4）信息开放原则。三方协商不同于分配型谈判，信息的交流和开放是各方充分表达观点，适时调整策略和做出准确判断的基础。没有信息共享，就难以实现三方协商机制所追求的达成共识的结果。

3. 三方机制的协商内容

三方协商机制的内容极其广泛。劳动标准的确定与调整、劳动关系的协调与处置、劳动管理的机制构建等为三方机制发挥作用提供了广阔的空间。一般来讲，国家级三方协商的内容主要在于劳动立法；产业或地方级协商侧重于本产业或本地区的立法和法律执行监督；企业级三方协商主要针对跨国企业在不同国家进行劳动管理所必须要完成的内部协调（具体见表3－4）。

表3－4 三方机制的协商内容

组织机构	协商内容
国家级三方协商组织	1. 有关参加国际劳工大会的事宜和批准或履行国际劳工公约或国际劳工建议书的建议 2. 有关国家经济和社会发展的政策和立法 3. 有关实施国际劳工标准和国内劳动立法
产业或地方级三方协商组织	1. 本产业（地区）的国际劳工标准 2. 与本产业（地区）发展有关的经济和社会问题 3. 本产业（地区）的劳动关系和劳动标准 4. 地方的社会经济政策的制定和立法以及地方的劳动标准和劳动法规
企业级三方协商组织	1. 本企业劳动标准的地域间或人员间协调 2. 本企业劳动争议处置的地域间或人员间协调

3.2.3 三方协商机制的实践模式

三方协调机制是市场经济条件下协调和处理劳动关系的必然选择。随着经济全球化的发展，国际劳动组织（ILO）关于"劳动关系三方协调"的理念已为国际社会广泛接受，大多数市场经济国家在协调、处理劳动关系，特别是在制定社会政策，进行劳动立法和处置劳动争议时，通常会运用到三方协商机制。以下将对劳动关系三方协商机制的实践模式进行简要介绍。

1. ILO 的三方协商机制

（1）ILO 制度文件中的三方协调机制。ILO 对于三方协商原则的确认和定义集中体现在其制定的章程、公约和建议书中（见表3－5）。

表3－5　　　　ILO的法律性文件中关于三方协商机制的描述

<table>
<tr><th>文件名称</th><th>具体描述</th></tr>
<tr><td>1944年《费城宣言》</td><td>ILO的行动依据的基本原则之一："在国际间作持续一致的努力，在这种努力中，工人代表和雇主代表享有同政府代表同等的地位，与政府代表一起自由讨论和民主决定，以增进共同的福利"是之一</td></tr>
<tr><td>1960年《（行业和国家级别）协商建议书》（第113号）</td><td>"各成员国应当采取适合国情的措施，在产业范围和全国范围内推动公共当局与雇主组织和工人组织之间，以及这些组织之间进行有效的协商和合作"
关于三方协调的范围的界定："对下列事项公共主管机关必须征求雇主组织和工人组织的看法、意见和帮助：
（1）制定并执行与双方利益有关的法律与条例
（2）建立并管理那些负责组织就业、职业培训和再培训、劳动保护、产业卫生与安全、生产率、社会保障和福利等方面工作的机构
（3）制定并执行经济与社会发展计划。这种协商和合作的总目标应是促进公共当局和雇主组织与工人组织之间以及这些组织之间的相互了解和良好关系，以求发展经济或发展某些经济领域，改善劳动条件和提高生活水平。"</td></tr>
<tr><td>1976年《三方协商促进履行国际劳工标准公约》（第144号）</td><td rowspan="2">三方协调原则的程序保障：要求会员国运用各种程序保证就国际劳工标准方面的有关事宜，在政府、最有代表性的雇主组织和工人组织之间进行有效协商。在国际劳工组织的其他一些公约，如关于确定最低工资、私营职业介绍所、废除童工劳动等公约中也规定"各国在制定、实施和修改有关办法时，应和有关的雇主组织和工人组织充分协商。在公约和建议书草案的讨论和通过时，每个国家的三方代表都独立地发表意见并进行投票"</td></tr>
<tr><td>1976年《三方协商促进履行国际劳工标准建议书》（第152号）</td></tr>
</table>

（2）ILO组织机构中的三方协调机制。ILO的组织机构分为国际劳工大会、理事会和国际劳工局三个层次。其每一层组织都由来自劳、资、政三方的代表组成（见表3－6）。

表3－6　　　　ILO各组织中的三方协调机制

组织机构名称	组织原则
国际劳工大会（ILO的最高权力机构）	由每个会员国各派4名代表组成，其中政府代表2名，工人和雇主代表各1名
理事会（ILO的执行机关）	由56名理事组成，其中政府理事28名，工人和雇主理事各14名。政府理事中有10名理事由"主要工业国"委派，其余的政府理事和工人及雇主理事分别在出席国际劳工大会的政府、工人和雇主的代表中选举产生
国际劳工局（ILO的常设工作机构和国际劳工大会和理事会的秘书处）	均实行三方协调原则
产业性、专门性和区域性的委员会（除财务委员会等个别外）	均实行三方协调原则

（3）ILO议事规则中的三方协调机制。ILO的议事规则规定，在举行大会、理事会和各种委员会时，各会员国应尽可能派遣完整地由三方组成的代表团。如果会员国代表团的非政府代表只有雇主代表或只有工人代表时，该非政府代表只有发言权而没有表决权。在会议讨论和表决中，代表团中的三方代表都享有按照各自立场自由表达观点和投票的权利。在表决中，国际劳工大会和理事会的政府代表等于工人和雇主代表之和；在其他的小组委员会中，政府、雇主和工人三方的表决权相等。如果实际人数不等，则采取加权计数的表决方式予以弥补，以保证三方代表表决权的均等。

2. 英国的三方协商机制

二战后，英国政府致力于通过立法和制定总目标的方式来保障雇员和雇主从劳动关系中获得各自的利益。受社会经济、文化、历史等条件影响，一般的劳动关系问题（如工资标准的调整、职业安全条件的改善等）大多可在雇主与雇员之间通过直接协商的方式来解决，企业级集体谈判在劳动关系调整中发挥着越来越重要的作用。因此，英国劳资关系调整的三方机制主要应用于劳资争议的处置方面。

在英国，咨询、调解和仲裁服务委员会（ACAS）主要负责劳资争议的调处。ACAS成立于1974年，是由政府出资建立，但不受政府政策影响的独立的社会服务机构。ACAS的最高领导机构是英国指导委员会（三方委员会）。依据专门的代表产生程序，三方委员会共由12名成员组成，包括4名雇主代表、4名雇员代表和3名独立代表。三方委员会由英国贸工部任命，设主席1人，其余委员均为兼职。ACAS在三方委员会领导下开展工作，主要职能有：预防和解决劳资纠纷；平息雇员对雇主的抱怨；为纠纷各方提供咨询服务和建议；鼓励纠纷各方更加有效地团结起来工作。

3. 德国的三方协商机制

德国的三方协调机制没有具体的法律依据，也没有固定的协商模式。许多重要的社会政策和法律，大多是通过政府有关部门、工会和雇主协会三方之间非正式的协商而制定的。这种非正式的协商有三种情形：一是，政府部门先制定出法律草案初稿，然后根据与社会团体之间的对话进行修改；二是，社会团体先提出法律意向，政府再和另一方社会团体达成协调意见；三是，政府把法律草案完全交由社会团体三方协商起草。如德国1951年出台的《解雇保护法》就是由德国雇主协会联合会和德国工会联合会不断协商之后起草的，政府几乎是将草案原封不动地递交给了议会。近年来，德国的三方协调也已经形成了比较规范的制度，政府在三方协调中的作用正逐渐降低。由于雇主组织和工会组织比较成熟，因此政府积极提倡劳资问题由劳资双方自由约定，政府不予干预的做法。

4. 美国的三方协商机制

美国协调劳资关系的法律体系相对完善，每部法律都各有侧重且相互制约。例如，《瓦格纳法》致力于保护工会和工人的权利；《塔夫脱－哈特莱法》关注雇主的权利；《兰德鲁姆－格里芬法》侧重于保护工会成员在工会中的权利等。在严密的法律框架下，美国劳资关系的协调基本上通过劳资双方的自我协商进行。劳、资、政三方在劳动关系调节过程中表现出以下特征：一是，劳资双方注重集体谈判和集体合同制度的运用、执行和监督。二是，政府对集体谈判持积极态度。政府通过确定谈判代表的产生程序；通过灵活方式促进谈判成功并及时发现和解决谈判中的问题；劳工部门通过参与或主持重大劳资纠纷等方式介入劳资关系调整。

5. 挪威的三方协商机制

在挪威，三方协调机制是指雇主组织、工会和政府间正式、非正式的合作。为调节劳动关系，各级三方委员会作为政府的协调机构，负责指导各级集体谈判和集体合同签订，以协调劳动关系。

三方联席委员会是三方进行工作联系的机构。在挪威，制定任何法律一般都有劳资双方代表参加。劳资双方都可以直接与政府进行对话，影响其决策及政策制定。一般是三方就某一问题共同协商，政府听取另外两方的意见。此外，各个委员会及委员会的理事会也都有劳资双方的代表参加，参与有关问题的讨论和决定。挪威的三方协调机制在方式、方法上没有固定模式，但绝大多数劳动纠纷都能通过三方协调机制解决。

在挪威，劳动关系三方协调机制中设立了“国家调解官”职位，共级别相当于最高法院大法官，由政府同挪威工商总会和挪威总工会磋商后正式任命。国家调解官不代表政府，而是依法独立行使职权，即国家调解官应自行选择方式和形式，尽力谋求双方以合理协议来达成一致。其调解范围包括劳资关系协议和任何劳工法庭无法受理的案件。一般在谈判破裂两天后，由国家调解官进行为期10天的调解，调解官致力于提出一个双方都能接受的调解协议。如果双方都接受调解结果，则表示调解和谈判成功；若一方表示不同意，则会出现极端产业行动。调解是否成功取决于争议双方是否接受，调解结果没有强制执行力。

6. 荷兰的三方协商机制

荷兰的三方协商主体分别为政府、雇主代表与雇员代表。具体的职能机构是劳工基金会与经济和社会理事会。

劳工基金会是雇主组织①和工会组织②按人数对等（双方各为10人）原则组成的独立机构。

① 荷兰雇主组织划分为三大类，分别是大企业雇主组织（VNONCW）、中小企业雇主组织（MKB）、农业雇主组织（LTO）。雇主组织通过加入一些正式组织和做一些协商、沟通、宣传等工作，以影响政策制定者及公众的观点来促进形成对雇主有利的经济和社会政策。

② 荷兰工会组织率约占全部雇员的30%。根据工会代表的雇员群体，荷兰的工会组织分为产业工会、公务员工会和服务业工会三大类。其中，产业工会的四个工会组织，即荷兰工会联合会（FNV）、荷兰基督教工会（CNV）、白领雇员工会（MHP）和普通工会联合会。

该基金会成立于1945年，下设10个工作委员会，涉及社会保障、教育培训、社会政策和劳动监察等方面。基金会的主要职能是：促进雇主组织与工会组织开展集体谈判以及在两个组织内部进行协商；为雇主组织和工会组织提供指导；促进有关社会经济方面的法律法规的问世并监督其执行。在参加中央级三方协商时，基金会成员分别代表各自的组织参与协商、谈判。

经济和社会理事会是由雇主组织、工会组织和公正的独立人士组成的咨询机构，共由33人组成，每方为11人。雇主组织和工会组织代表由双方的中央级联合会选派，独立人士一般为大学教授、专家或政府指派的人员。基金会的职能是研究社会经济政策，为中央级三方协商提供咨询或指导性意见。

在荷兰，中央级三方协商会议于每年春秋两季举行，以便促进国家级劳资集体谈判与国民经济的规划、发展相衔接。政府是中央级三方协商会议的召集者和组织者。其职能有三点：一是为劳资集体谈判确定范围，引导社会问题如保护低收入者等成为谈判内容。二是确定集体谈判的最低劳动标准。三是提供与三方协商议题有关的信息。参加中央级三方协商的政府代表人选根据议题确定，可以是政府各部门的有关人员。

中央级三方协商的运行程序是：第一，由内阁和劳工基金会确定协商的议题。议题必须征求经济和社会理事会的意见。第二，针对议题，雇主组织和工会组织两方在拿出各自的方案之前，先与各自的成员进行反复磋商，取得一致后再提交三方协商委员会。第三，经过三方协商，达成备忘录或建议书。备忘录或建议书不是政策规定，也不具有法律约束力，但能为行业和企业的集体谈判提供指导性意见。通常，行业和企业的集体谈判在建议书规定的范围内进行。

7. 西班牙的三方协调机制

西班牙的三方协调机构是依据《建立经济和社会委员会法》建立的西班牙经济和社会委员会。委员会由政府与最具有代表性的工会及雇主组织的代表构成，且各方的代表人数相同。该会下设若干工作委员会，负责各项具体工作。该机构的主要任务有四个：一是参与国家有关社会、经济、劳工等方面的立法，就经济和社会问题向政府提供咨询；二是三方就经济、社会、劳工等问题展开经济性对话和协商；三是每年就国家经济、社会和劳工状况提出报告，劳资双方从不同角度进行分析，向政府和新闻媒体陈述自己的观点，做出自己的评价；四是委员会每年要根据经济增长和物价情况，提出最低工资标准和工资增长幅度的建议，由政府核准后颁布实施。三方协调在西班牙劳动关系的协调中发挥了重要作用。其宏观层次上的劳动关系调整是通过谈判形成立法，即由谈判各方就制定或修订法律法规进行事先协商，然后再经议会通过。

8. 日本的三方协商机制

日本的三方协商机制采取三种形式：一是劳动政策审议会，主要承担国家劳动政策的审议职能。日本劳动政策的制定，必须经过该组织讨论通过，否则厚生劳动大臣将不予签发。二是产业恳谈会，主要承担三方就劳动问题磋商的职能。三是劳动委员会，主要承担集体争议和个人纠纷的处理职能。职能鲜明的机构设置最大程度体现了劳、资、政三方意志和切身利益。

表3－7　七国三方协商机制的主要特点

国　别	三方协商机制的特点	国　别	三方协商机制的特点
英　国	以劳资争议处理为主	德　国	非正式性协商
美　国	完备立法下的劳资双方自我调整	挪　威	三方委员会及国家调解官
荷　兰	以中央级三方协商为总体框架	西班牙	以集体谈判方式立法
日　本	职能鲜明的机构设置		

3.3　雇员参与制度

3.3.1　雇员参与制度概述

1. 雇员参与制度的概念

雇员参与制度是在劳、资、政三方共同推动下形成的一种分享型的组织管理模式。其核心精神是：雇员能够在制度框架内对于雇佣组织的管理和决策进行实质性参与。

雇员参与制度是对雇主主导的组织管理制度的一种突破。它促进雇员群体积极参与管理实践，推动雇佣组织的民主管理进程，进而改进宏观劳动关系状况，促进整个社会的和谐发展。

知识拓展　劳动关系三方主体对雇员参与制度的态度

工会作为劳方代表，推动产业民主的重要的工作目标就是要促进雇员参与制度的建立和完善。管理实践和理论验证使得雇主意识到，雇员参与管理是一个十分有效的激励措施，可以帮助企业实现更高的效率。

政府为降低劳资冲突水平，保持雇佣组织和社会的持续稳定，也主张将来自于雇员的积极因素整合进雇佣组织的管理制度之中。

因此，雇员参与制度是在劳、资、政三方共同支持下得以形成的。缺少来自于资方的支持，雇员参与制度就不能真正落实于雇佣组织的管理机制当中，也不能经过实践的检验获得创新和发展。没有来自于政府的支持，雇员参与制度将不能汲取经济政策所带来的发展动力，其发展将局限于微观和短期情境之中。

2. 雇员参与制度的类型

雇员参与的途径和方式多种多样。在不同的国家和地区，在不同的组织中，雇员参与的制度安排可能存在很大差异。按照内容划分，可将雇员参与制度分为两类。

（1）雇员的管理参与。这种参与模式的主要特点是：在雇员群体中，通过民主选举的方式产生出职工董事或职工监事，这些职工董事或职工监事与股东选举产生的董事或监事共同组成董事会和监事会，共同参与企业经营管理。雇员的管理参与在雇主与雇员之间建起了信息共享、沟通协商和共同决策的平台，有利于缓解劳资矛盾和进行科学决策，形成的决策更容易获得雇员的认同和支持。

（2）雇员的利益参与。这种参与模式的主要特点是：雇员在利益分享的特定机制下，能够以股票、期权等方式来参与组织当期或远期的分配。最有代表性的利益参与是雇员通过员工持股计划来参与组织的利益分配。除员工持股计划外，职工的利益参与还包括职工的利润分配参与（利润分配参与是指通过将公司的利润分配给职工的方式，以期激励职工，使职工对企业产生共同利益感）。在实践中，利润分配参与经常使用的手段是奖励制度。雇员的利益参与制度使雇员能够更多地分享组织的经营成果，有利于增强雇员的组织承诺，因而也是更受欢迎的一种雇员参与制度。

3.3.2 法律规制下的雇员参与制度

为维护宏观劳动关系的稳定和良性运行，政府对雇员参与制度往往持积极支持的态度。不仅如此，政府通常会通过立法的方式来规范其发展。以下分别以德、美两国为例来进行详细说明。

1. 德国法与德国企业的雇员参与制度

根据德国有关雇员参与制度的法律规定，德国的雇员参与的方式主要有四种：通过选派职工监事来参与决策；通过选派职工董事来参与决策；通过企业工人委员会来参与决策；雇员直接参加企业民主管理。

(1) 德国企业的职工监事制度。德国企业通常采用双层制公司治理结构(见图3.5)。其中，监事会的权力强大，其地位高于董事会。监事会职能包括：任免董事会成员；审批重大的决策事项；监督董事会的经营管理活动等。在德国，雇员通过参加公司监事会来行使其参与公司管理的权利是德国公司法所确立的雇员参与的最重要的方式。

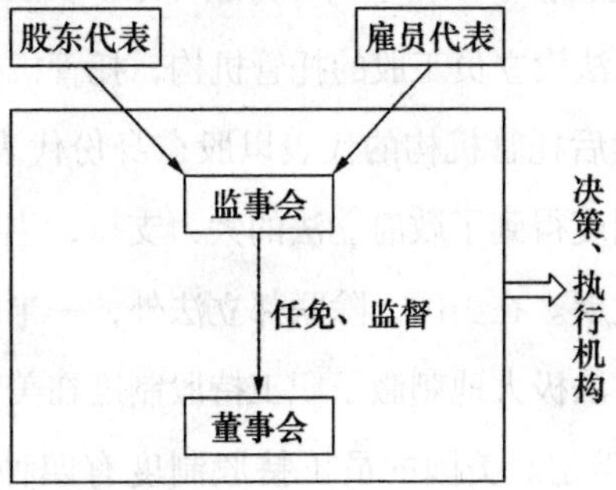

图3.5 德国的双层制公司治理结构

德国规范职工监事制度的重要法律有三部，分别是1951年颁布的《煤炭、钢铁企业共同决定法》及其补充法、1952年颁布的《企业组织法》及其1972年修订版和1976年颁布的《参与共决法》。这三部法律在适用范围上互相补充，在制度设计上各具特色，为德国职工监事制度搭建了完整的法律框架。

(2) 德国企业的职工董事制度。在德国的公司治理结构中，董事会负责公司的实际运营，但其行为受监事会的监督与制约。关于职工董事的产生和职权，《煤炭、钢铁企业共同决定法》规定，冶矿业企业的董事会中必须有一名职工董事，在多数职工监事同意的情况下才能由监事会任命；他与董事会中的其他成员具有平等的法律地位。《参与共决法》规定，企业董事会应当设立一名职工董事，但其任命不再取决于职工监事同意与否；该职工董事与董事会中的其他成员地位平等。

(3) 德国的企业工人委员会制度。德国《企业组织法》及其修订版规定，职工人数超过1000人的企业必须设立企业工人委员会。工人委员会由职工代表组成，专门负责向企业提出关生产经营方面的建议。为此，该法规定，职工对企业经济性事务享有知情权。所谓经济性事务，包括公司的经济状况、财政状况、生产销售状况、生产投资计划、合理化措施的采用以及制造方法与劳动方法的采用等。

(4) 德国企业职工直接参与企业民主管理制度。德国法律还赋予雇员参与企业民主管理的其他一些权力，主要包括：听取雇主生产经营报告权；咨询讨论权；了解个人档案权，委托申诉权；通过谈判在劳资协定中确定其参与公司决策的方式与范围的权力等。

由于立法的保障，德国企业的雇员能够在更深、更广的领域内参与到企业的经营和管理实践当中，雇员与股东在诸多方面实行“共决”，为企业、社会和经济的发展共同承担责任。

2. 美国法与美国企业的雇员参与制度

美国雇员参与制度的主要创新在于推行了员工持股计划。员工持服计划（Employee Stock Ownership Plan，ESOP）是指企业依法设立员工股的托管机构，托管机构接受委托以某种有偿或无偿的方式将企业股份分配给雇员，然后托管机构的代表以股东身份代表雇员参与公司董事会决策的一种制度安排。美国的员工持股制度得到了政府立法的大力支持，主要是通过在税收和资金方面的优惠政策来鼓励员工持股制度的发展。在美国，除联邦立法外，一半以上的州，也都制定了促进员工持股制度的地方性法律。这些立法极大地刺激了职工持股制度在美国企业中的普及。

（1）美国员工持股计划的类型。美国的员工持股制度有四种类型，分别是已用信贷杠杆型员工持股制度、可用信贷杠杆型员工持股制度、非信贷杠杆型员工持股制度及纳税免抵型员工持股制度。

①已用和可用信贷杠杆型员工持股制度。这两种员工持股支付为杠杆型ESOP。其主要特征是要借助于银行信贷工具来实现股份的购买和分配。

杠杆型ESOP通常需要四个运作主体，分别是职工持股信托基金会、企业、企业雇员和贷款银行。杠杆型ESOP需要设立一个职工持股制度的信托基金组织，信托组织在公司担保下向银行或法律认可的其他机构贷款，然后用贷款从企业或企业股东处购买公司股票，所购股票由信托基金组织掌管，存入设在信托基金组织内的“悬置账户”中。此后，企业每年从利润中提取一笔资金划拨给信托组织，用以偿还银行贷款，信托组织根据贷款的偿还比例冲减“悬置账户”中的股份，并相应增加每个员工个人账户中的股份。股份在员工中的分配通常以职工的工资水平、工龄长短或两者的结合为标准。待贷款本息清偿后，股份由“悬置账户”全部转入员工个人账户，但仍由信托机构统一管理。员工退休或因其他原因离开公司时，可以按照规定获得其个人账户中的股票或现金（见图3.6）。

②非信贷杠杆型员工持股制度。非信贷杠杆型员工持股制度是不通过银行借贷就可以实现的一种股票奖励计划。

其运行过程是：企业每年无偿地向信托基金组织提供一定数量的股份或一定资金用以购买公司股份；或者由雇员自己出资通过信托组织购买企业股份，然后信托基金组织将这些股份依照员工的工资收入、工作年限、工作表现等标准分配到每个员工的个人账户中。当员工退休或其他原因离开公司时，可从信托基金组织中获得其个人账户中的股票或现金（见图3.7）。

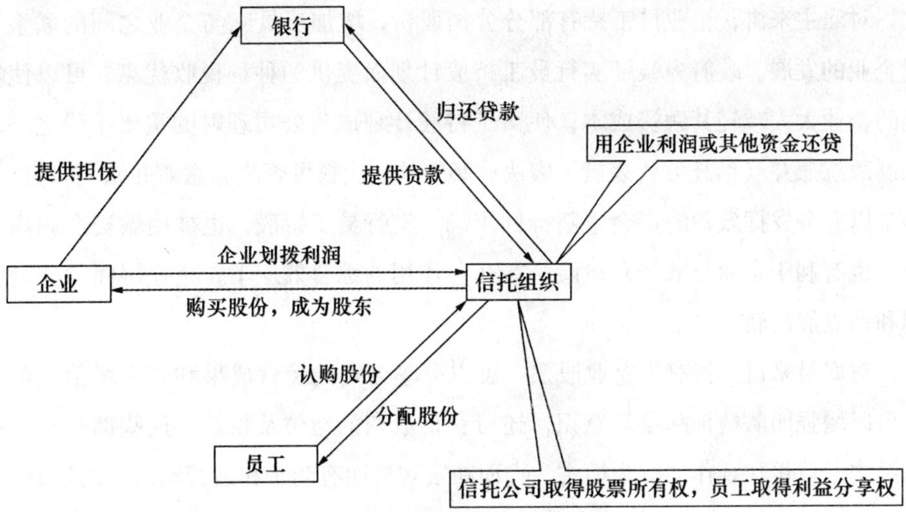

图3.6　杠杆型ESOP运行模型

注：①杠杆型ESOP用于购买企业股份的贷款，可以由企业向银行贷款；也可以由信托公司直接向银行贷款。②股票来源：公司相机发行新股票；通过留存股票账户回购股票。

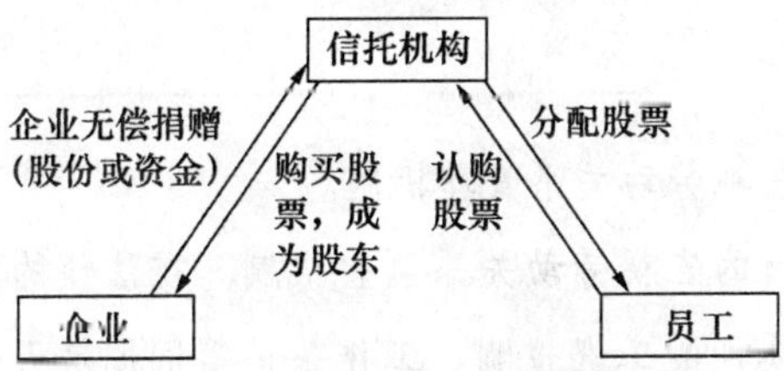

图3.7　非杠杆型ESOP运行模型

注：①非杠杆型ESOP中购买股份的资金来源，可以是雇员个人出资，也可来源于公益金或者企业将雇员工资的一部分捐赠给信托机构。②股票来源：公司相机发行新股票；通过留存股票账户回购股票。

③纳税免抵型员工持股制度。纳税免抵型员工持股制度是指企业按照参与员工持股制度的全体雇员薪水的一定比例，使用税后利润为员工购买本企业股票，而国家则对该制度予以税收上的附加投资减免。

(2) 员工持股计划在美国宏观劳动关系调整中的作用。主要表现为以下三点：

首先，对政府来讲，实行员工持股可以扩大公众对资本的占有，缩小社会的贫富差距，缓解劳资矛盾；有利于整个社会劳动生产力的提高和促进经济发展。此外，按照惯例，实行员工持股计划的公司，雇主和员工一般都达成不裁员的协议，故而该计划又对降低失业率、稳定劳资关系格局有一定的作用。

其次，对雇主来讲，企业员工持有部分公司股份，增加了员工与企业之间的联系，使员工更加重视企业的发展。政府为鼓励实行员工持股计划而提供的种种税收优惠，可以使实行员工持股计划的企业大大减轻其融资成本，使员工持股计划成为公司理财的重要手段之一。可以帮助企业抵制敌意兼并（信托方代表员工表决，26%的表决权可否决恶意兼并），将可能沉淀在企业内部、难以充分发挥效益的资金重新推回市场。实行员工持股，也被用做资产剥离和重组的一种手段，也有利于企业分散经营风险。在几种作用的综合效应下，企业层面的劳资关系更容易被引到和谐发展的轨道之上。

再次，对雇员来讲，持有本企业股票，可以分享公司的经营成果和资本增值；可以保障就业机会；可以增强团队精神和参与意识，还可获得股东的地位及权益。这些都有利于促使雇员在劳动关系中采取更加合作的行为模式，进而在宏观层面有利于和谐劳动关系的形成。

本章小结

本章阐述的重点是三个宏观劳动关系管理机制。

集体谈判是各国最为通行的宏观劳动关系调整机制。在法律的规制下，劳资双方各自选择谈判代表以平等的身份就整体性的工资报酬、工作条件等问题展开谈判和磋商，最终达成集体协议。通过忠实地履行集体协议，宏观劳动关系得到有效的治理。

三方协商机制是各国制定和实施劳工政策的所必须要借助的一种社会对话机制，它是实现劳资关系和谐的重要的实现形式。三方协商机制贯穿于劳动立法、高级别集体谈判以及集体劳动争议处理等方面，在促进三方间协商和对话，消除误解以及弱化争议方面具有独特的作用。

雇员参与是民主管理思想在劳动关系领域延伸发展的结果。国家通过在法律层面的规制，促使劳资双方意识到“雇员参与”符合双方各自的利益需要，进而形成积极执行雇员参与制度的内在动力。具有宏观劳动关系调整功能的雇员参与制度有两类：一是以德国为代表的职工监事制度、劳资共决制度；另一类是以美国为代表的员工持股计划。这两类雇员参与制度通过不同的机制安排发挥着调整劳动权利格局的作用。

思考题

1. 简要阐述集体谈判的概念、框架及内容?
2. 典型的集体谈判模式有哪些?请对它们进行比较分析。
3. 三方协商机制的内涵是什么?它在调整宏观劳动关系中发挥哪些作用?
4. 试阐述雇员参与制度的类型。
5. 简述德国职工监事制度的核心内容。
6. 试分析美国员工持股计划调整宏观劳动关系的作用机理。

第 4 章

中国的劳动关系及劳动关系管理

学习目标

1. 了解中国劳动关系发展的历程
2. 了解宏观劳动关系管理制度变迁的背景及变迁路径

内容预览

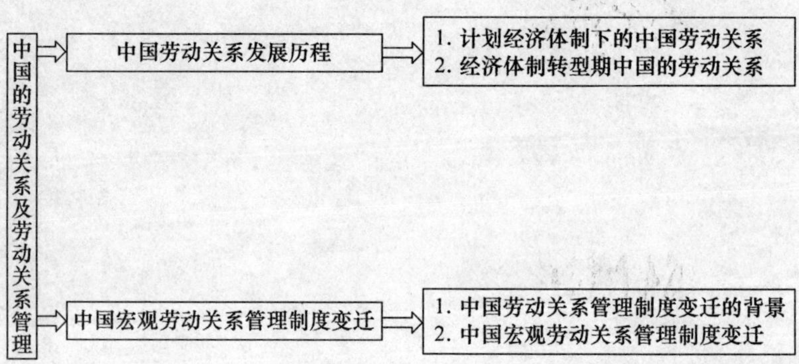

4.1　中国劳动关系发展历程

4.1.1　计划经济体制下的中国劳动关系

计划经济体制下，中国劳动关系的行政色彩浓厚。一方面，企业作为劳动力的使用者实际上没有独立的经营自主权，也不是独立的劳动力使用者。另一方面，劳动者职业的选择以服从国家分配为准，实际上不独立享有劳动力产权。基于上述特点，计划经济下国有企业劳动关系表现为以下几点。

1. 城乡分割的劳动关系

确切讲，中国的劳动关系问题一直没有摆脱城乡分割格局的影响。在分割格局下，政府向城市居民供给就业岗位。当城市和劳动力供不应求时，政府按照计划通过行政手段从农村招收劳动力；反之，当城市劳动力供大于求时，农村进城临时劳动力首先被裁减。同时，在企业实施劳动力价格控制，即维持低工资水平。对于劳动者在住房、医疗等方面的福利要求，政府采取的是计划配给的办法，即由政府决定劳动者可以在哪些领域、在何种水平享受福利。

2. 固化的劳动关系

计划经济下，劳动力的自由流动受到严格限制。城乡间、城市间（行业间）、企业间的劳动力流动几乎完全被阻滞；甚至企业内的劳动力流动也要靠政府计划安排。最终，在我国国有企业中逐步形成了以固定工为主要形式的用工制度。固定工用工制度的基本特征是：国家对企业用工长期实行高度集中统一的指令性计划管理，依靠行政手段，直接控制企业用工数量、用工形式和用工办法，以固定工为主，兼以少量临时工作为补充。

3. 行政手段干预劳动冲突

计划经济体制下，企业管理方和劳动者在卷入劳动冲突时，通过自主协商，达成妥协的措施空间极为有限。因此，上级主管部门就成为他们申诉的对象。在这种背景下，上级部门往往采取行政手段来干预劳动冲突。上级官员的职业道德、行政水平等成为影响劳动冲突结果的重要因素。

4. 劳动关系主体虚位

（1）用人方虚位。在计划经济和社会主义生产关系下，国家是生产资料的所有者，因而也是唯一的用人主体，然而国家仅仅是一个概念性的、抽象的载体。实践中，国家用人主体的身份实际上具体到企业管理者的身上，而企业管理者又是劳动者群体中的一员。这种基于生产资料公有制的人为设计，虚化了劳动关系中的“用人方”。

（2）劳方代表缺位。工会由于其行政隶属性而导致独立性、代表性缺失，这造成劳动者群体利益的代表缺位。在国有企业，工会在经济上依靠企业供款，在组织上隶属于企业行政。对企业的从属和依赖导致了国有企业工会只能是“管理方工会”，它不可能肩负维护劳动者权益的职责。

总之，计划经济下的中国劳动关系主要存在于国营企业中。劳动关系主体虚位、固定工制度以及行政手段的深度卷入，使得劳动关系难以适应生产力发展的需要，因而必须加以改革。

4.1.2 经济体制转型期中国的劳动关系

从计划经济体制向社会主义市场经济体制转换的过程中，中国的劳动关系格局也发生着巨大的变化。以下将按企业所有制性质来分类介绍。

1. 转型期公有制企业劳动关系的状况

公有制企业（主要是国有企业）劳动关系的变化与国有企业改革几乎同步。我国自 1978 年底开始的国有企业改革，大致可划分为四个阶段（见表 4－1）。

表 4－1　　中国国有企业改革阶段

改革阶段	改革策略
起步阶段（1978～1984）	扩大国有企业自主权
全面展开阶段（1984～1991）	搞活国有企业，推行承包制、租赁制；进行以厂长负责制、工效挂钩、劳动合同制为具体内容的企业领导、分配、用工等管理制度的改革
制度创新阶段（1992～今）	1. 国企公司制改造和股份制试点（1992～1995） 2. 通过改组、联合、兼并、租赁、承包经营、股份合作制和出售等形式，整体搞活国有企业和国企产权战略重组（1995～1998） 3. 通过债转股的方式使国有经济逐步从大部分竞争性行业中退出（1999～2001） 4. 国有资产监管体制初步建立；在国有制经济体中推进市场主体投资多元化等（2002 年至今）

经过一系列改革，中国国有企业的产权关系和劳动关系发生了翻天覆地的变化。其中劳动关系方面的变化主要表现为以下方面。

(1) 国有企业劳动关系的利益主体身份逐渐明晰。一方面，经营者法人身份在法律和实践中得到确认。国有企业经营管理者成为企业劳动关系的雇主主体。另一方面，国企劳动者历经改革，自身利益多次被触及，这唤醒了劳动者的劳权意识。劳动者及工会维护劳权的过程中，其劳动关系劳方主体身份逐步确立。

(2) 劳动关系主体差别逐渐拉大。具体表现为经营者在国有企业内部和社会中的地位不断提高；而劳动者的地位却不断下降。

(3) 国有企业劳动关系运行逐步引入市场机制。竞争机制、价格机制等市场机制成为企业人员配置、报酬分配等方面的主导机制。

(4) 劳动契约成为国有企业劳动关系建立的主要方式。国有企业经营者与劳动者之间要建立劳动关系，主要通过签订企业劳动合同和集体合同来实现。

(5) 国有企业劳动争议步入法制规范进程。《企业劳动争议处理条例》、《劳动争议仲裁委员会组织规则》、《劳动争议仲裁委员会办案规则》、《企业劳动争议调解委员会组织及工作规则》、《劳动法》、《集体合同规定》以及《劳动合同法》等法规构成劳动争议处置的基本法律框架。

总之，经济体制改革使国有企业劳动关系发生了根本性巨变。改革重塑了国有企业劳动关系的主体，确立了劳动关系运行和调节的市场机制，劳动关系主体在劳动契约和劳动法规的规制下各自履行义务并享受权利。

2. 转型期非公有制企业的劳动关系状况

(1) 股份制企业的劳动关系。其特点表现为以下几点。

①劳动关系主体明晰。股份制企业有清晰的产权界定，股份的持有者（股东）即为资本的所有者。首席执行董事经股东大会选举产生，他接受股东（资方）的委托来负责企业的日常运行。他所领导的管理团队即为股份制企业的雇主，该团队理论上要以实现股东利益最大化为行动准则。劳动者接受管理团队的各项管理，构成劳动关系的劳方主体。

②劳动关系市场化。具体如下：

• 股份制企业按照市场机制确立劳动关系。为实现股东权益最大化，企业管理必须效率优先。为此，雇员必须经过竞争机制、价格机制等市场机制的筛选才能达到高效配置的要求。

• 我国股份制企业一般要参照市场标准来确定工资水平、福利待遇、工作任务、劳动条件、技术等级等劳动标准。

• 我国股份制企业劳动关系的解除或终止通常按劳动合同规定办理。劳动合同主体在合同规定的范围内履行各自的权利与义务，并为违约承担相应的法律责任。这也体现出市场原则。

③劳权保障弱于股权保障。实践中，我国股份制企业的经营者为确保出资者资产的保值与增值，采取弱化职工代表大会、工会等手段来强化股东会、董事会的权威。强股权、弱劳权现象比较普遍。

④雇员股权参与促进了劳动关系的合作。借鉴国际经验，我国在政策层面鼓励股份制企业设立雇员持股计划，鼓励雇员分享产权收益。实行股权激励的股份制企业关系往往显现出劳动关系较为和谐、劳动合作程度相对较高的特点。

（2）私营企业的劳动关系。

我国私营企业的发展主要脱胎于改革开放早期的个体经济、家庭经济。其存在形态以家庭企业、家族企业和合伙企业为主。该类企业的劳动关系特点表现如下。

①雇主主导劳资关系。我国私营企业的资产所有权和管理权高度统一。私营企业的最终决策权和管理权大多掌握在主要投资者手中，这使私营企业雇主在企业劳动关系中处于绝对权威的位置。与此相对应，普通雇员在劳动关系中完全处于劣势。此外，我国私营企业工会发展孱弱。

②劳动关系管理不规范。我国私营企业多为家族企业，管理决策受人情因素、领导人特质的影响较多，劳动关系在人为因素扰动下表现出稳定性弱、契约性差等特点。

③劳权保障欠缺。我国私营企业雇员的劳权保障措施欠缺，进而导致雇主对劳权的不同程度的侵害。调查显示，在我国私营企业中，劳动者工资水平较低，拖欠、克扣工资的现象普遍；劳动时间较长；劳动保护较差。这些现象诱发了大量的劳资冲突。

（3）三资企业的劳动关系。

我国的三资企业主要有中外合资经营企业、中外合作经营企业和外商独资企业等三种基本形式。三资企业的产权关系和管理模式等因素决定了其企业劳动关系的主要特征。

①劳动关系纯粹是一种资本雇佣关系。由于外资在企业总资本中占有一定的比例，三资企业的劳动关系及其管理在一定程度上要遵循资本雇佣关系管理的一般规律。其企业经营者在尊重我国国家主权和有关法规的基础上可以充分享有企业管理的自主权，也可以在尊重劳动者人身权利的基础上充分享有对劳动力的支配权和使用权。另外，三资企业资本的雇佣性质，也决定了其劳动关系可以适用于规范化、市场化的管理形式。企业管理者有权招聘、雇佣、解雇或开除职工；职工也有权辞职或采取有关手段向管理者表达自己的正当要求。同时，企业管理者

也有权确定本企业的工资标准、工资形式、有关福利以及其他劳动条件，还有权在企业内实行劳动合同制和聘用制，并将职工的工作绩效与其收入水平挂钩等。

②劳动标准水平相对较高。在我国，三资企业在经营等方面享受了多年的“超国民”待遇，这种措施为其获得丰厚利润提供了广阔的空间。出于发展的需要，三资企业多选择向包括中方雇员在内的所有雇员提供较高水平的劳动标准。薪酬水平高、工作条件优越已成为三资企业吸引优秀人才的主要因素。

③劳动关系因雇主不同而差别较大。我国三资企业中主要有以下三类雇主：

第一类是来自港台的雇主。港台企业一般以劳动密集型的加工装配生产为主。这类企业雇员的劳动保护条件和生活条件均较差，工资水平也较低。雇主与员工之间的关系强调“绝对服从”，工会活动也受到限制。因此，在这类企业中，劳动争议甚至罢工事件时有发生，劳资关系容易陷入紧张状态。

第二类是来自日本的雇主。日资企业的管理以严格著称。一方面对雇员的要求十分苛刻；另一方面日资企业的管理者又注重培养雇员“大家庭”的感觉，鼓励员工和各部门之间更好地协调、合作，注意发挥雇员的团队精神。

第三类是来自欧美的雇主。欧美雇主擅长“以法治企”，企业管理大多遵循通行规范。对于企业劳动关系的协调，也主要通过企业内部的规章制度加以约束。大多数欧美雇主允许工会存在和活动，注意发挥企业集体谈判机制在劳动关系中的调整作用。

（4）乡镇企业的劳动关系。

我国的乡镇企业是在经济体制转轨进程中，从传统的乡村经济关系逐步演变而来的一种经济组织。其劳动关系的形成既没有以农民的彻底破产为前提，又没有以国家的保护为基础。其特点如下。

①劳动关系处于非契约化和非规范化的自然发展状态。乡镇企业的劳动者大多是来自本乡本土的农民，宗族、亲缘、血缘和地缘等关系是人际关系的基本纽带。在此基础上发展起来的乡镇企业，必然带有家族化、亲属化和社区化的特点。这些特点决定了乡镇企业难以建立规范化和制度化的劳动关系。

②劳权保障机制欠缺。乡镇企业劳动关系的非契约化是其企业员工劳权欠保障的最主要原因。此外，以低端劳动力为主的员工结构、欠缺劳权意识的企业经营者和员工也使劳权保障机制难以形成。

③工会发展水平不高。我国乡镇企业的工会组建率和组织率较低。在维护劳动者劳权方面，相当数量的乡镇企业工会把支持、配合管理者提高企业经济效益作为自己的主要工作，这种目

标错位阻碍了工会在维护劳权方面发挥更大的作用。

④劳动关系在不同模式的乡镇企业间存在着差异。我国乡镇企业在地域特点、产权关系和经营方式等方面存在着较大差别。由此，乡镇企业的劳动关系也随之各有差异。

苏南模式下的乡镇企业大多是由以往的社队企业发展而来，乡（镇）、村集体所有制企业占主导地位。这些企业大多采用承包制的经营方式，乡（镇）、村地方政权组织在企业的产权、经营管理权、劳动管理权等方面都具有较大的权威性。当然理论上看，地方政府、全体乡（村）民以及乡镇企业员工事实上都在产权配置中留有印记。因此，这类乡镇企业在改革中遇到了产权主体混乱的问题。这直接导致劳动关系雇方主体的不明确。在集体经济经历产权调整和企业改组重建以及私营、外资企业的冲击背景下，苏南模式下的乡镇企业的劳动关系更趋复杂化。

粤闽模式下的乡镇企业大多是以“三来一补”出口加工为主的外资经济组织。这些企业产权关系比较明确。资方由提供资金、技术、设备的外方人员构成；劳方主要由流动的农民工构成。这类企业的劳动关系大多表现出典型的劳资关系特点。

温州模式下的乡镇企业以私营、联户经营和包买商经营为主，产权大多归私人所有，或个人单干，或合作经营，或共同集资，或协作生产等。这类乡镇企业的产权特征是：产权所有人同时还是劳动者。因此，温州模式的乡镇企业很难形成真正意义上的劳动关系。

其他类型的乡镇企业往往规模较小，处于发展的初级阶段。这些乡镇企业的劳动关系一般处于传统的自然发展状态，多数没有形成明确的劳动关系主体和规范的企业劳动关系。

3. 转型期中国劳动关系的特征

（1）转型期中国劳动关系的一般特征。中国的劳动关系在经济体制改革、对外开放以及社会分工不断深化的进程中表现出如下一些特征。

①以买方约束的劳动力市场为基本背景。中国的劳动力市场一直呈现的是劳动力供给远大于需求的局面。这种买方约束的劳动力市场必然会加深劳动者在人力资源配置上的弱势程度。在竞争压力下，劳动者在与雇主就岗位选择、劳动报酬、劳动条件等展开协商谈判时不得不降低期望；而雇主则可以比较随意地收紧劳动配置的条件。劳雇双方逆向行为的结果必然导致劳权的被侵损。

②劳动关系类型呈现多样化、复杂化特点。劳动关系的性质和特点由生产资料所有制来决定，有什么样的所有制关系就有什么样的劳动关系。在计划经济体制向社会主义市场经济体制转轨的进程中，我国发展了以公有制为主体、多种经济成分并存的所有制结构，国有经济、集

体经济、私营经济、个体经济、联营经济、股份制经济、外商投资经济、港澳台胞投资经济等所有制形态的企业在中国境内蓬勃发展，这直接导致了中国劳动关系的多样化和复杂化。在不同类型的劳动关系中，劳动者的地位、作用、权益、状况均不同，调节劳动关系、维护劳动者利益的方式、手段、途径也存在区别。

（2）公有制企业劳动关系的特征。

①过渡性。中国以国有企业为主的公有制企业的劳动关系既有计划经济下劳动关系的旧的特征，又有市场经济下劳动关系的新的特征。其过渡性具体表现在三个方面。

在劳动关系的主体构成上，我国国有企业中经营者和劳动者的主体身份均没有完全分化成型。一方面，国有企业经营者仅仅是国有资产的委托代理人，在没有激励机制的假设下，其行为目标是个人效用最大化而非企业利益最大化。即便设计了激励机制，上述行为目标的异化仍然难以改变，可见，国有企业经营者的行为特征与典型的雇主行为存在着明显的差异，国有资产的管理体制使得用人主体分化不完全。另一方面，改革同样没有使国有企业劳动者完全分化出典型的劳方行为。国有资产逐步退出竞争性领域的策略，使国有企业主要聚集于垄断性和具有经济控制力的领域。垄断性国有企业普通劳动者在工资福利、身份地位等方面获得超出其他类型员工的效用。这种超额效用实际上是国有资产垄断性带来的。因此，国有企业员工对国有资产表现出比较强烈的依附性，其行为特征和劳权意识与劳动力市场中的自由劳动者存在着明显差异。此外，国有企业中的工会组织严格服从党委领导，其代表性和独立性也打了折扣。所以，国有企业中劳方主体也没有实现完全的分化。

在劳动关系运行机制上，市场机制尚未完全形成，行政手段还发挥着重要的作用。在建立、变更、撤销和终止劳动关系方面，行政手段仍时隐时现，劳动合同有时仅是个形式。在劳动标准方面，由于与其他企业缺少实质性竞争，工资待遇等实际上是在行政导向下确定的，并非是经过市场机制运行的结果。

在企业劳动关系的具体调控手段方面，我国国有企业劳动关系的法制化调控手段的建立还有一个发展过程。显然，这也是国有企业劳动关系过渡性特征的一种重要表现。

②复杂性。国有企业劳动关系的复杂性特征主要表现在三个方面。

第一，劳动者的主人翁地位与其在劳动关系中的实际地位不符。劳动者在国有企业享有主人翁地位，其理论基础是生产资料公有制，员工是企业生产资料的所有者，因而应该与经营者一样，都是企业的主人。而在现实的企业劳动关系中，国有企业劳动者实际上处于从属于经营者的位置。无论是工作安排还是利益分配，劳动者都必须服从经营者的最终安排。在职工代表大会、工会等机构职能不健全的背景下，劳动者在劳动关系中必然处于被动和从属的位置。

第二，国有企业劳动关系中有许多历史遗留下来的复杂问题。举例来讲，国有企业破产、重组中的工资清偿问题、国有企业员工身份置换问题、国有企业新职工社会保险基金挪用问题等等，这些问题大多与国有企业员工的切身利益紧密相关。这些“老大难”问题如果处理不慎，会给企业劳动关系带来更为复杂的局面。

第三，不同国有企业劳动关系差异明显。基本来看，国有企业经营状况的好坏决定着劳动关系的基本状况和管理的难易程度。经营状况好的国有企业，劳动关系相对较为和谐；相反，经营状况不好的国有企业，劳动冲突表现较为显性化，发生的频率也较高。

(3) 非公有制企业劳动关系的特征。经济转型时期，非公有制经济中的资方在劳动关系里处于相对有利的地位，而劳方则处于相对不利的位置。其劳动关系特征具体表现如下。

①股份制企业劳动关系的特征。

其一，股份制企业劳动关系的直接主体是执行董事团队和劳动者。劳动关系建立于企业所有制基础之上。执行董事团队与劳动者之间实行双向选择的劳动合同制度；政府对工资总量只进行总额控制，企业通过集体协商和个别谈判等方式来自主确定本企业的工资水平和内部分配方式等。

其二，股份制企业劳动关系的动力机制往往包含劳动者的产权参与。就目前世界范围股份制企业的发展趋势来看，所有权从内化走向外化、从所有者主导型走向经营者主导型成为显著的特征。为了弥补外部所有制、经营者主导型的某些缺陷，劳动者的产权参与也成为大趋势。前一种趋势特征的实质是所有权派生出法人财产权和独立经营权，使经营者能像经营自己的资产那样经营公司的资产；后一种趋势特征的实质是所有权派生出劳动者的产权参与权，促使劳动者能够像对待自己的资产那样从事生产劳动。我国股份制企业的劳动关系也具有这些特点。

其三，股份制企业劳动关系的劳动者在享有部分股权后，其身份将具有双重性。这种双重身份会给股份制企业带来一些劳动关系方面的问题。比如，劳动者只能通过间接方式而不能向其他股东一样直接参与利益分配。又如，劳动者在持股的同时采取“搭便车”行为或者出现其他道德风险等。这些都会导致劳动者与经营者之间的矛盾。

②私营企业劳动关系的特征。

其一，中国私营企业劳动关系是一种受制约的雇佣劳动关系。首先是其劳雇主体的地位受国家法律和政策的制约；其次是劳资双方的冲解决突受法律、经济、行政等手段限制。

其二，中国私营企业劳动关系是雇主主导的劳资关系。这是由中国工业化的进程、现实中私营企业劳资关系双方各自的状态、需求约束性劳动力市场所决定的。

其三，中国私营企业劳动关系的不规范性。私营企业法治化、组织化程度较低，乡村、家族、封建、行政权力色彩浓厚。这些都制约了规范的劳动关系的形成和发展。

③三资企业劳动关系的特征。

其一，三资企业劳动关系是一种受社会主义市场经济体制约束的雇佣劳动关系。中国的法律、政策、社会环境和经济环境等均对三资企业的劳动关系构成约束。这类企业的劳动关系必须遵循中国的制度框架。

其二，三资企业的管理体制保障资本对管理权和劳动的占有和支配。

其三，国家对三资企业的劳动关系缺乏有效的监管，相应的劳动立法滞后。

④乡镇企业劳动关系的特征。

其一，乡镇企业的发展徘徊在经济制度的边缘，制度对其劳动关系的规范和保护均较少。

其二，乡镇企业中的劳方主体主要由农民构成，这使乡镇企业中的劳动关系具有受我国传统农业社会人际关系影响的特殊性，农民的劳权意识较低。

其三，长期总量性的劳动力供给剩余导致乡镇企业的劳动关系处于一种非契约化和非规范化的自然调节状态。

4.2　中国宏观劳动关系管理制度变迁

4.2.1　中国劳动关系管理制度变迁的背景

中国的经济体制改革给中国社会带来了广泛而深刻的影响。在劳动领域，国有企业改革和大力发展非公有制经济等革新性举措必然会触及各方群体的根本利益，矛盾和冲突格局变得日益复杂。这样一来，既往的一些劳动关系管理的制度和政策就难以起到调节和化解矛盾的作用。要使改革沿着正确的方向顺利推行，劳动关系管理的制度体系就必须加以变革。

在经济体制转型期，劳动关系的主要矛盾表现出以下特点。

1. 劳动关系主要的矛盾主体分化成型

经济体制转型期，劳动关系主要的矛盾主体有两个，分别是企业经营者和企业劳动者。在计划经济体制下，企业没有劳动用工的自主权，职工也没有劳动就业的自主权，因此，基本上不存在真正意义的企业劳动关系。劳动者在企业中劳动，体现出的实际上是劳动行政部门与职工之间的管理和被管理关系。随着国有企业改革步伐的加快，劳动行政部门逐步从直接的企业劳动管理中退出，企业经营者逐渐成为劳动力真正的使用者；越来越多的国有企业劳动者在劳动合同制和国有企业战略重组中褪去了国家职工的身份，进而向劳动力市场中的自由劳动力转化。与此同时，随着非公有制经济的发展，大量农村剩余劳动力被再造为新生产业工人，经过这两个路径的塑造，企业中的普通劳动者已普遍具有了自由劳动力的最一般特征，即在劳动力市场中通过交换劳动力产权的使用权来获得劳动报酬。国有企业改革和非公有制经济的发展从根本上改变了企业经营者与职工的关系。一方面，企业经营者因享有经营管理权，进而可以参与剩余分配，权益积累的结果必然使他们在经济权益、社会地位等方面与企业普通劳动者形成明显的差异。另一方面，企业经营者掌握着与职工切身利益密切相关的劳动用工、工资保险、福利等方面的重要权力，劳动关系中的各种矛盾直接表现为企业经营者和职工的对立。因此，经过30多年的改革，企业经营者和劳动者就成为中国劳动关系中最主要的矛盾当事人。

2. 劳动关系矛盾冲突的焦点集中于利益分配领域

在经济生活当中，不同的利益主体有不同的利益目标。在计划经济下，国家、国有企业经营者和职工的根本利益和长远利益是一致的，都是提高国民经济实力，实现劳动者的共同富裕。随着经济体制改革的深入，国家、企业经营者和职工的利益目标日趋多元化。企业经营者和职工以各自效用最大化为原则来行动。从根本上讲，企业经营者的效用来自于企业资产的增值或者向经营者倾斜性的分配；劳动者的效用来自于企业收入分配。然而，企业资产增值和增加劳动收入之间总是存在着矛盾，比如，为实现企业利润最大化，在劳动用工方面，企业经营者将倾向于挑选高素质的劳动者，淘汰素质与岗位不匹配的职工；在劳动工资方面，经营者也会倾向于用尽可能少的工资报酬来获得高质量的劳动；在劳动保护方面，加强劳动保护对企业来说一定程度上意味着增加费用支出和减少利润。又比如，经营者在企业改组之际，自配股权窃取企业远期利润等。这些最终总会表现为劳雇双方在利益分配方面的矛盾。

总之，转型期中国劳动关系的矛盾要求对劳动关系管理制度进行变革。变革的目的是使劳动关系主体能够各自享有合法权益，进而使中国劳动关系能够和谐发展。

4.2.2 中国宏观劳动关系管理制度变迁

中国宏观劳动关系管理制度涉及劳动用工制度、收入分配制度、劳动力市场管理制度以及劳动关系协调机制等内容。各项制度变迁有其各自的动因、动力和路径。其中，政府在制度变迁中发挥着重要作用。

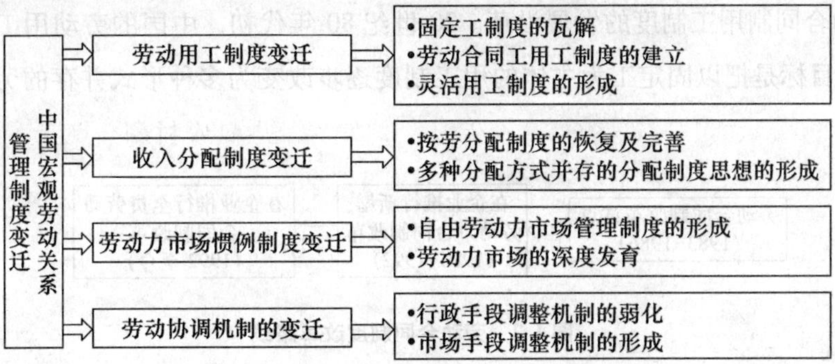

图 4.1　中国宏观劳动关系管理制度变迁脉络

1. 劳动用工制度变迁

改革开放 30 年来，中国的劳动用工制度从以固定工为主的用工制度逐渐发展为劳动合同制下的用工制度。劳动者的就业形态也由正规就业模式为主拓展为正规就业与灵活就业共存互补的模式。

(1) 固定工为主的用工制度的变迁。固定工制度是一种全面就业制度，该制度由劳动部门或人事部门负责执行，按照整体的经济计划和资源配置的优先次序，以用工指标或干部指标的形式来安排就业和岗位。一旦被安置到某个单位中，一个职工几乎就不再有机会改变就业单位，也没有被解雇和失业之虞。

20 世纪 80 年代后期，国家启动了国有企业固定工制度改革。1987 年开始，劳动人事部门要求原则上凡是实行承包经营责任制的企业都应进行劳动组合、择优上岗、合同化管理等多种形式的试点；1991 年，国家倡导破“三铁”。这两项措施对企业原有的固定工制度构成有力地突破。

20 世纪 90 年代后期国有企业被迫进行“减员增效”。《在关于建立社会主义市场经济体制时期劳动体制改革总体设想》（1993 年）的指导下，国家通过《劳动法》、《现代企业制度试点企业劳动工资社会保险制度改革办法》（1995）等法规，具体安排了国有企业减员增效的实施路径。用人单位濒临破产进行法定整顿期间或者生产经营发生严重困难时，可以裁减人员。被裁减人员可依据企业开具的名单和有关证明到当地劳动部门登记，享受失业保险待遇。

20 世纪末 21 世纪初，为建立与现代企业制度相适应的现代人力资源开发管理体系，国家尝试推行全民所有制企业职工“身份置换”。通过这一措施，大批国有企业职工的身份转变为合同制雇员。

经过一系列改革举措，我国的固定工制度逐渐为基于市场机制的劳动合同制度所替代。

（2）劳动合同制用工制度的发展沿革。20 世纪 80 年代初，中国的劳动用工制度开始改革实践，其改革目标是把以固定工为主体的用工制度逐步改变为多种形式并存的劳动合同制用工（见图 4.2）。

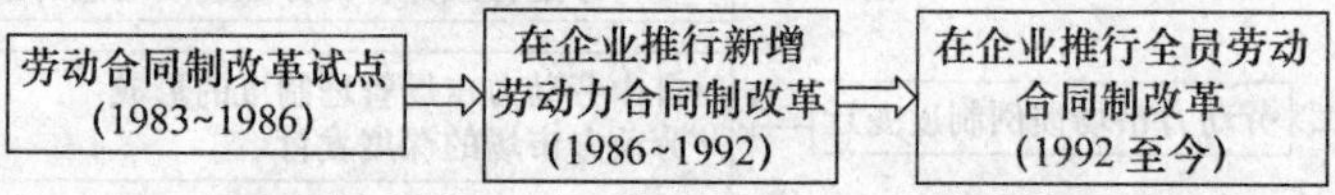

图 4.2 劳动合同制度改革路线

基于劳动合同制用工的改革目标，到 1983 年底，全国 29 个省、自治区、直辖市都开展了劳动合同制的试点工作。

总结试点经验之后，国务院于 1986 年 7 月相继发布了《国营企业单位实行劳动合同暂行规定》、《国营企业招用工人暂行规定》、《国有企业辞退违纪职工暂行规定》、《国有企业职工待业保险暂行规定》四个暂行规定。其核心内容就是在企业新增工人中推行劳动合同制。

1992 年 7 月 23 日，国务院颁布了《全民所有制工业企业转换经营机制条例》。《条例》规定："企业可以实行合同化管理或者全员劳动合同制。"实行全员劳动合同制意味着合同化管理范围由原来的新增职工扩大到包括原有职工在内的全体就业人员。1995 年《中华人民共和国劳动法》正式实施，该法首次以国家级法律的形式确定了劳动者和用人单位之间的权利、义务和相互之间的关系。2008 年 1 月 1 日，《劳动合同法》正式实施，对劳动合同的订立、续签、终止等都做了更加详细的规定。

（3）灵活用工制度的发展沿革。灵活用工包括非正规部门用工①和非正规形式用工②两种类型。我国 2008 年的《劳动合同法》特别对灵活用工制度中的非全日制用工和劳务派遣用工进行了法律规定。

①劳务派遣制度。我国的劳务派遣实践始于 20 世纪 70 年代末，当时的政府机构出于国家安全考虑开始向外国驻华机构派遣相关的服务人员。20 世纪 90 年代中期，劳务派遣得到迅速发展，主要以经济发达地区、东部地区劳务派遣发展最早，规模亦较大。随后，我国一些地方法

---

① 所谓非正规部门，按照国际劳工组织《1991 年局长报告：非正规部门的困境》的描述，是指发展中国家城市地区那些低收入、低报酬、无组织、无结构的很小生产规模的生产或服务单位。这类部门雇佣劳动者的行为属于非正规部门灵活用工。

② 所谓用工的非正规形式，通俗来讲是指在劳动时间、收入报酬、工作场地、保险福利、劳动关系等方面不同于建立在工业化和现代工厂制度基础上的、传统的主流用工方式的各种用工形式的总称。自我雇佣、家庭内就业、阶段性用工、安排劳动者从事非全日制的弹性工时工作、钟点工、临时工、季节工、契约工、外包工等都属于非正规形式用工方式。

规允许由人事部门主管的人才中介机构经审批可开展“人才租赁与转让”业务，另一些诸如保安公司、清洁公司等专业企业亦兼从事派遣业务。灵活的劳务派遣用工形式迅速被企业所接受，并在全国遍地开花。为适应劳务派遣市场的发展，2008 年的《劳动合同法》辟出专门的章节，分别就劳务派遣机构的设立、允许使用劳务派遣的工种和岗位、劳务派遣的期限、劳务派遣人员的工资福利权益保障以及雇主责任分配等问题进行了明确的限定。可以说，《劳动合同法》首次系统地搭建了我国劳务派遣制度的法律框架。

②其他灵活用工制度。20 世纪 80 年代初，国家为解决返城知青的就业问题，推出了“三结合”的就业政策，其中的劳动者自愿组织就业和自谋职业构成了我国最早的城市非正规部门就业形式。

随着社会主义市场经济体制改革的逐步深入，多年来存在于我国国有企业中的隐性失业逐步显性化，由此产生了新中国成立以来最大规模的城市下岗失业问题。在下岗、失业人群当中，除少部分人通过政府部门介绍或自我努力重新被国有企事业单位雇佣外，绝大部分人逐渐改变观念，走入城市灵活就业队伍，在各种非正规部门或者以各种非正规形式实现灵活就业。

除城镇户口劳动者外，向城镇流动的农业户口劳动者也成为灵活就业人员的重要组成。1984 年开始，国家准许农民自筹资金、自理口粮，进入城镇务工经商。之后，政府相继出台了一些政策措施，允许和鼓励农村劳动力的地区交流、城乡交流和贫困地区的劳务输出。1992 年邓小平“南巡讲话”后，政府开始采取多方面措施来引导农村剩余劳动力就地就近和在小城镇间流动。同时，非国有部门的快速增长产生了对农村廉价劳动力的强烈需求，大量的农民工开始到沿海城市工业和服务业部门寻找就业机会。1993 年，《中共中央关于建立社会主义市场经济体制若干问题的决定》提出要鼓励和引导农村剩余劳动力逐步向非农产业和在地区间有序流动。2000 年下半年，基于城乡统筹就业的新思路，政府着手取消对农民进城就业的各种不合理限制，并积极推进诸多的配套改革。2003 年后，国家出台了一系列法规，促进农民工在城镇实现灵活就业。

2. 收入分配制度变迁

我国关于企业与个人的分配关系调整开始于 1978 年。在这一年，国务院政治研究室起草了《贯彻执行按劳分配的社会主义原则》，这份文件开始了分配制度的拨乱反正。邓小平同志的《坚持按劳分配原则》的讲话指出：按劳分配要按劳动的数量和质量进行分配，只能按劳分配，不能按政治、按资格分配。

1984 年 10 月，党的十二届三中全会通过了《中共中央关于经济体制改革的决定》。《决定》

就进一步贯彻落实按劳分配原则进行了若干具体规定。例如，鼓励在企业内部扩大工资差距，以体现劳动差别；推行工资与效益挂钩；在机关事业单位实行结构工资制；等等。

党在十三大报告中提出：社会主义初级阶段的分配方式不可能是单一的，必须坚持按劳分配为主体、其他分配方式为补充的分配原则。

十四大报告首次提出在分配制度上要兼顾效率与公平，要深化分配制度改革，加快工资制度改革，逐步建立符合企业、事业单位和机关特点的工资制度和正常的工资增长机制，指出分配要兼顾国家、集体、个人三者利益。理顺国家与企业、中央与地方的分配关系。1993年11月召开党的十四届三中全会通过的《关于建立社会主义市场经济体制若干问题的决定》提出个人收入分配要坚持以按劳分配为主体、多种分配方式并存的制度，提高了其他分配方式的地位。

党的十五大报告第五部分关于经济体制改革和经济发展战略的论述中专门阐述了完善分配结构和分配方式的问题，提出把按劳分配与按生产要素分配相结合的思路，解决了生产要素能不能参与收入分配的问题。效率优先，兼顾公平。

党的十六大提出要深化分配制度改革，明确了劳动、资本、技术和管理等生产要素按贡献参与分配，初次分配注重效率，再次分配注重公平。

党的十七大报告指出：要坚持和完善按劳分配为主体、多种分配方式并存的分配制度，健全劳动、资本、技术、管理等生产要素按贡献参与分配的制度，初次分配和再分配都要处理好效率和公平的关系。再分配更加注重公平。逐步提高居民收入在国民收入分配中的比重，提高劳动报酬在初次分配中的比重，并且还提出着力提高低收入者水平，逐步提高扶贫标准和最低工资标准，建立企业职工工资正常增长机制和支付保障机制。保护合法收入，调节过高收入，取缔非法收入。扩大转移支付，强化税收调节，打破经营垄断。创造机会公平，整顿分配秩序，逐步扭转收入分配差距扩大趋势。

3. 劳动力市场管理制度变迁

劳动力市场是现代市场经济中最重要的生产要素的市场。在我国，劳动力市场发育大致经历了6个阶段。

（1）劳动力市场由存在、缩小直至消失的阶段（1949～1979年）。1949～1953年，新中国仅短暂出现过劳动力市场，并建立劳动介绍所，以解决社会变革时期数百万失业工人的就业问题。1958年，随着手工业和资本主义工商业社会主义改造的完成，劳动力市场逐渐萎缩。中国没有劳动力市场的局面一直持续到1979年改革开放之前。

（2）双轨制经济条件下劳动力市场发育的萌芽阶段（1979～1984年）。为解决知青返城就业的问题，政府于1980年8月提出并开始推行“三结合”的就业制度，即在国家统筹规划和指导下，实行劳动部门介绍就业、自愿组织起来就业和自谋职业相结合的“三结合”就业方针；为处理待业问题，政府还建立和发展了劳动服务公司，以促进待业青年的尽快就业；此外，还试行招工考试制度，择优录取新工人等。这些措施使部分城市的新增劳动力走上了市场就业的道路。正是这些政策开始，国家计划之外的劳动力市场开始初现萌芽。

（3）劳动力市场主体的分化、形成和体制外劳动力市场的发育阶段（1984～1988年）。随着国有企业经营自主权的扩大，劳动力市场的需求主体开始分化、成型。

1987年开始的“搞活固定工制度”改革开启了劳动就业制度的存量改革。通过在国有企业固定工制度中引进了“劳动组合、择优上岗、合同化管理”等措施，既往的终身就业体制受到冲击，国有企业管理者开始具有筛选、解雇职工的合法权，也有权根据企业效益和职工的表现决定和调整工资水平，企业的雇用行为逐渐向市场化转型。

这一时期，非国有经济开始萌发，私有雇主在体制外劳动力市场中逐步显现其需方主体的地位。在需求诱导下，农村剩余劳动力、城市待业青年以及自愿到体制外企业组织就业的劳动者使得劳动力市场的流动规模有所扩大。在体制外劳动力市场，收入水平开始发挥其市场调节作用，劳动力市场的竞争程度有所提高，劳动力市场中介机构呈现多样化发展。

（4）劳动力市场整顿和局部发展的阶段（1989～1991年）。20世纪80年代末，我国对新就业人员开始施行全员劳动合同制试点。对于那些双向选择后剩余的劳动力，尚未摸索出较好的解决就业的方法。

20世纪90年代后，自由择业、竞争上岗和合同化等政策使失业率迅速上升。为渡过失业高峰，国家采取行政措施控制城镇劳动力供给总量，加强对企业增加人员的管理，使城镇劳动力的供需趋于缓和。在此期间，劳动力市场虽然受到整顿，但劳动、工资、保障、劳动仲裁制度的改革仍在稳妥地推进；劳动就业服务体系获得较大发展，形成以职业介绍、就业训练、劳动服务企业和待业保险为主的四大支柱。

（5）自由劳动力市场形成阶段（1992～2001年）。对于自由劳动力市场而言，私营经济、外资企业等非公有制经济的发展为劳动力市场提供了需方资源。

国有企业“鼓励兼并、规范破产、下岗分流、减员增效和实施再就业工程”的改革实践以及农村剩余劳动力大规模进入城市经济体系，为劳动力市场提供了自由的劳动力供给资源。

在此阶段，政府主动增加资金投入，以促进劳动力市场发育。同时，不断推进和完善社会保障体制改革，实行养老、医疗保险的社会统筹；实行企业福利分房货币化，推动企业后勤等部门的社会化和市场化。这些配套改革也为自由劳动力市场发育提供了支持。

（6）劳动力市场的深度发育阶段（2002 至今）。随着经济环境、社会环境的快速变化，我国的劳动力市场在刚刚成型之时就不断受到各种强烈的冲击，如农村剩余劳动力大规模转移就业的失序、新生劳动力和失业人员面临的就业和再就业困难等，都昭示着就业问题已经成为最首要的民生问题。为此，国家在 2007 年发布了《就业促进法》，提出通过“促进劳动力市场的发育和规范”来作为统筹解决就业问题的主要手段。

4. 宏观劳动关系协调机制的变迁

随着改革的脚步，我国的劳动关系由类型单一、手段僵化、行政主导的格局逐渐向关系复杂、类型多样、主体明晰和运行市场化的新格局转变。劳动关系协调主要是处理好劳动关系各方间的利益划分和平衡问题。因此，宏观劳动关系协调涉及的主要领域为集体谈判和劳动争议处置，而在其中引入“三方协商机制”是制度安排的必然选择。

我国三方协商机制的形成始于 20 世纪 90 年代初期。1990 年 11 月，全国人大批准了 ILO 的《三方协商促进实施国际劳动者标准公约》（第 144 号）。国务院在提请审议该公约的说明中指出，批准这项公约旨在建立一项工作程序，以便就涉及劳动者权益的国际劳工公约的制订、批准、实施及其监督检查等，进行国家一级的政府与雇主和工会组织代表间的协商，使各方意见都能得到充分反映。

1996 年以后，山东、山西和辽宁等省市陆续开始试点建立劳动关系三方协调机制。

2001 年 8 月，中国劳动和社会保障部、中华全国总工会、中国企业联合会共同建立了国家协调劳动关系三方会议制度，国家级三方协调制度最终得以建立。此后，国家协调劳动关系三方会议会同有关部门先后制定了一系列政策来推动和规范三方机制。主要的政策有：《关于建立健全劳动关系三方协调机制的指导意见》、《关于进一步推行平等协商和集体合同制度的通知》、《关于加强兼职劳动仲裁员队伍建设有关问题的意见》、《关于贯彻实施〈集体合同规定〉的通知》、《关于进一步推行工资集体协商工作的通知》等。2008 年 9 月我国共建立各级劳动关系三方协调机制（包括地方和产业）1.2 万个。北京、天津、河北、山西、江苏等十多个省、直辖市以及深圳、大连等城市已经建立了地区性劳动关系三方协调机制。其中，山西、江苏等省还在省、地（市）、县（区）三个层次建立了三方协调机制。全国共有 30 个省（自治区、直辖市）建立了省级劳动关系三方协商会议制度，有 17 个省（自治区、直辖市）建立了工会与政府的联席（联系）会议制度。

本章小结

本章详细介绍了中国劳动关系发展的历程。计划经济时期中国劳动关系的特征表现是：劳动关系主体虚位和行政主导劳动关系格局。经济体制转型时期中国劳动关系向着市场化、多样化和复杂化转变。为适应劳动关系伴随生产力发展的需要，中国宏观劳动关系管理制度也发生着变迁。在劳动用工制度、收入分配制度、劳动力市场管理制度的改革与完善进程中，中国宏观劳动关系格局随之得以形成，而三方协商机制的引入为中国宏观劳动关系管理制度的有效性提供了基础性的机制安排。

思考题

1. 中国计划经济时期劳动关系的特征是什么？
2. 经济体制转型期，中国公有制和非公有制经济体劳动关系的特征分别是什么？
3. 简述中国劳动用工制度的变迁路径？
4. 简述中国收入分配制度变革如何影响了宏观劳动关系格局？

微观篇

第 5 章

企业劳动关系管理概述

学习目标

1. 掌握企业劳动关系管理的概念及内涵
2. 了解企业劳动关系管理的内容
3. 了解中国企业劳动关系管理模式

内容预览

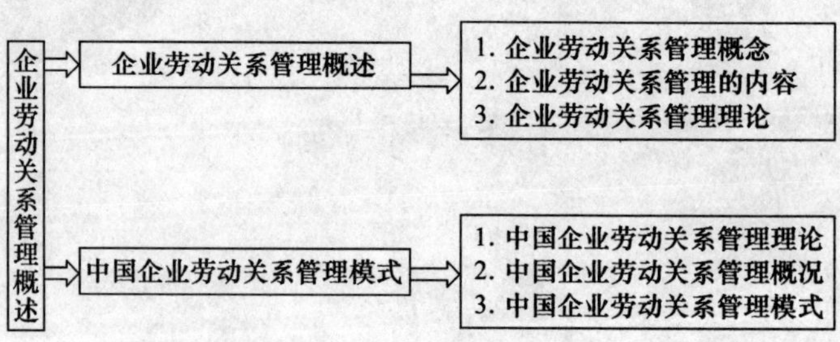

5.1　企业劳动关系管理概述

5.1.1　企业劳动关系管理的概念

企业劳动关系管理是指在政府法规的规制下，企业经营管理方与个别劳动者或者劳动者群体（工会）经过合作博弈，与企业人力资源管理各个环节彼此融合而产生的理念、行为及其过程。

企业劳动关系管理是一个基于雇主视角的概念，其目标是促进企业经营活动的正常开展。企业劳动关系管理的对象是企业内部的劳动关系，其关系主体分别是企业经营者和劳动者（工会）。存在形式有正式劳动关系和非正式劳动关系两种；关系的性质可能是经济性的，也可能是社会性或者是心理性的。所有对上述劳动关系产生影响或形成结果的管理措施和手段，都可归属于企业劳动关系管理的范畴。

5.1.2　企业劳动关系管理的内容

企业劳动关系管理的内容十分丰富。学者郭庆松认为：企业劳动关系管理具体包括两种行为。一是促进劳动关系主体合作的管理行为，主要包括劳动合同管理、集体合同管理、双方协商制度管理以及员工参与制度管理；二是解决劳动关系主体冲突的管理行为，主要指企业劳动争议管理。还有学者认为：企业劳动关系管理活动集中在两个侧面。一是工作关系管理，主要涉及劳动标准管理、劳动规章管理、劳动合同管理和劳动争议管理等；二是员工情感关系管理，大致包括企业文化管理、员工关系管理等。借鉴上述观点，本书认为，企业劳动关系管理不仅包括那些调整劳动关系格局的标准化的、制度化的管理活动，还包括一些意识领域的、柔性的、对劳动关系和相关关系均产生影响的管理活动。具体来讲，企业劳动关系管理的主要内容可概括为六个方面。

1. 企业劳动合同管理

劳动合同管理主要指企业经营管理方通过与劳动者达成各种形式的劳动合同，在履行雇主义务的同时，按照劳动合同关于雇员义务与权利的约定来实施考核、补偿以及保障等管理活动。

劳动合同管理涉及的主要内容有：劳动合同期限管理、企业劳动标准管理、劳动合同变更管理、劳动合同终止与解除管理、劳动争议管理、劳动经济补偿管理、竞业限制管理等。劳动合同管理是调整企业劳动关系的最主要的手段。

2. 企业劳动规章管理

劳动规章制度是企业经营管理方单方面确定或者与劳动者代表（如工会、工人委员会或者职工代表会议等）经协商确定的，旨在保证劳动者履行劳动义务和享有劳动权利的规则和制度。

劳动规章制度涉及的事项十分广泛。凡是与劳动者的权利、权益、行为规范以及劳动关系调整有关的，以保障劳动者享有劳动权利和履行劳动义务为目的的内容均可通过劳动规章制度的形式予以表达和施行。在调整企业劳动关系方面，企业内部的劳动规章制度发挥着重要的作用。大致来看，劳动规章制度的内容涵盖了劳动契约所包括的绝大多数事项，记载的是企业对劳动契约条款的理解、细化、合理拓展以及补充。劳动规章管理就是企业管理者依据各自企业的特色劳动规章对企业雇员施行的管理活动。劳动规章管理活动必然会对企业劳动关系格局产生重大影响。

知识拓展　各国法律对劳动规章内容的规定

法国的《劳动法典》规定企业内部劳动规章必须包括下列内容："有关实施安全、卫生法规的措施；纪律规则，惩罚的性质、种类和程序，以及雇员形式辩护权的条件；集体合同要求必须订立的条款。"

韩国的《劳动标准法》规定雇佣规则必须包括："（1）关于工作时间的起止、休息时间、假日、休假和轮班工作安排；（2）关于工资的决定、计算和支付方式以及终止，还有工资的支付时间和工资的增加；（3）关于家庭津贴的计算和支付方式；（4）关于退休；（5）关于退休津贴、奖金和最低工资；（6）关于职工的食物开支、生产用必需品的费用和其他开支；（7）关于职工的教育设备；（8）关于安全卫生；（9）关于工商事故或非工商事故的事故救济；（10）关于奖惩；（11）对每个有关企业的所有职工都适用的其他事项。"

日本的《劳动标准法》规定：就业规则，就是将劳动者所适用的劳动条件标准具体化。必须记载的事项有：劳动时间、工资、退休等就业规则；除此之外，还有相对的必要事项，如不成文的管理、内部需制定的就业规则等。

资料来源：王益英：《外国劳动法和社会保障法》，中国人民大学出版社 2001 年版；劳动和社会保障部劳动科学研究所编：《外国劳动和社会保障法选》，中国劳动出版社 1999 年版。

3. 企业劳动标准管理

劳动标准刻画的是劳动过程中劳动者与相对物或者与相对人（组织）之间发生关联作用时的重复性事物、概念和行为。劳动标准有自然属性劳动标准和社会属性劳动标准两种表现形式。自然属性劳动标准可表述为劳动者使用劳动工具、劳动安全卫生等涉及人与物关系以及涉及劳动者人体生理、心理的劳动标准。社会属性劳动标准是指保障劳动者基本权益、调整劳动关系、实施劳动者管理以及劳动力市场管理等涉及人与人之间或人与社会之间作用关系内容的劳动标准。劳动标准可能以国家或者行业层面的标准类规范性文件的形式出现（如中国国家标准GB7231－87：工业管理的基本识别色和识别符号标准），也可能存在于劳动管理法规或者企业劳动规章之中（如《劳动法》第45条规定的国家实行带薪年休假制度的休假标准）。企业管理者依据国家、地区或行业以及企业制定的劳动标准对劳动者进行行为规范，即为劳动标准管理。由于劳动标准管理最终会对劳动者、劳动过程或者结果产生影响，因此劳动标准管理也是企业劳动关系管理的重要内容之一。

4. 企业集体合同管理

集体合同是规范劳方和资方行为的通用手段，其表现形式有国家级集体合同、地区或行业级集体合同和企业级集体合同。受各级集体合同覆盖的企业依据合同的规定，对劳方在工作条件、劳动补偿等方面的权益予以确认和施予是企业集体合同管理的主要内容。为更有效地执行集体合同，企业应积极参加到相关的集体谈判过程之中，以使企业对于集体劳权的认识获得更充分、更具体地表达。

5. 企业劳动争议管理

劳动争议是企业劳动关系处于冲突状态的一种表现形式。企业在进行经营活动时，难免要发生各种各样的劳动争议。按照相关法律和惯例，任何一方受到侵害，都可以提请劳动争议。因此，企业劳动争议管理就成为企业劳动关系管理的必要环节。

劳动争议管理的具体内容有：劳动争议的内部识别和评估，劳动争议案的提请或应答，企业内劳动争议调解委员会的建设，作为劳动争议当事人进行举证、代理人委托、参与争议处置和执行各类裁决方案等。

6. 企业员工关系管理

狭义的员工关系管理是指企业通过柔性的、激励性的、非强制的手段来改进和加强它与员工间的沟通状况，进而促进组织目标实现和提高员工效用的管理活动。其主要内容有：员工情况管理（如对企业员工进行工作压力、满意度调查；对怠工等进行干预和预防等）、员工人际关系管理、企业内部沟通管理、企业文化建设和为员工提供服务等。

5.1.3　企业劳动关系管理理论

企业劳动关系（或雇佣关系）管理理论大致是沿着五种脉络逐渐发展和形成的。

1. 劳动合约理论

基于雇主视角，劳动合约理论将企业劳动关系仅仅视为雇佣双方之间的合约。该理论的代表人 Ehrenberg&Smith（1994）认为，劳动关系是雇员和雇主之间形成的一种正式契约，可以通过书面或者其他的正式方式进行事项的约定。约定应该清楚地列出各方承诺去做（如工作结果）或者支付（如工资或者福利）以及如果某方没有实现应该如何的所有情况，还包括一方未能完成或者取消契约的惩罚。

2. 心理契约理论

心理契约理论大多站在雇员角度展开立论。心理契约观点认为，心理契约是雇员对雇员和雇主之间相互义务的主观性的观念（Rousseau，1995），它是一种内在的认知性的关系（Robinson，1996）。由于这种内在性的本质，即使是从事相同工作或者服务于同一个雇主的雇员，也可能会在完全不同的心理契约下工作（Rousseau&Tijoriwala，1996）。随着时间的推移，雇员本身的变化、企业工作环境的改变或者雇佣双方互动关系等，都会导致心理契约的改变，这使得期望不能完全满足或者承诺不能尽善完成成为一种经常的现象（至少从雇员看来是如此）。

3. 基于劳动力管理模型的企业劳动关系管理理论

在这方面，许多学者分别就企业劳动关系管理的某个局部或者具体事项提出了相应的劳动力管理模型。Etzioni（1961）就雇员参与提出了两种模型。一种是功利主义的雇员参与模型，认为雇员参与是一种功能性的或者工具性的行为；另一种是标准化的参与模型，认为雇员参与既是社会性的也是心理性的行为。威廉·大内（1981）提出了两种组织控制的理论模型，即 A 型组织和 Z 型组织。大内把由领导者个人决策、员工处于被动服从地位的企业称为 A 型组织。A 型组织的特点有：短期雇用；迅速的评价和升级，即绩效考核期短，员工得到回报快；专业化的经历道路，造成员工过分局限于自己的专业，对整个企业的了解并不是很多；明确的控制；个人决策过程不利于诱发员工的聪明才智和创造精神；个人负责，任何事情都有明确的负责人；局部关系。而 Z 型组织主张企业的成功离不开信任、敏感与亲密，因此主张以坦白、开放、沟通作为基本原则来实行“民主管理”。Walton（1985）提出了包含两种战略，即控制战略和承诺战略的劳动力管理模型。Osterman（1988）从工作分类和工作界定、雇员安排、工作保障以及工资制度等方面划分了四种雇佣子系统，形成了所谓的工业主义模型、薪水模型、手艺模型和次要模型。Mahoney&Watson（1993）区分了三种类型的劳动力管理：权威模型、集体谈判模型以及雇员参与模型。这类理论认为劳动力控制存在两种模式，其一是依靠层级和雇主的权威，其二是依靠雇佣双方共享的价值观和权威。前者着重于雇员在本职工作上的绩效，而后者期望雇员能够关注更大范围的绩效。

4. 基于企业人力资源管理视角的企业劳动关系管理理论

Delery&Doty（1996）界定了两种雇佣体系类型，分别是市场类型的体系和内在的体系。Kalleberg等（1996）区分了三种组织的群，即高绩效、低绩效和训练者，并分别对其劳动关系进行了探讨。Youndt等（1996）提出了行政性人力资源体系和人力资本提升人力资源体系，并以此对劳动关系进行了分析。

5. 基于诱因－贡献框架下的企业劳动关系管理理论

这类理论将劳动关系视为雇员以贡献、雇主以诱因直接进行的交换关系。Barnard（1938）认为关系即企业提供诱因以从雇员那里获得期望的贡献。March&Simon（1958）指出诱因是雇主提供给雇员以交换雇员提供给雇主的贡献或者回报。按照诱因－贡献框架，企业劳动关系管理方法有四类，其中两种是均衡方法，两种是非均衡方法。Tsui等（1997）进一步拓展了该领域的研究，对不同维度下的劳动关系进行了描述和分析。

上述理论体现了企业劳动关系管理的发展趋势。企业劳动关系管理行为越来越多地以一元主义为逻辑线索。劳动关系制度学派与人力资源管理学派在共建劳资合作问题上逐步实现了统一，都强调合作下的劳动关系治理模式。

5.2 中国企业劳动关系管理模式

在向市场经济过渡中，中国企业劳动关系管理发生了深刻的变化。企业的劳动关系格局日益复杂多样；企业管理者对于劳动关系的认识基础走向多元；企业劳动关系管理手段渐趋市场化。这些变化为塑造中国特色的企业劳动关系管理模式奠定了基础。

5.2.1 中国企业劳动关系管理理论

我国学者对企业劳动关系管理的研究历史较短，尚未真正形成相对成熟的理论。目前关于中国企业劳动关系管理的研究大体有三种类型。

一是综述型研究。主要介绍国内外成功的企业劳动关系管理经验，总结启示供中国企业借鉴。

二是调查型研究。多采用实证研究方法来对某个或某类企业进行劳动关系管理方面的调查研究，找出问题，寻找对策。

三是对策型研究。主要在法律框架内对企业劳动关系管理进行探讨。研究多集中于如何在三方机制和集体谈判原则下处理企业管理者和员工之间的关系；企业工会在维护员工劳权方面应表现出怎样的行为和怎样构建企业管理制度才能发挥企业工会的作用；等等。

总体看，这些研究尚缺乏对微观劳动关系理念和雇佣哲学的思考。从近年的研究成果看，中国学者在研究企业劳动关系管理问题时正逐步引入国外微观雇佣关系分析框架，这类研究获得的结论对企业管理实践具有一定的指导意义。

5.2.2 中国企业劳动关系管理概况

在计划经济体制下，中国企业劳动关系管理是由政府作为劳动者和企业共同利益的代表，对企业和劳动者间的劳动关系进行全方位行政化管理和包办式、计划式管理。改革开放后，伴随市场经济体制的建立，中国企业劳动关系管理逐步向市场化、契约化转变。近年来大量实证研究表明，中国企业劳动关系在总体上保持较为良好的运行态势，合作多于纠纷，协调多于冲突。但在劳动关系管理的观念、制度、体制、价值取向等方面存在一些值得注意的问题。

1. 企业管理者与员工的关系

改革开放以来，中国企业先后经历了经营体制转变、产权变革以及用工和分配制度变革等一系列改革。经过改革的锻造，中国企业已由原来的国营、集体企业向国有、集体、私营、股份制、外资等多种企业形态转变；劳动关系两个主体伴随着劳动力市场的发育逐渐培育成为实质意义上的“资方”和“劳方”，政府从劳动关系主体角色中退出。在这种剧烈的变化下，企业管理者与企业员工的关系也发生了深刻的改变。理论上看，按照产权属性，国有企业的管理者和员工仍然同属于劳动者范畴；集体企业的劳动者则具有资产所有者和劳动者双重身份。只有在股份制、私营或者独资企业中，劳资双方的界限才相对明确。以上述各类企业为样本而展开的“企业管理者对与员工关系的看法”的调查显示，43.3%的企业管理者认为“员工是企业的主人”，30%认为是“合作关系”，12.2%认为是“管理与被管理关系”，10%认为是“雇佣与受雇者关系”。这些数据从一个侧面反映出劳动关系主体对他们在企业劳动关系中的位置存在认知上的差异。

2. 企业管理者对企业劳动关系状况的看法

企业管理者和员工对日常管理的感受在一定程度上能够反映企业劳动关系的状况。一般来讲，经营处境较好企业的管理者更容易认为劳动关系相对和谐。为此而展开的相关调查支持了这种推断。

3. 劳动合同与集体合同管理状况

员工与企业订立劳动合同，工会或员工代表与企业订立集体合同，是法律赋予劳资双方维护各自合法权益的制度性方法。据调查，目前中国企业订立劳动合同的情况比较乐观。从态度上看，无论是员工还是管理者，都认识到劳动合同的必要性和重要性。从实际订立合同的情况上看，国有、合资、独资企业几乎全部与员工订立了书面劳动合同，而集体和私营企业与员工订立书面劳动合同的比例相对较小。在集体合同方面，距离所有企业全部为集体合同所覆盖还有相当的差距。其中，私营企业订立集体合同的比例最低。此外，中国企业劳动关系管理的主导者普遍认为管好劳动合同就能处理好企业劳动关系问题。他们在企业劳动关系管理的目标、对象、内容和方法等方面的认识还相当模糊，这在很大程度上阻碍了中国企业的和谐劳动关系建设。

4. 职工代表大会与工会的状况

职工代表大会和企业工会是影响中国企业劳动关系的重要机构。其中，职工代表大会是员工参与企业民主管理的主要方式，企业工会则是维护劳方权益的代表。为反映职工代表大会和工会如何影响企业劳动关系管理状况这个问题，调查大多是从机构的数量和结构调查入手，以期推导出相关答案。根据调查，在中国，不同性质的企业之间，在有无职工代表大会以及是否定期召开大会方面存在显著的差异，其中非国有企业和外资企业召开职工代表大会的次数较少。在是否组建工会和是否设有专职主席方面，不同性质的企业表现出的差异也十分明显，绝大多数国有企业建立了企业工会，并设有专职工会主席，而非国有企业和外资企业建立企业工会和设有专职工会主席的不足半数。

5. 劳动争议发生及处置状况

（1）近年劳动争议案件数量近年呈不断上升趋势。东部经济发达地区发生劳动争议案件的比率要高于中西部地区。在所有企业类型中，国有企业劳动争议案件数量上升较快，这可能与国有企业不断进行的改革措施有最直接的关联。至于集体劳动争议，缺少工会组织和职工代表大会机制的非国有企业集体争议案件高发。调查还发现，一旦出现劳动争议，企业经常采用的解决方式是企业内部调解。

（2）劳动争议案件的处理难度日益增大。具体表现为采取调解方式解决劳动争议的比率较以往有所下降，越来越多的案件依靠仲裁裁决，当事人上诉法院的绝对数在增加。

（3）引致劳动争议的主要原因越来越集中。近年来，引致劳动争议的主要原因主要表现在五个方面：

①经济原因，如拖欠员工工资、医药费、加班费、欠缴社会保险等。

②超法定工时。其中，三资和私营企业员工超时工作现象最普遍。尤其当员工拿不到超时加班工资时，劳动争议就更容易发生。

③工伤和职业病因素。私营作坊、煤炭等特殊行业的企业因工伤和职业病而产生的劳动争议相对较多。

④由于解除、终止、续签劳动合同而导致的争议。主要的表现形式有：当事人单方解除劳动合同，或以各种方法拒绝签订无固定期限的劳动合同。

⑤由于限制、危害人身自由或人格尊严引发的劳动争议。比如集体搜身、侮辱人格或以暴力、威胁等手段对待员工等。

（4）运用三方机制来解决劳动争议成为当事人最认可的方式。在此共识之下，集体和独资企业更倾向于选择双方协商、调解的方式来解决劳动争议；而国有和私营企业选择通过行政手段来干预争议的做法远远高于合资企业。

5.2.3 中国企业劳动关系管理模式

企业劳动关系管理模式就是对劳动关系管理的规划、组织、执行及控制等一系列理念和行为的直观概括。以下将从以下几方面对中国企业劳动关系管理模式进行综述和分析。

1. 劳动契约管理模式

在中国企业管理中，劳动契约包括劳动合同和集体合同两种类型。劳动契约管理历来是企业劳动关系管理的最重要领域。

通常，中国企业不会设置一个专门的部门来担当劳动契约管理职责，一般是由人力资源管理部门来负责企业内部的劳动契约管理。中国企业的劳动契约管理主要侧重于劳动合同管理。有些企业会设置劳动关系或者劳动合同专员（主管）来负责个别劳动合同的谈判、订立、变更、终止和解除以及续订等工作。劳动关系专员一般是精通劳动法律法规的专业人员，他负责关注政策动向和研究企业劳动关系事务。如果企业有工会，劳动关系专员有责任与工会人员保持联络并关注他们的需求。另一些企业则是将上述具体的环节分散交给担当人力资源具体管理任务的人员来兼办，如让招聘专员（主管）负责劳动合同的谈判及订立；让绩效或薪酬专员（主管）负责劳动合同的变更等。而劳动合同的终止和解除，由于对当事人主体利害影响较大，因而多由人力资源部门负责人出面担任。中国企业的劳动合同管理多关注合同签订、解除和终止的情况，往往忽略劳动争议处理以及集体谈判问题，这在很大程度上影响了中国企业劳动关系管理的效果。中国企业的集体合同管理流于形式的居多。参与集体谈判、集体合同具体细节的部门通常有企业管理者及其秘书、人力资源部门以及企业工会。当然，有些企业会临时成立一个委员会来具体操作集体谈判过程。集体合同的签订、变更等通常会在职工代表大会或者全体职工大会上完成，企业管理方和工会分别留存集体合同的正本文件。

2. 心理契约管理模式

中国企业对于心理契约①管理的认识和实践还很浅显。大多数企业仅仅意识到违背员工的心理契约，将会对员工态度和行为产生消极影响，从而引致劳动效益损失和劳动关系不协调。图5.1是通过样本调查绘制而成的心理契约管理模型，它显示的是中国企业对员工心理契约管理的基本认识和管理路线。

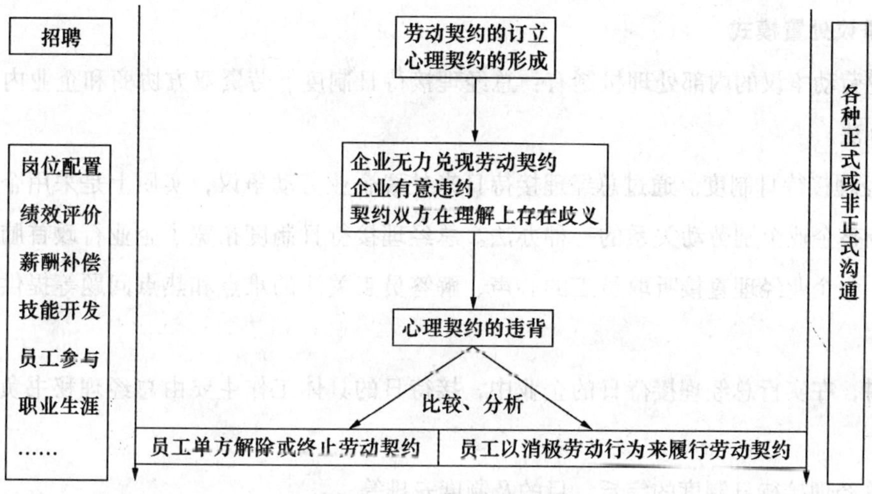

图5.1 中国企业的心理契约管理

在中国的企业管理实践中，能够综合运用劳动契约和心理契约管理手段，而不是仅仅通过劳动契约来调整企业劳动关系的成功范例还不多见。导致这种现象的原因可能与中国企业普遍缺乏心理学背景的专业人员有关。

在中国企业中，主要是通过各种正式或非正式沟通来进行心理干预，而操作心理契约管理

① 心理契约是指员工出于对组织政策、实践和文化的理解和各级组织代理人做出的各种承诺的感知而产生的，对其与组织之间的，并不一定被组织各级代理人所意识到的相互义务的一系列信念。

的空间散见于人力资源管理的各个环节。例如，在招聘环节，招聘专员有意无意间透露的信息或随口的承诺可能对应聘者心理契约的形成产生重要影响。又如，在绩效评价环节，由于考评者和被考评者在对评价标准的理解方面存在很多歧义，因此，在进行考评面谈时，管理方对于员工的评价很可能与员工的自我评价有出入，这也会导致员工产生心理上的纠结，进而产生心理契约遭到违背的判断等。一旦出现员工心理契约违背，如果违背的程度比较深且企业没有进行有效的识别和调整，则员工可能会单方面提出解除劳动合同或者等待劳动合同自动终止后不再续订；反之，员工可能采取比较消极的行为来继续履行劳动契约。

中国企业通常只会对核心员工的心理契约问题予以关注，而且往往是在核心员工提出离职之后才给予积极响应。核心员工心理契约的修复工作通常需要更高层的管理者出面来完成，采用的多是非正式密集沟通和在正式场合公开承诺相结合的模式。对于非核心员工心理契约问题以及以消极行为继续履行劳动合同问题，中国企业的关注度和反应度均较低。

3. 劳动争议处置模式

中国企业劳动争议的内部处理机制有：总经理接待日制度、劳资双方协商和企业内劳动争议调解三种办法。

（1）总经理接待日制度。通过总经理接待日来处置企业劳动争议，实质上是采用企业行政管理手段来调整企业个别劳动关系的一种办法。总经理接待日制度拓宽了企业行政首脑与员工沟通的渠道，为企业经理直接听取员工的心声、解答员工关注的难点和热点问题等提供了有效的途径。

一般来讲，在实行总经理接待日的企业中，接待日的具体工作主要由总经理秘书负责。具体的事项有：

- 宣传总经理接待日制度的宗旨、目的及制度安排等。
- 安排具体的总经理接待日程，接受员工报名。
- 做好接待准备工作。
- 按照面谈日程进行接待和记录工作。
- 如果当场能够形成处理意见，则将接待记录存档备案，并将处理意见转达相关部门；反之，则对面谈事项进行登记、记录、跟踪和监督，直至形成解决意见或获得明确批示。
- 将所有记录存档备案。在完成所有这些工作之后，一套完整的接待日工作才算结束。

（2）劳资双方协商。劳资协商是指企业劳资双方就有关企业生产经营和职工利益的事务，平等地交涉、对话和商讨，以实现相互理解和合作，并在可能的条件下达成一定协议的活动。

劳资双方协商是中国企业将劳动争议化解在初级阶段的最重要手段。

劳资协商多是在劳动关系专员或者劳动关系协调员的运作下进行的。劳动关系专员的岗位通常设置在企业人力资源部门，因此他们代表的是企业管理方的理念和利益。劳动关系协调员则是我国劳动行政部门近年来新定义的一个职业类别，他们主要分布在区域性调解机构、地方行业工会、行业协会、企业家协会以及用人单位内部人力资源管理、工会和法务等部门，是用人单位和员工双方利益协调机制、诉求表达机制、矛盾调处机制、权益保障机制的最基层承担者。

在有工会建制的企业中，劳资双方协商主体分别为工会和企业管理者代表；在没有工会建制的企业中，协商主体分别由当事人选出的职工代表和企业管理者代表担当。

劳资协商的一般步骤为：协商要约发出、协商前的准备、双方反复磋商、一致意见的达成，协议的签署、批准与审核。

在中国，劳资双方协商制度在实践中可能遇到的困境有三种情况：

①资方不愿协商。为减少资方不愿协商问题，中国各级政府制定了一系列法规，要求资方受到劳方书面协商要求后必须在规定的时间内予以书面答复，否则可追究企业方法律责任。

②工会协商能力弱。为帮助工会提高协商能力，一些地方工会组织尝试向企业派出“协商指导员”的做法。

③协商易破裂。为破解谈判易破裂问题，我国采取了工会“上代下”和“部门主导”的做法。工会上代下是指企业内部协商如遇难题，由上级县、区工会代替企业工会来继续协商工作。“部门主导”是指在协商破裂后，协商双方都可以提请劳动行政部门进行协调处理。

知识拓展　企业劳资协商的方法

1. 劳资共决

劳资共决制主要是德国采取的方法，它通过“伙伴式”的对话关系解决彼此之间的利益对立，协调彼此之间的权利和义务。

劳资共决主要操作规程是：

(1) 企业成立由工人代表参加的监事会，且监事会中工人代表的名额要与资方代表对等，监事会对有关争议问题的决议必须有2/3通过方为有效。

(2) 在监事会外，还有工人代表参加的管理协商会议，可对有关争议问题进行协商，形成强有力的决议和结论。通过这两种组织，工人可以就与资方争议的问题充分发表自己的意见。

（3）对有关争议问题的解决，与资方形成共同决定或决议。

2. 劳资对话

劳资对话制主要是日本企业使用的方法，主要操作规程是：

（1）企业成立协议会，由董事长、管理部门的代表和工人代表组成。

（2）协议会主要站在协调者的角度和立场上就劳动过程中发生的各种争议或问题展开劳资双方的对话，以求得问题的解决。

3. 工人代表

工人代表制在美国部分企业中较为流行。工人代表可以在企业定期举行的会议上把有关争议的问题带给企业最高管理者，并可发表工人们自己的意见和看法，使管理者在处理企业劳动争议时能充分听取工人们的意见。

（3）企业内劳动争议调解①。

在中国，负责对企业劳动争议进行调解的组织有三类，分别是：企业劳动争议调解委员会②、人民调解组织和在乡镇、街道设立的具有劳动调解职能的组织。如果企业没有设立企业劳动争议调解委员会，则劳动争议当事人可以向后两类组织申请调解。

中国企业内部劳动争议调解的步骤如下：

①当事人于规定的时限内填写并向调解组织提交《劳动争议调解申请书》。

②企业调解委员会接到调解申请后，首先征询对方当事人的意见，如果对方当事人不愿调解的，委员会做好记录，并在规定时限内以书面形式通知申请人。企业调解委员会在规定时限做出受理或不受理申请的决定，对不受理的，向申请人说明理由。

③如受理了调解申请，企业调解委员的一般调解程序为：

• 企业调解委员会指派调解委员对争议事项进行全面调查核实并做笔录。

• 调解委员会主任主持召开有争议双方当事人参加的调解会议，有关单位和个人可以参加调解会议协助调解。简单的案件，委员会可以指派1～2名调解员进行调解。根据调解事件的特点，提请调解委员可以灵活采用电话调解、信函调解、预约调解、现场调解等方式来开展工作。

• 调解委员会听取双方当事人对争议事实和理由的陈述，在查明事实、分清是非的基础上，

① 劳动争议调解是指在企业与员工之间发生劳动争议时，劳动争议调解组织接受调解申请，并出面进行和解性咨询、劝解和决策的过程。

② 中国企业劳动争议调解委员会由职工代表、企业行政代表和企业工会代表组成。职工代表由职工代表大会选举产生，行政方由企业方指定，工会代表由企业工会指定。调解委员会主任由企业工会代表担任。调解委员会的办事机构一般设在企业工会。调解委员会的工作接受企业所在地方工会（或行业工会）和地方劳动争议仲裁委员会的指导。

依法进行调解。

- 经调解达成协议的，制作《调解协议书》，双方当事人自觉履行协议。
- 调解不成的，应做记录，并在《调解意见书》上说明情况。

本章小结

本章重点就企业劳动关系管理的理论、模式及内容框架展开叙述。企业劳动关系管理不同于宏观劳动关系管理，也不能被企业人力资源管理或者劳动合同管理完全替代。它是企业劳资双方在遵循法律规制的前提下，通过各主体间的合作博弈，与企业人力资源管理各个环节彼此融合而产生的理念、行为及其过程。企业劳动关系管理的框架内容包括企业劳动合同、集体合同、劳动规章、劳动标准、劳动争议以及员工关系管理等六方面内容。中国企业劳动关系管理脱胎于计划经济体制下的企业人事管理，通过在短时间内消化吸收市场经济国家企业劳动关系管理的经验而逐渐成形，在劳动契约管理、心理契约管理以及劳动争议管理等方面形成了自己的特色。

思考题

1. 企业劳动关系管理的概念和内涵是什么？它与宏观劳动关系管理的区别在哪里？
2. 简述企业劳动关系管理与企业人力资源管理和企业内劳动合同管理的关系。
3. 中国企业劳动争议管理模式是什么？

案例思考

2008 年新《劳动合同法》颁布实施，其中的许多新规定，对服装企业现行的人力资源管理方法及用工策略提出了极大的挑战，从而使得企业不得不寻求构建劳动关系管理的新模式。为探查其实施效果，某部门记者对服装企业进行了调查。

北京派克兰帝童装公司总经理认为："新《劳动合同法》的试用期太短，企业在一个月的时间内难以判断员工的资质。无固定期限的劳动合同更与中国的实际国情有差距，限定死的话，对企业会造成一定的负担。企业发展不好，就无法为社会提供更多的就业机会。”3个月的试用期比较好，签6年的合同对企业而言压力太大。此外，新法实施后，企业如果没有合理、合法的依据证明员工不胜任工作是不能随便辞退员工的。劳动合同到期不续签要进行相应补偿的规定似乎有些苛刻。

天蚕国际服饰集团有限公司董事长认为，中国的服装企业多为中小型劳动密集型企业，新《劳动合同法》构成劳动力成本上涨的压力，并进而影响招聘用工计划。

山东省服装行业协会秘书长表示：“服装企业流动性大，很多员工干着干着就走了。《劳动合同法》对服装企业职工而言是一种约束力，是留住员工的一种方法，可以在一定程度上缓解流动性。”

格格旗袍董事长说：“公司在2007年12月就开始寻找新的管理模式。对于新员工，公司会组织相关部门的培训，甚至人力资源负责人在和员工签合同时就会对其进行培训。按照新《劳动合同法》与员工签订合同后，也有人不愿意在公司签保险。针对这种情况，公司要求员工在户籍所在地有一定的保险。”

【问题】

1. 资料中各位服装企业的管理者认为新《劳动合同法》对企业劳动关系的主要影响表现在哪些方面？

2. 站在企业管理者角度应如何全面评价《劳动合同法》的效力？

注：资料改编自“无固定期限劳动合同争议‘服装版’——构建劳动关系管理新模式成为服企‘大考’”，www. tao_book. com/myttai. do?，2010-7-15。

第 6 章

企业劳动合同管理

学习目标

1. 了解劳动合同及企业劳动合同管理的概念及内涵
2. 掌握劳动合同的分类、特征及性质
3. 掌握劳动合同期限的类型
4. 掌握劳动合同订立及续订的原则、形式
5. 掌握劳动合同变更的种类
6. 掌握劳动该合同解除的理论基础、种类、条件
7. 掌握劳动合同订立、变更和解除的程序
8. 了解中国企业劳动合同管理的基本状况

内容预览

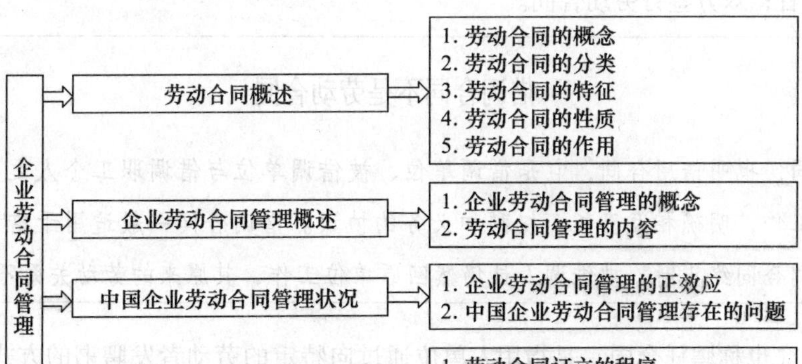

6.1 劳动合同概述

6.1.1 劳动合同的概念

合同（又称为“契约”）是指在多数主体之间形成的具有法律效力的约定，违反者将为违约行为承担相应的法律责任。

劳动合同本属于民事合同的一种，但因国家对劳资关系干预的特点而逐渐独立出来。就其概念而言，劳动合同是发生劳动关系的主体确立劳动关系、明确各自权利和义务的协议。

6.1.2 劳动合同的分类

（1）按照劳动合同期限的长短，劳动合同可分为有固定期限的劳动合同、无固定期限的劳动合同和以完成一定工作为期限的劳动合同。

（2）按照劳动合同产生的方式，劳动合同可分为录用合同和聘用合同。

录用合同是指用人单位在国家劳动部门下达的劳动指标内，通过公开招收、择优录用的方式订立的劳动合同。录用合同一般适用于招收普通劳动者。目前，我国全民所有制企业、国家机关、事业单位、社会团体等用人单位录用劳动合同的特点是：用人单位按照预先规定的条件，面向社会，公开招收劳动者；应招者根据用人单位公布的条件，自愿报名；用人单位全面考核、择优录用劳动者；双方签订劳动合同。

知识拓展　　借调合同不是劳动合同

借调合同，也叫借用合同，它是借调单位、被借调单位与借调职工个人之间，为借调职工从事某种工作，明确相互责任、权利和义务的协议。借调合同一般适用于借调单位急需的人员。当借调合同终止时，被借调人员仍然回原单位工作，其原来的劳动关系不中断。

聘用合同（也称聘任合同）是指用人单位通过向特定的劳动者发聘书的方式，直接建立劳动关系的合同。这种合同一般适用于招聘有技术业务专长的特定劳动者，如企业聘请技术顾问、法律顾问等。

(3) 按照劳动者一方人数的不同，劳动合同可分为个人劳动合同和集体合同。个人劳动合同是由劳动者个人同用人单位签订。

集体合同一般是由工会代表劳动者集体同企业签订。

(4) 按照生产资料所有制性质的不同，劳动合同可划分为全民所有制单位劳动合同、集体所有制单位劳动合同、个体单位劳动合同、私营企业劳动合同和外商投资企业劳动合同等。

(5) 按照用工制度种类的不同，劳动合同可分为固定工劳动合同、合同制工人劳动合同、农民工劳动合同、临时工（季节工）劳动合同等。

(6) 按照订立劳动合同的方式，劳动合同分为书面形式劳动合同和口头形式的劳动合同两种。

书面形式的劳动合同是由双方当事人达成协议后，将协议的内容用文字形式固定下来，并经双方签字，作为凭证的合同。书面形式有主件、附件之分，劳动合同的主件即为劳动合同书；附件一般指作为劳动合同书补充内容的书面文件，如岗位协议书、专项劳动协议、用人单位依法制定的劳动规章制度等。主件与附件一同对双方当事人的权利和义务做出明确约定，并具有同等的法律效力。

口头形式的劳动合同是双方当事人口头承诺即告成立，不必用文字写成书面形式的合同。

(7) 按劳动合同是否要经过特定的形式才能成立，劳动合同分为要式劳动合同①和非要式劳动合同②。

6.1.3 劳动合同的特征

1. 劳动合同具有主体特定性

在各国劳动法范围之内，对劳动合同的主体一般都有特殊的规定。

(1) 关于雇主（用人单位）主体的界定。各国法律对雇主的界定如下。

德国相关法律规定，雇主是指雇佣一名或一名以上雇员的自然人或法人。

日本法律认为雇主是指企业主、企业经理人或代表企业主处理企业中有关雇员事宜的人。

新加坡法律认为雇主是根据服务合同雇用他人的任何人，包括：法定当局；雇主正式授权的代理人或经理人；拥有雇佣受雇人的专业、企业、行业的管理权的人。

---

① 要式合同是指必须经过特定形式才能成立的合同。要式合同又可分为法定要式和约定要式。法律规定必须采用特定形式才能成立的合同，为法定要式合同。如担保法规定必须到有关部门办理抵押物登记，抵押合同才能生效；约定要式合同是指当事人约定必须采用特定形式合同才生效。如：当事人在合同中约定只有经过公证后合同才能生效。

② 非要式合同是指不以特定形式为成立要件的合同。当事人不管采用哪种形式，都不影响合同的成立和效力。

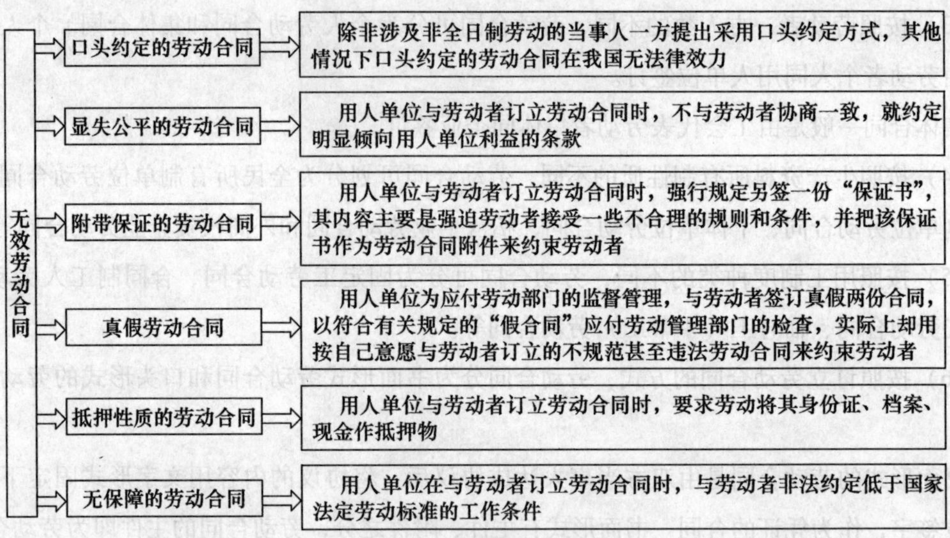

图 6.1　无效劳动合同的表现形式

我国用人单位的具体范围包括：中国境内的企业，包括企业合法注册并具有独立用工权的分支机构；中国境内的个体、经济组织；国家机关、事业组织、社会团体。

(2) 雇员（劳动者）主体的界定。各国法律对劳动合同的另一个主体——雇员的称谓大部分采用“工人”一词，也有些国家表述为“雇员”、“职工”、“受雇人”和“劳动者”。

①“工人”称谓。在印度，“工人”系指任何一个为了受雇或获取报酬而被任何一个企业雇佣或从事与该企业有联系的技术性、半技术性或非技术性的管理型、工程型或文书工作的人。但下列人员不属于工人：

- 主要从事管理或行政工作的人员；
- 每月领取 500 卢比以上的管理人员，或因职责的性质或因被赋予权力而主要从事管理性质的工作人员；
- 厂外工人，即由企业主或代表企业主向这类人员提供物品或原料，由他们制作、清洗、更换、修饰、完成、修理、改制或为企业主加工出售，这些工作由厂外工人在自己家里进行，也可以在不属于企业主领导和管理下的其他场所进行。

日本的“工人”指不论其从事何种职业，系指受雇于法律所规定的企业或事务所而领取工资的人；智利的“工人”指挣工资或领薪水的雇员和体力劳动者。

②“职工”称谓。韩国《工会法》规定，职工是指那些靠工资。薪金或任何其他类似收入过活的人，而不管其职业是什么。加拿大《劳工（标准）法》规定，职工是表示任何被雇佣以

从事熟练的或不熟练的、体力的、办公室的、技术的或经营管理工作的人。

③“雇员”称谓。在德国，雇员是指工人和职员以及参加职业培训者、家庭劳动受雇者和与他们处于同等地位的人以及由于经济上的非独立性而类似雇员的其他人，也可视为雇员。在菲律宾，雇员包括受雇主雇佣的任何个人。在沙特阿拉伯，雇员系指为取得工资而在雇主的指挥或管理下（包括可能不受雇主的直接监督）为其工作的任何人。

④“受雇人”称谓。在新加坡，受雇人系指根据同雇主订有服务合同而劳动的人，并包括根据法律或法律的任何部分或条款，由总统宣布作为受雇人的这种职员或办事员的类别、登记或种类之内的政府的工人、职员或办事员；但不包括海员、家庭佣人、看守人或保安人员或在经理、管理或保密岗位上受雇的任何人，或属于由部长随时在公报上公告根据法律规定不作为受雇人的其他等级的任何人。在土耳其，受雇人是指按照雇佣契约在任何行业为换取工资而工作的人员。

⑤“劳动者”称谓。我国劳动法律规定劳动者的具体范围包括：

- 与中国境内的企业、个体经济组织形成劳动关系（包括事实劳动关系）的劳动者；
- 国家机关、事业组织、社会团体的工勤人员；
- 实行企业化管理的事业单位的人员；
- 其他通过劳动合同（包括聘用合同）与国家机关、事业单位、社会团体建立劳动关系的劳动者。

劳动者不包括以下几类人员：

- 国家公务员及比照实行公务员制度的事业组织和社会团体的工作人员；
- 务农的农业劳动者；
- 现役军人；
- 家庭保姆。

2. 劳动合同具有诺成、有偿、双务合同①的特征

劳动者与用人单位就劳动合同条款达成一致意见，劳动合同即告成立，这体现了诺成合同的特征。

用人单位不能无偿使用劳动力，而是根据劳动者劳动的数量和质量来支付劳动报酬等，这表明劳动合同是有偿性质的合同。

---

① 双务合同是指双方当事人都享有权利和承担义务的合同。双方的债权债务关系呈对应状态，即每一方当事人既是债权人又是债务人。

在劳动合同规制下，一方面，劳动者不能只享受劳动权利而不履行劳动义务，同样也不能只履行劳动义务而不享受劳动权利。雇主同样要在履行义务的条件下才能享受到自主使用劳动力所带来的权益，这反映出权利与义务的统一。另一方面，劳动者与雇主的权利和义务存在对应性，劳动者的权利即是雇主的义务，反之亦然。劳动合同主体双方都承担义务、都享有权利的特征表明劳动合同同时还是双务合同。

3. 劳动合同多涉及第三人的物质利益关系

劳动者因享有社会保险和福利待遇的权利而附带产生没有参加签订劳动合同的第三人，如劳动者供养的直系亲属依法享有一定的社会保险或福利待遇（如工伤保险中的遗属抚恤待遇等）。

6.1.4 劳动合同的性质

关于劳动合同的性质，理论界一直存在着不同的看法和争论。

观点一认为，劳动合同具有公法性质。该观点认为劳动合同不同于普通的民事合同。普通的民事合同强调当事人意思自治与契约自由的原则；而劳动合同，"由于劳动关系具有人身性、隶属性，常常会使劳动合同表面上的缔约自由为进入生产过程以后的不平等、不自由所剥夺。在现代大企业生产条件下，这种合同更因为雇主压倒力量的增强而具有附和化的趋势。雇主往往单方面制订合同条款，劳动者往往由于其劣势地位而不能与用人单位平等协商，无法实现其'意思自治'。因此国家通过劳动基准法对劳动合同中的工资下限、工时上限、休息休假、劳动安全卫生、女职工及未成年工的特殊保护进行强制性规定，从而使得劳动合同具有强烈的国家干预色彩而具有公法性质。"此外，劳动合同在订立、履行、变更、终止等各个环节，政府通过劳动法对劳动合同进行干预，这也使劳动合同带有公法性质。

观点二认为，劳动合同是具有私法性质的特殊的民事合同。该观点认为，劳动合同订立的过程同样遵循普通民事合同所秉承的平等和自愿缔约的原则，国家的干预在劳动合同的订立、履行、变更和终止等环节均处于次要位置，这使得劳动合同首先表现出私法性质，而其特殊性仅仅表现为，它是在国家向劳动者倾斜性干预下而达成的一种契约。

观点三认为，劳动合同具有社会法属性。该观点认为劳动法是社会法，社会法强调社会弱势群体的利益、社会的整体稳定与社会事业的发展。国家之所以干预劳动合同关系，其目的就是向社会弱势群体倾斜，保护劳动者的合法权益，以促进劳资双方均衡利益格局的形成，进而实现社会正义。劳动法以及国家干预劳动合同关系的目的使得劳动合同带有明显的社会法性质。

本书认为，劳动关系是具有从属性的雇佣关系，劳动法和劳动合同承载着保护劳动关系下弱势群体的功能，因此，作为劳动法律的重要构成，劳动合同也应具有社会法性质。

6.1.5 劳动合同的作用

劳动合同是建立劳动关系的基本形式。劳雇双方订立劳动合同，对于保障劳动者的劳动权益，推动企业在合理使用劳动力的基础上形成更和谐的劳动关系，进而获得更稳定、更持久的发展动力等方面具有重要的作用，劳动合同的作用主要表现在以下方面。

（1）劳动合同是劳动者实现劳动权的重要保障。劳动合同是保障劳动者实现个别劳权的法律形式。个别劳权包括：劳动就业权、劳动报酬权、休息休假权、享受社会保险和福利的权利、获得职业安全与卫生保护的权利、职业培训权、劳动争议权等。劳雇双方缔结劳动合同时，就上述各项权利分别进行协商，达成一致并签订劳动合同后，将按照上述约定来履行各自义务和享受各自权利。劳动合同成为劳动者实现个别劳权的重要保障。

（2）劳动合同是用人单位依法使用劳动力的重要手段。用人单位可以根据实际需要确定招聘的时间、条件、方式和数量，并且通过与劳动者签订不同类型、不同期限的劳动合同，合理使用劳动力。用人单位享有依法订立、变更、解除、终止劳动合同的自主权，便于企业优化劳动力资源配置和促进劳动力合理流动。劳动合同规定，劳动者必须遵守其所在单位内部的劳动规则和其他规章制度，这有利于巩固劳动纪律和提高劳动生产率。

（3）劳动合同是劳动争议处置的重要依据。劳动合同明确了劳动关系双方的权利和义务，规定了劳动争议处置的措施和程序。一旦发生劳动争议，劳动合同将成为劳动争议处置的重要依据。

6.2 企业劳动合同管理概述

6.2.1 企业劳动合同管理的概念

企业劳动合同管理是指企业对劳动合同依法进行订立、履行、变更、解除、转让、终止以及审查、监督、控制等一系列行为的总称。其中，订立、履行、变更、解除、转让、终止是劳动合同管理的内容；审查、监督、控制是劳动合同管理的手段。

劳动合同管理过程包括：洽谈、草拟、签订、生效，直至合同失效为止的所有环节。其管理呈现动态性特点，也就是说管理过程中要注重履约全过程的情况变化，特别要掌握那些对当事人不利的变化，及时对劳动合同予以修改、变更、补充或中止和终止，以减少企业在签订和履行劳动合同时所伴随的风险和损失。

6.2.2 劳动合同管理的内容

1. 劳动合同的期限管理

劳动合同的期限指的是劳动关系有效存续的期间。世界大多数国家按期限将劳动合同分为三种，分别是：固定期限劳动合同、以完成一定工作任务为期限的劳动合同和无固定期限劳动合同。

（1）固定期限劳动合同。固定期限劳动合同是指用人单位与劳动者明确约定了合同生效和失效日期的劳动合同。劳动者与用人单位可以根据工作性质和实际情况确定劳动合同的期限。

①合同的最短期限一般没有限制，可以是3个月甚至3个月以下，也可以是1年、2年或者5年等。例如，智利规定定期劳动合同的期限不得超过6个月；韩国规定定期劳动合同的期限不得超过1年；德国规定定期劳动合同的期限最多不能超过18个月；比利时、喀麦隆规定定期劳动合同的期限最多不得超过2年；越南规定定期劳动合同的期限不得超过3年；俄罗斯、利比亚规定定期劳动合同的期限不得超过5年。

②我国法律对固定期限劳动合同的规定。在我国，固定期限的劳动合同适用范围较广。绝大多数企业在与新员工签订第一次劳动合同时都会选择固定期限劳动合同模式。此外，我国《劳动法》还规定了应当签订有固定期限劳动合同的特殊情形，如对于从事矿井下以及其他有害身体健康的工种、岗位工作的农民工实行轮换工劳动合同制，合同有限期限最长不超过8年；用人单位与被聘用的外国人依法签订的劳动合同的期限最长不超过5年，但可以依法续订；劳务派遣单位应当与被派遣劳动者订立2年以上固定期限劳动合同等。

③固定期限劳动合同的优势和局限性。固定期限劳动合同的优势表现为：缔结具有固定期限的劳动合同使劳动力能进能出，一方面，有利于企业方合理配置劳动力、提高企业内劳动力市场的竞争性进而提升劳动生产率；另一方面，也方便劳动者选择适合自己的岗位和单位。

固定期限劳动合同的局限性表现在：劳动关系的短期性一方面不利于企业汇聚高组织承诺的员工，也限制了企业基于长远利益而进行人力资源开发；另一方面使得劳动者能够在合同失效后突破竞业禁止等限制，进而形成员工流失风险。

知识拓展　　关于固定期限劳动合同能否转化为无固定期限劳动合同

一些国家规定在一定的条件下固定期限劳动合同可以转化为不固定期限劳动合同。

法国、俄罗斯、韩国等国家规定，如果劳动合同期满后，劳动关系实际上仍旧延续，且没有一方提出终止劳动合同，则从合同的效力看，合同已延续为不定期劳动合同。

马达加斯加规定，任何有期劳动合同均可延长，如合同接连延长两次而工作未有任何中断，则该合同变为不定期劳动合同。比利时规定，当事人连续签订了 2 个或 2 个以上的有一定期限的合同，如果这些合同不因工人方面的理由而中断，则应把这种合同看做是一个没有一定期限的合同，除非雇主以工作性质或其他合法理由为这些合同提供依据。

资料来源：全国人大常委会法工委行政法室：《国外有关劳动合同的法律规定》，www. npc. gov. cn，2006. 03. 20，改编。

（2）以完成一定工作任务为期限的劳动合同。以完成一定工作任务为期限的劳动合同是指用人单位与劳动者约定以某项工作的完成为合同期限的劳动合同。该劳动合同是以某一项工作开始之日，作为其期限起算之日，以劳动者完成该项工作之日，作为其期限终止之日，因此，存在变更、解除、中止（双方协议暂停履行）或终止，但不存在续签问题。

①以完成一定工作任务为期限的劳动合同的适用范围。该种合同形式适用于工作性质有整体上的部分性，或是有阶段性、或是有季节性、或是项目性的，具有一定独立性的工作。通常适合此类合同的工作有：单项工作、可按项目承包的工作、因季节原因需临时用工的工作、其他双方约定的以完成一定工作任务为期限的工作。

当然，并不是所有具有一定独立性的工作都适合签这类合同，理论上讲，只要是不具备工作上分割的必须性，就不能把整体工作肢解成符合这种合同签订要求的形式。实践中，像日常工作岗位（如没有季节性、单项性、项目性等独立性的岗位）、管理工作以及关键技术岗位等都应当避免签订这种合同。

②我国法律对“以完成一定工作任务为期限的劳动合同”的规定。在我国，《劳动合同法》规定：“以完成一定工作任务为期限的劳动合同或者劳动合同期限不满三个月的，不得约定试用期。”由于“以完成一定工作任务为期限的劳动合同”不属于固定期限劳动合同，所以即使连续签订两次之后再签的，也无需按照《劳动合同法》的规定签订无固定期限劳动合同或在劳动合同终止时支付经济补偿金。

（3）无固定期限劳动合同。无固定期限劳动合同又称为不定期劳动合同，是一种特殊的劳动合同，其特殊性就在于它是一种“没有明确规定合同有效期限，劳动关系可以在劳动者的法定劳动年龄范围内和企业的存在期限内持续存在，只有在符合法定或约定的情况下，劳动关系才可终止”的劳动合同。

①无固定期限劳动合同的适用情况。从世界范围看，无固定期限劳动合同与解雇保护相联系，体现的是一种安定的劳动关系的特点。无固定期限劳动合同因其具备职业稳定和职业保护的双重特质，已经成为国际上用工的主趋势。但是在我国，无固定期限劳动合同的适用范围较窄。

②我国法律对无固定期限劳动合同订立的规定。按照我国《劳动合同法》的规定，无固定期限劳动合同的订立分为三种类型。

其一，双方协商一致，可以签订无固定期限劳动合同。

其二，法律规定的订立无固定期限劳动合同的情形。

《劳动合同法》第十四条中规定：有下列情形之一，劳动者提出或者同意续订、订立劳动合同的，除劳动者提出订立固定期限劳动合同外，应当订立无固定期限劳动合同：

• 劳动者在该用人单位连续工作满十年的；

• 用人单位初次实行劳动合同制度或者国有企业改制重新订立劳动合同时，劳动者在该用人单位连续工作满十年且距法定退休年龄不足十年的；

• 连续订立二次固定期限劳动合同，且劳动者没有本法第三十九条和第四十条第一项、第二项规定的情形，续订劳动合同的。

• 用人单位自用工之日起满一年不与劳动者订立书面劳动合同的，视为用人单位与劳动者已订立无固定期限劳动合同。

其三，针对特殊时期情况而允许订立的无固定期限劳动合同。

根据 1996 年《实行劳动合同制度若干问题的通知》[①] 规定：“在固定工制度向劳动合同制度转变过程中，用人单位对符合下列条件之一的劳动者，如果其提出订立无固定期限的劳动合同，应当与其订立无固定期限的劳动合同：

• 按照《劳动法》的规定，在同一用人单位连续工作满 10 年以上，当事人双方同意延续劳动合同的；

• 工作年限较长，且距法定退休年龄 10 年内的；

• 复员、转业军人初次就业的；

• 法律、法规规定的情形。

---

① 注意：这个规定只是针对转制的特定时期适用，针对当时的社会情况，因此具有短期性。

● 我国法律对不依法订立无固定期限劳动合同的罚则。对于无固定期限劳动合同，我国《劳动合同法》第82条第2款规定：用人单位违反本法规定不与劳动者订立无固定期限劳动合同的，自应当订立无固定期限劳动合同之日起向劳动者每月支付两倍的工资。

实践经验 企业订立无固定期限劳动合同的风险

实践中，企业在劳动者符合法定约定应该签订无固定期限劳动合同时，如果企业选择劳动者订立固定期限劳动合同且劳动者当时并没表示反对的，或者劳动者口头要求订立固定期限劳动合同的，过一段时间后，劳动者要求企业从固定期限劳动合同订立之日开始每月支付两倍工资，则其主张应该得到支持，企业除需支付额外的工资成本外，还需将固定期限劳动合同变更为无固定期限劳动合同。

为防止这类情况的发生，企业劳动合同管理人员在续订劳动合同时，应当以书面形式向劳动者征询需续订劳动合同的类型，若劳动者愿意订立固定期限劳动合同或主动提出订立固定期限劳动合同的，用人单位应保留书面证据，避免日后导致企业用工成本的增加。

资料来源：赵杨：《浅谈用人单位在劳动合同订立中的风险及应对措施》，载于《商业经济》，2009年第2期。

（4）劳动合同的试用期约定。劳动合同试用期是劳雇双方在平等自愿、协商一致基础上订立劳动合同时，在劳动合同期限内特别约定的一个期间。在这个期间内，当事人双方按照合法约定的条件相互考察。在考察期，双方均未触及合同解除条件时，劳动合同继续执行；一旦有一方或者双方触及合同解除条件，则无过错的一方可解除劳动合同。在订立劳动合同时规定试用期，是各国通行的做法。合理、合法地采用试用期约定对劳雇双方权益保护都有积极意义。

在我国，关于试用期的约定有三种，分别是：企业劳动合同下的试用期、事业单位聘用合同下的试用期和公务员试用期（见表6－1）。

表6－1 我国法律对试用期的规定

类　型	法律规定
劳动合同的试用期	1. 试用期包含在劳动合同期限内 2. 劳动合同期限三个月以上不满一年的，试用期不得超过一个月 3. 劳动合同期限一年以上不满三年的，试用期不得超过两个月 4. 三年以上固定期限和无固定期限的劳动合同，试用期不得超过六个月 5. 同一用人单位与同一劳动者只能约定一次试用期 6. 以完成一定工作任务为期限的劳动合同或者劳动合同期限不满三个月的，不得约定试用期 ——《劳动合同法》

续表

类　型	法律规定
聘用合同的试用期	1. 事业单位公开招聘的人员按规定实行试用期制度，期限一般不超过3个月，特殊情况可以延长，但最长不超过6个月；被聘人员为大、中专应届毕业生的，可延长至12个月 2. 试用期包括在聘用合同期内 ——《事业单位公开招聘人员暂行规定》
公务员试用期	新录用的公务员试用期为一年。试用期满合格的，予以任职；不合格的，取消录用 ——《中华人民共和国国家公务员法》

实践经验　劳动合同试用期约定的风险防范

关于试用期，用人单位可能遭受的风险有：①单独签订试用合同或劳动合同且仅约定试用期的，试用期成立，该期限为劳动合同期限。②违法约定试用期，劳动行政部门将责令其改正；违法约定的试用期已经履行的，由用人单位以劳动者试用期满月工资为标准，按已经履行的超过法定试用期的期间向劳动者支付赔偿金。③以岗位变换为由多次约定试用期。④违反法律规定降低试用期工资。⑤不为试用期内的劳动者缴纳社会保险费或者剥夺其享受相关福利待遇的机会。

为规避因试用期风险而导致的损害，用人单位在进行劳动合同试用期管理时应注意以下方面：①严格执行法律关于试用期的规定，不违法约定试用期；②合理约定试用期；③与同一劳动者只约定一次试用期，不因岗位变化而再次约定试用期；④支付给劳动者的试用期工资不低于本单位相同岗位最低档工资或者劳动合同约定工资的80%，并不低于用人单位所在地的最低工资标准。⑤依法为试用期内劳动者缴纳社会保险费并为其提供必要的劳动保护和其他待遇。

2. 劳动合同的订立

劳动合同的订立是指劳动者与用人单位之间就劳动合同内容协商一致的意思表示。劳动合同的订立是劳动关系确立的第一个环节。

（1）劳动合同订立的原则。订立劳动合同，应当遵循合法、公平、平等自愿、协商一致和诚实信用的原则。

合法原则是指劳动合同的主体、订立形式、订立程序、合同内容、履行方式、对变更或解除合同权利的行使等，都必须符合法律法规的规定。

公平原则，在劳动合同相关法的语境下是指：第一，法律在规范劳动合同当事人之间的权利、义务和责任方面，应该体现公平原则。在考虑用人单位的合法权益的同时，安排向劳动者倾斜的纠偏措施，以平衡劳资实力。第二，在处理劳动合同纠纷上，应依法律规定来进行，以体现公平原则。

平等自愿和协商一致原则，平等是指缔约双方缔结劳动合同时在法律上处于平等位置。自愿是指所订立的劳动合同完完全全体现的是双方当事人真实的意思表示，任何在强迫、欺瞒情况下订立的劳动合同在法律上都不具有合法性质。协商一致是指劳动合同的内容、条款的形成是在法律法规允许的范围内，由双方当事人共同讨论、协商，并取得一致的意思表示后才最终确定的。

诚实信用原则要求劳动合同双方当事人在进行劳动合同订立等活动时，意图善意、言行真实和信守承诺。具体讲就是指双方当事人在行使权利时均不蓄意侵害他人和社会利益，都负有如实告知对方真实情况的义务以及都应该履行信守承诺和遵循法律规定。

知识拓展　　**劳动合同订立时当事人所应履行的告知义务**

用人单位的告知义务是无条件的。用人单位招用劳动者时，应当如实告知劳动者的工作内容、工作条件、工作地点、职业危害、安全生产状况、劳动报酬，以及劳动者要求了解的其他情况。

劳动者的告知义务是有附加条件的。鉴于用人单位有权了解劳动者与劳动合同直接相关的基本情况，因此劳动者应当如实说明包括健康状况、知识技能、学历、职业资格、工作经历以及部分与工作相关的个人情况（如家庭住址、主要家庭成员构成等）。

任何一方未如实告知对方，都可导致劳动合同的无效。

（2）劳动合同的订立形式。各国法律通常根据劳动合同的类别和内容等来确定劳动合同的法定订立形式。在劳动法规制下，劳动合同订立的模式有以下三种。

第一种是允许一般劳动合同采用口头形式，而只要求特定劳动合同采用书面形式。譬如，法国《劳动法典》规定允许劳动合同采用口头合同，但其《海上劳动法》则规定海上劳动合同必须采用书面形式。

第二种是一般要求劳动合同采用书面形式，但允许在特殊情况下可采用口头形式。一般来讲采用这种模式的国家较多，我国《劳动合同法》规定除非全日制用工可订立口头劳动合同外，其他情形均应订立书面劳动合同。

第三种是要求所有劳动合同都采用书面形式。如俄罗斯《联邦劳动法典》规定，劳动合同应以书面形式订立。

（3）劳动合同订立的情形。从时间上看，劳动用工与书面劳动合同订立存在以下三种情形。

其一，先订立书面劳动合同而后才用工。如果是这样，那么劳动关系建立时间与书面劳动合同的订立在时间上不一致。用工之前依法订立的书面劳动合同自成立时生效，对当事人双方具有法律约束力，但劳动关系建立的时间则以用工之日为始来计算。

其二，在用工同时签订书面劳动合同。在这种情况下，劳动关系的建立与书面劳动合同的订立同步。

其三，用工在先而订立书面劳动合同在后。此时，劳动关系建立与书面劳动合同的订立时间也不同步。用人单位应在一定的时限内与劳动者补签劳动合同。

（4）劳动合同的续订。劳动合同的续订是指劳动合同到期后，企业与职工双方在平等自愿和协商一致的基础上继续履行原劳动合同所规定的权利和义务，进而使原来业已建立的劳动关系得以存续的过程。续订劳动合同与订立劳动合同一样，应当遵循相应的条件和程序。至于续订次数，原则上讲，除了法律强制续订的情形外，只要当事人双方协商一致即可续订合同。显然，只有固定期限劳动合同才涉及续订问题。

在劳动合同续订方面，为保护劳动者利益，防止雇主利用短期就业频繁解雇员工以降低人工成本，各国在劳务派遣和其他短期就业劳动合同的续订上存在着一些特殊的安排。德国法律规定，短期就业的时间上限为 24 个月，如劳动合同期限合计为 24 个月，允许更新两次；法国规定，短期就业合同的时间上限原则为 18 个月，如合同期限合计不超过 18 个月，允许更新一次；荷兰 1998 年前对短期就业合同无时间限制，而 1998 年后则规定短期就业合同期上限为 3 年，合同终止后 3 个月内允许更新两次，但合同期总计不得超过 3 年。我国现行法律规定的派遣劳动合同期限的下限是 2 年，上限则没有规定。

（5）我国关于劳动合同订立的法律规定。具体如下：

①劳动合同订立的形式。我国《劳动法》规定，劳动合同应当以书面形式订立；非全日制用工双方当事人可以订立口头协议。

②劳动合同订立的期限。《劳动合同法实施条例》对书面劳动合同订立期限进行了一系列规定。

第一，用工之日起一个月内，单位应书面通知员工在一定期限内签署劳动合同（并保留书面通知的记录，如要求员工签收劳动合同），如果员工未能按照单位要求及时签署或者拒绝签署书面合同的，单位应当终止劳动关系。

第二，单位自用工之日起超过一个月、未满一年未与员工订立书面劳动合同，单位应当与员工补订劳动合同。如果此时员工未能在单位要求的合理时间内补订书面劳动合同或者拒绝补订书面劳动合同的，则单位应当书面通知员工终止劳动关系。

第三，如果单位自用工之日起已经满一年没有和员工订立书面劳动合同，应当视为单位自用工之日起满一年的当日已经与员工订立了无固定期限劳动合同，并且应当立即与员工补订书面劳动合同。但是因《劳动合同法实施条例》没有明确，在此情况下单位没有立即与员工补订书面劳动合同的后果。

③用人单位不签订书面劳动合同的后果。《劳动合同实施条例》明确了用人单位超过法定时限不订立书面劳动合同的责任。

用人单位自用工之日起超过一个月、不满一年未与劳动者订立书面劳动合同的，应当依照《劳动合同法》第八十二条的规定向劳动者每月支付两倍的工资，并与劳动者补订书面劳动合同。

用人单位自用工之日起满一年未与劳动者订立书面劳动合同的，自用工之日起满一个月的次日至满一年的前一日应当依照《劳动合同法》第八十二条的规定向劳动者每月支付两倍的工资，并视为自用工之日起满一年的当日已经与劳动者订立无固定期限劳动合同，应当立即与劳动者补订书面劳动合同。

④劳动者不签订书面劳动合同的后果。对于劳动者拒签劳动合同的行为，《劳动合同实施条例》就两种情形进行了规定。

第一，自用工之日起一个月内，经用人单位书面通知后，劳动者不与用人单位订立书面劳动合同的，用人单位应当书面通知劳动者终止劳动关系，无需向劳动者支付经济补偿，但是应当依法向劳动者支付其实际工作时间的劳动报酬。但《实施条例》没有明确未签劳动合同情况下的劳动报酬的支付标准，根据《劳动合同法》，没有约定劳动报酬或者劳动报酬约定不明确的，应当按照集体合同规定的标准执行；没有集体合同或者集体合同未规定的，实行同工同酬。

第二，用人单位自用工之日起超过一个月、不满一年未与劳动者订立书面劳动合同的，应当依照《劳动合同法》第八十二条的规定向劳动者每月支付两倍的工资，并与劳动者补订书面劳动合同；劳动者不与用人单位订立书面劳动合同的，用人单位应当书面通知劳动者终止劳动关系，并依照《劳动合同法》第四十七条的规定支付经济补偿。

⑤劳动合同订立中企业应禁止的行为。《劳动合同法》第九条规定："用人单位招用劳动者，不得扣押劳动者的居民身份证和其他证件，不得要求劳动者提供担保或者以其他名义向劳动者收取财物。"这里"劳动者的其他证件"主要指学历和学位证、技术等级证、特殊岗位上岗证以及结婚证等；"担保"主要指保证、抵押、质押以及保证金（定金）等。

表 6－2　关于厂长、经理、党委书记、工会主席签订劳动合同的问题

	是否签订劳动合同	适用法律	与谁签订
厂长、经理	应当签订	劳动部劳部发［1994］360 号文 《实施〈劳动法〉有关劳动合同问题的解答》（1995/4/27） 《中华人民共和国公司法》	由上级部门聘任（委任）的，应与聘任（委任）部门签订劳动合同 实行公司制的企业厂长、经理和有关经营管理人员，应与董事会签订劳动合同
党委书记	应当签订	《实施〈劳动法〉有关劳动合同问题的解答》（1995/4/27） 《劳动部关于订立劳动合同有关问题的通知》（1996/2/13）	党委书记和厂长、经理一起，与企业的上级主管部门签订劳动合同
企业工会主席	应当签订	《劳动部关于企业工会主席签订劳动合同问题的通知》（1996/4/12）	对尚未签订劳动合同的工会主席，可以和党委书记、厂长、经理一样，与企业的上级主管部门签订劳动合同 已经与企业签订了劳动合同的工会主席，双方应继续履行劳动合同，不经本单位工会委员会和上级工会同意，企业不得解除劳动合同

⑥法律强制续订的劳动合同。我国《劳动法》规定了以下四种强制续订的情形：

第一，劳动者患职业病或者因公负伤并被确认达到伤残等级，要求续订劳动合同的；

第二，劳动者在规定的医疗期内，劳动合同期限届满时，用人单位应当将劳动合同的期限顺延至医疗期满为止；

第三，女职工在孕期、产期、哺乳期内，劳动合同期限届满时，用人单位应当将劳动合同的期限顺延至孕期、产期、哺乳期期满为止；

第四，法律法规规定的其他应当续订劳动合同的情形。

此外，劳动者与用人单位签订的劳动合同期满后，如果劳动者已接近退休年龄，双方仍可在平等自愿、协商一致的基础上续签劳动合同，但合同期限不应超过劳动者法定退休年龄。

续订劳动合同在程序上的要求是必须在劳动合同期限届满前 30 日以书面形式确定。关于派遣类劳动合同能否续订为无固定期限劳动合同，我国《劳动合同法》没有明确规定。

3. 劳动合同的变更

劳动合同的变更是指当事人双方依法订立劳动合同后，对尚未履行或尚未完全履行的劳动合同，依照法律规定的条件和程序，对原劳动合同的内容进行修改或增减的法律行为。劳动合同变更的效力只限于变更的条款，未经变更的合同内容继续有效，仍然需要按照原来的约定全部履行。

(1) 劳动合同变更的种类。有如下四种：

①按照合同变更依据的性质，劳动合同变更可分为法定变更和约定变更两种类型。

法定变更是指在法律规定的原因出现时，当事人一方可依法提出变更劳动合同，双方协商一致后对相应条款进行的变更。

约定变更是指用人单位与劳动者在劳动合同中约定可以变更劳动合同的事由，当约定的变更事由出现时，用人单位可以如约变更劳动合同。

根据世界各国的劳动保障法立法法例，劳动合同的变更通常以约定变更为主，法定变更为补充。其中，劳动合同的法定变更相对集中于特殊情况时对工作岗位的变更方面。

表6-3　我国的劳动合同变更的法定条件

法定变更的类型	法律规定	备注
劳动者患病或者非因工负伤的情形	劳动者患病或者非因工负伤，在规定的医疗期满后不能从事原工作的，用人单位可以变更劳动者的工作岗位	注意： 对此类人员的工作岗位进行变更，岗位的调整应具有合理性，即新岗位与原岗位相比，对劳动者的要求更低、更为轻松（如劳动强度减轻）
劳动者不能胜任工作的情形	在劳动者不能胜任工作，经过培训或者调整工作岗位仍不能胜任工作的，用人单位可以解除劳动合同	注意： 用人单位以劳动者不能胜任工作为由调整工作岗位的，须对"劳动者不能胜任工作"承担举证责任
劳动者因工负伤，构成五级、六级伤残的情形	职工工伤经鉴定构成五级、六级伤残的，用人单位可以将劳动者发生工伤前的工作岗位调整为劳动者能够胜任的新工作岗位	根据《工伤保险条例》第34条之规定，职工因工致残被鉴定为五级、六级伤残的，除享受一次性伤残补助金外，还应保留其与用人单位之间的劳动关系，由用人单位安排适当工作。难以安排工作的，由用人单位按月发给伤残津贴
劳动合同订立时所依据的客观情况发生重大变化的情形	劳动合同订立时所依据的客观情况发生重大变化，致使劳动合同无法履行	注意： "客观情况"是指发生不可抗力或出现致使劳动合同全部或部分条款无法履行的情况，如用人单位迁移、被兼并、用人单位资产转移等 用人单位效益不好，发生亏损，经济性裁员不属于客观情况

注：医疗期是指企业职工因患病或非因工负伤停止工作治病休息不得解除劳动合同的时限。按照劳动部《企业职工患病或非因工负伤医疗期的规定》，企业职工因患病或者非因工负伤，需要停止工作医疗时，根据本人实际参加工作年限和在本单位工作年限，给予3个月到24个月的医疗期。实际工作年限10年以下的，在本单位工作年限五年以下的为3个月，5年以上的为6个月；实际工作年限10年以上的，在本单位工作年限5年以下的为6个月，5年以上10年以下的为9个月，10年以上15年以下的为12个月，15年以上20年以下的为18个月，20年以上的为24个月。

②按照合同变更的程度，劳动合同变更可分为实质性变更和非实质性变更。

实质性变更是指企业单方对合同所做的重要变动。我国劳动合同变更中的实质性变更的主要内容限定在《劳动合同法》第17条所规定的必备条款范围内，主要指劳动合同期限、工作内容和工作地点、工作时间和休息休假、劳动报酬、社会保险、劳动保护、劳动条件、职业危害防护和法律法规规定应当纳入劳动合同其他事项的变更。

非实质性变更是指企业单方面对合同所做的较小的变动，即对有关工作条件条款的细微修改。非实质性变更通常既不影响雇员工作量和劳动报酬，也不涉及工作地点变换条款、工作稳定条款、非竞争条款。

③按照合同变更权分类，劳动合同变更可分为单方变更和双方协商变更。

劳动合同中的单方变更多由雇主提出。

各国对雇主是否享有单方变更权的规定不一。为防止雇主权利滥用，一般认为单方变更仅适用于三种情况：

其一，劳动合同约定授权雇主行使单方变更权。当然，这种约定必须合法、合理。

其二，企业规章制度有利于变更。这种情况是指建立劳动关系时向劳动者公示过的依法生效的企业规章制度如果发生了有利于劳动者的变更（如工作条件的改善、薪酬水平的提高等），则企业方可以单方行使劳动合同变更权。

其三，雇主在岗位临时调换时享有单方变更权。雇主遇到难以预料的困难或面临生产、经营的真实需要时，有权临时调动劳动者从事与其职业不同的工作。例如，《广东省劳动合同管理规定》（2003）中规定，用人单位面临特殊情形时可以单方对岗位进行临时性变更，特殊情形包括：发生事故或灾害，需要及时抢修或救灾；因生产、工作需要，单位内部机构或工种、岗位之间的临时调动；法律、法规和规章规定的其他情况。

需要注意的是，雇主行使临时调岗的单方变更权时，应当有预告期和期限。《越南社会主义共和国劳动法》第34条规定，临时调岗一年中不得超过60天；当用工者临时调动劳动者从事与其工种不同的工作时，必须至少提前3天通知劳动者本人，说明临时工作的期限，所安排的工作适合劳动者的健康状况和性别。

④按照合同变更的原因，劳动合同变更可分为情势变更和自然变更。

情势变更是指在劳动合同生效直至终止失效之前，因不可归责于当事人的事由，使得劳动关系产生的基础发生当初无法预料的根本性变化，若继续维持该劳动合同的效力，则显失公平而有悖诚实信用原则，则当事人可以对原劳动合同做适当的变更或解除。

劳动合同情势变更的情形有四种：

一是订立劳动合同所依据的法律、法规已经修改或者废止。

二是用人单位酌情或获准实施转产、调整生产任务或者生产经营项目等。各国对此种情形的变更历来都慎重加以规范。如《哈萨克斯坦共和国劳动法典》第48条第1款规定，由于组织生产的调整包括改组和缩减工作量，雇主可以在维持雇员的原职业（专业）、原技术等级、原职务的同时改变劳动条件。改变条件的同时要对个人劳动合同做出相应的补充和修改；如果在本条第1款指定的情况引起雇员量的裁减，雇主为保留工作位置有权实现不全工作时间的制度。①

三是劳动者身体健康状况发生变化、劳动能力部分丧失。

四是自然灾害、意外事故、战争等不可抗力的发生。

自然变更是基于企业正常经营中劳动合同内容的动态属性而发生的变更。在企业正常经营过程中，劳动者的工作条件可能自然地发生变化。劳动合同的自然变更通常是向着有利于劳动者的方向发展，如企业根据其赢利情况和员工的绩效给劳动者上调工资、提升职位等。自然变更不一定要签订书面合同来记录变更内容，只要劳动者没有拒绝就可推定双方达成合意。

（2）劳动合同变更的特征。有以下四点：

①劳动合同变更系指劳动合同内容的变更。劳动合同内容的变更主要集中在工作内容、工作地点、劳动报酬等几类条款，而劳动合同期限、违约责任、保密义务等其他条款一般很少发生变更或基本不发生变更。劳动合同变更一般不包括合同主体的变更，但我国《关于贯彻执行〈劳动法〉若干问题的意见》规定："用人单位发生分立或合并后，分立或合并后的用人单位可依据其实际情况与原用人单位的劳动者遵循平等自愿、协商一致的原则变更、解除或重新签订劳动合同。此种情况下的重新签订劳动合同视为原劳动合同的变更。"

②可变更的条款是尚未履行或尚未完全履行的有效条款，已履行完毕的条款无变更的必要和可能。如已履行完毕的试用期条款、培训条款等再无变更的可能。

③劳动合同的变更应只是对原劳动合同的内容做出某些修改或补充，如果是全部条款的变更，则属于劳动合同的更新。

④劳动合同变更多数情况下由用人单位提出。基于用人单位拥有经营自主权，在现实中，劳动合同的变更诸如工作地点的变动、劳动报酬的增减、工作岗位的调整等，大多由用人单位根据需要提出。

（3）劳动合同变更的原则。变更劳动合同应当遵循平等自愿、协商一致的原则。劳动合同是在平等理念基础上，劳雇双方就建立劳动关系达成一致的意思表示。现实中，尽管劳动者很难与用人单位真正做到平等基础上的协商一致，但平等自愿、协商一致仍是劳动合同订立、变

① 《哈萨克斯坦共和国劳动法典》，中华人民共和国商务部网，http://kz.mofcom.gov.cn/aarticle/ddfg/laogong/200905/20090506245014.html。

更时的重要原则。只有遵循这一原则，劳动合同的变更行为及其结果才能得到法律认可，才能依法产生合同变更的结果。如果当事人双方不能就劳动合同的变更达成一致，除法律、法规另有规定外，就应当按照原来约定继续履行劳动合同。

（4）劳动合同变更的具体情形。实践中，劳动合同变更有三种主要的情形：一是劳动者工作岗位、工作内容、工作地点的变化或变动；二是劳动合同期限的延长或缩短；三是对劳动者支付劳动报酬的增加或减少。

①岗位变更。用人单位在正常情况下对劳动者工作岗位的调整，应遵循的原则有：

第一，按照劳动合同约定的岗位、技能或职务在本单位内调动劳动者到其他类似工作岗位的，属于用人单位用人自主权的权限范围，无需征得劳动者的同意。这种非因劳动者个人原因调动工作岗位的情况，劳动者的工资报酬不得低于其原有工作岗位的工资标准。此外，还应注意不得调动劳动者从事其身体健康不允许的工作。

第二，如果工作岗位的变更明显超出当事人签订劳动合同时的合意范围，如将技术工程师调整当门卫、将办公室文员调整到保洁岗位等就明显地超出了一般人可以接受的范围。在这种情形下，工作岗位的变更必须要在用人单位和劳动者协商一致的情况下才能实施。未经过劳动者同意的，用人单位无权单方面做出变更决定。如果强行变更，则属于格式条款限制对方主要权利的情形，其结果是用人单位的用人自主权侵犯了劳动者的劳动合同变更权，这种约定应属无效条款，劳动者可提请劳动争议。

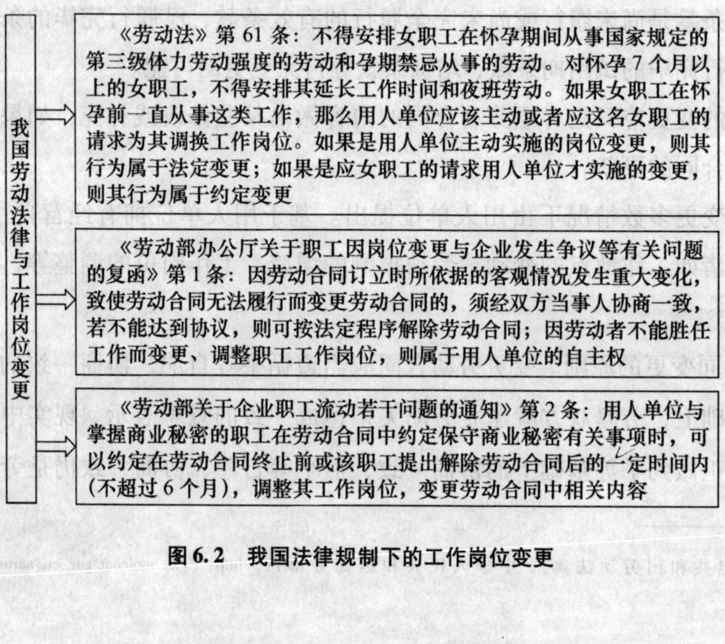

图 6.2　我国法律规制下的工作岗位变更

②工作地点变更。关于工作地点的变更，有的国家或地区法律有专门的规定，如俄罗斯法律规定，“企业、机关、团体的行政管理部门无权要求职工完成劳动合同中未规定的工作。只有在征得职工同意后，方可为其在本单位内调动工作，调动到其他单位或其他地区（即使是随单位一同迁移）。按劳动合同约定的专业、技能或职务在本单位内调动职工到其他工作岗位、同一地点的其他部门或派其到其他机械、机床上工作，无不属于调动工作并不需征得职工的同意”。我国台湾地区就工作地点及调动问题规定，雇主虽然有权部署、调派员工，但如果未经过员工同意，不得任意将员工调到其他单位工作，而且雇主调动员工时需要遵守以下原则：“基于企业经营上所必需；不得违反劳动契约；对员工薪资及其他劳动条件未做不利之变更；调动后工作与原有工作性质为其体能及技术所可胜任；调动工作地点过远，雇主应予以必要之协助。”

我国《劳动合同法》规定，在订立劳动合同时，用人单位有义务告知劳动者工作地点，并在劳动合同中载明工作地点。

实践经验　　**我国企业工作地点变更的成熟做法**

(1) 工作地点原则上应在用人单位所在地，如果用人单位在当地不同区域设有若干机构，在签订劳动合同时应该向劳动者讲明具体的工作地点。

(2) 如果用人单位招收劳动者之后需要将其分派到其他城市或地区工作，应在招聘启事中写明不同岗位的工作地点，在签订劳动合同时必须与劳动者讲明并在劳动合同中明确注明工作地点所在的城市或地区及其详细地址。

(3) 对于在劳动合同履行期内，根据生产经营需要用人单位须变动劳动者的工作地点的，可按以下的方法处理：

①在当地范围内变动的，且属于用人单位用人自主权的范畴的，用人单位可在劳动合同中注明，用人单位根据生产经营需要可以在当地范围内自主决定劳动者工作地点的变动，劳动者如无特殊理由应当服从。由于工作地点变动给劳动者造成损失的，如交通费的额外支出等，用人单位可采取货币补偿等方法予以弥补。

②如果用人单位将劳动者调到其他城市或地区工作的，须经双方当事人协商一致并达成书面协议才能成立。由此给劳动者造成的损失，用人单位应通过提高工资待遇，提供食宿，调整假期、报销往返路费等方式给予适当补偿。如果与劳动者无法就工作地点变更达成一致，可按原劳动合同继续履行或者协商解除劳动合同并由用人单位给予适当的经济补偿金。

③劳动报酬的变更。各国的司法实践一般承认和保护用人单位在工资分配自主权下的合理

调整劳动报酬的权利。法律通常规定，除非变更利于劳动者，用人单位才能实施劳动报酬的单方变更；否则劳动报酬的变更必须在双方协商一致的情况下方可实施。

对于劳动报酬的变更，用人单位应首先制定详细的劳动报酬调整标准、范围和方式，经员工大会通过后向劳动者公示。未获批准或者批准后未经公示的，用人单位无权据此调整劳动者的劳动报酬。然后，用人单位依据已生效的文件，对员工进行绩效考核后，方可对劳动者的劳动报酬做出调整。此外，如果变更后的劳动报酬低于原来水平，劳动者最后实际拿到的工资总数不得低于国家规定的最低工资标准。

4. 劳动合同的解除

劳动合同的解除是指在劳动合同有效成立后，在该合同尚未履行完毕之前，由于某种因素导致当事人双方提前终止合同效力的法律行为。劳动合同的解除只对未履行的部分发生效力，不涉及已履行的部分。劳动合同的解除权是法律赋予劳动合同双方人为地取消劳动权利、义务关系的权利。

（1）劳动合同解除的特征有三点：一是劳动合同的解除只适用于合法有效的劳动合同，无效劳动合同无所谓合同的解除；二是劳动合同当事人不得随意行使解除权，劳动合同的解除必须具备法律规定的条件；三是劳动合同解除使当事人之间建立的劳动关系不复存在，劳动合同当事人在解除生效的那一刻不再履行各自的权利和义务。

（2）劳动合同解除的种类。按照不同的标准，可分为以下几类。

①按照解除条件的不同，劳动合同的解除分为约定解除和法定解除。

约定解除是指劳动合同的当事人双方在合同中事先约定解除合同的相关事由，一旦在履行合同的过程中约定的解除合同的事由出现，当事人有权行使劳动合同解除权。通常，各国法律对于劳动合同的约定解除限制非常严格，其目的就是为了防止解雇权滥用。

法定解除是指在履行劳动合同的过程中，一旦达到法律所规定的劳动合同解除事由，当事人有权解除合同。

法定解除通常有三种情形：一是基于辞职权的法定性而制定的法定解除条款。二是法律授予的特别解除权条款。特别解除权的行使通常出现在强迫劳动、违法用工或者用人单位面临经济性裁员等情况之下，我国《劳动合同法》对此也进行了详细的规定。三是基于不可抗力解除权而制定的法定解除条款。当不能预见、避免、克服的自然灾害（如火灾、地震等）或客观事件（如战争、罢工等）发生时，一旦不可抗力影响到劳动合同目的的实现，法律授权当事人解除劳动合同。

知识拓展　　关于辞职生效的两种看法

（1）认为劳动者无需附加其他任何条件即可依法享有单方无因解除劳动合同的权利。如果此类辞职权获得了法律确认，则该情形下的辞职属于法定解除范畴。

（2）认为劳动者必须经与用人单位协商同意后，辞职权才能生效。如果辞职权在法律中没有获得确认，则辞职权不成立，劳动者提出辞职申请并与用人单位协商后而解除劳动合同的行为属于协商解除范畴。

我国《劳动法》及《关于劳动者解除劳动合同有关问题的复函》规定，劳动者解除劳动合同，应当提前30日以书面形式通知用人单位。劳动者提前30日以书面形式通知用人单位，解除劳动合同，无需征得用人单位的同意。超过30日，劳动者向用人单位提出办理解除劳动合同手续，用人单位应予以办理。这意味着，在我国，劳动者行使辞职权属于法定解除事由。

②按照当事人双方是否有共同的意思表示，劳动合同的解除分为单方解除和协商解除。

劳动合同单方解除是指劳动合同一方当事人自行根据自己的意志，单独对劳动合同所做出的解除行为。单方解除又分为用人单位单方解除（通常表述为“解雇”）和劳动者单方解除。

劳动合同协商解除是指双方当事人经协商一致，在不违背国家利益和社会公共利益的前提下，提前终止劳动合同法律效力的行为。它有四个特点：一是双方当事人具有平等的解除合同请求权。劳动者或用人单位都可主动向对方提出终止劳动合同关系的请求。二是必须经双方平等自愿、协商一致而达成协议，才可解除合同，任何一方不能强加自己的意志于对方当事人。三是协议解除不受约定终止合同条件的约束。四是由用人单位提出协商解除劳动合同的，必须依法向劳动者支付经济补偿金。由劳动者提出协商解除劳动合同，如给用人单位造成经济损失，应承担赔偿责任。

③按照解除是否存在原因，劳动合同的解除分为有因解除和无因解除。

无因解除即为“解除自由”。世界上绝大多数国家对用人单位无因解除加以严格限制；劳动者无因解除（即辞职）则为立法所允许，劳动者通常只需要履行程序性义务即可运用其辞职权，同用人单位解除劳动合同。

④按照是否符合法律规定的解除条件，劳动合同解除分为合法解除和违法解除。

劳动合同解除的合法性需经仲裁机构或者法院裁决才能认定。如果被认定为不符合法律规定，则违法一方需要承担相应的法律责任。

⑤按照是否需要提前通知，劳动合同的解除分为预告解除和即时解除。

预告解除是指根据法律规定或者合同约定对劳动合同解除予以提前的意思表示。我国《劳动法》规定，用人单位或劳动者以提前 30 日并采用书面方式通知对方当事人的方式为“提前通知解除”。我国《劳动法》对用人单位采用“提前通知解除合同”方式规定了必备条件，而对劳动者未做任何限制性条件规定。

即时解除是指当事人一方无需预先告知对方当事人而采用随时通知的方式解除劳动合同。即时解除往往适用于对方当事人存在过错的情形。一旦达到法定解除条件，受损害的一方可以立即实施解除劳动合同的行动。该种方式不涉及经济补偿或承担赔偿责任。

（3）我国劳动合同解除的法律规定。

①用人单位行使单方特别解除权的法定条件：

• 在试用期间被证明不符合录用条件的；

• 严重违反劳动纪律或者用人单位规章制度的；

• 严重失职，营私舞弊，对用人单位利益造成重大损害的；

• 劳动者同时与其他用人单位建立劳动关系，对完成本单位的工作任务造成严重影响，或者经用人单位提出，拒不改正的；

• 需要裁减人员 20 人以上或者裁减不足 20 人但占企业职工总数 10% 以上的，用人单位提前 30 日向工会或者全体职工说明情况，听取工会或者职工的意见后，裁减人员方案经向劳动行政部门报告，可以裁减人员。

②用人单位行使单方预告解除权的法定条件：

有下列情形之一的，用人单位提前 30 日以书面形式通知劳动者本人或者额外支付劳动者一个月工资后，可以解除劳动合同。

• 劳动者患病或者非因工负伤，在规定的医疗期满后不能从事原工作，也不能从事由用人单位另行安排的工作的；

• 劳动者不能胜任工作，经过培训或者调整工作岗位，仍不能胜任工作的；

• 劳动合同订立时所依据的客观情况发生重大变化，致使劳动合同无法履行，经用人单位与劳动者协商，未能就变更劳动合同内容达成协议的。

③劳动者行使单方特别解除权的法定条件：

• 用人单位未按照劳动合同约定提供劳动保护或者劳动条件的；

• 用人单位未及时足额支付劳动报酬的；

• 用人单位未依法为劳动者缴纳社会保险费的；

• 用人单位的规章制度违反法律、法规的规定，损害劳动者权益的；

• 用人单位以欺诈、胁迫的手段或者乘人之危，使劳动者在违背真实意思的情况下订立或者变更劳动合同致使劳动合同无效的；

• 法律、行政法规规定劳动者可以解除劳动合同的其他情形。

知识拓展 **用人单位在试用期内解除劳动合同的条件**

用人单位在试用期内以“劳动者不符合录用条件”解除劳动合同必须具备3个条件：

(1) 要有明确的录用条件，且“录用条件”已经明确告知劳动者。如果用人单位未特别告知劳动者录用条件的，司法实践中常把招聘广告的内容作为录用条件。

(2) 要对劳动者在试用期的工作进行考核，以此确认是否符合用人单位的录用条件。试用期内的业绩目标计划必须由用人单位与劳动者共同签字约定，同时企业应该保留完整的试用期考核记录文件，并取得劳动者的签字认同，留下书面证据。

(3) 试用期内解除劳动合同必须在试用期内进行。否则，即使劳动者试用期间工作考核不合格，用人单位也不能以此为由与劳动者解除合同，而只能以“劳动者不能胜任工作，经过培训或者调整工作岗位，仍不能胜任工作”解除合同，还要提前30日通知并支付经济补偿金。

5. 劳动合同的终止

劳动合同的终止是指双方当事人约定的劳动合同期满或者劳动合同终止条件出现，以及劳动合同一方当事人消失，无法继续履行劳动合同时，立即终止劳动合同的法律效力。

在劳动合同中，双方当事人不能随意终止劳动合同，只有在法律规定或者当事人约定的情况出现时，劳动合同才终止。我国《劳动法》第23条规定：劳动合同期满或者当事人约定的劳动合同终止条件出现，劳动合同即行终止。

知识拓展 **劳动合同解除与终止的关系**

关于劳动合同解除与劳动合同终止的关系，存在两种观点。

一是并列说。该说认为劳动合同解除与劳动合同终止为并列关系，劳动合同的终止不包括劳动合同的解除。劳动合同终止的条件有：①劳动合同期限已满。②双方约定的终止劳动合同的条件出现。

二是种属说。该说认为劳动合同终止为劳动合同解除的上位概念，劳动合同终止包括劳动合同解除。该说认为，能够引起劳动合同终止的事由，主要有下述几种：①合同期限届满；②约定终止条件成立；③合同目的实现；④当事人死亡；⑤劳动者退休；⑥用人单位消灭；⑦合同解除。

我国劳动立法采取的是种属说观点。在《劳动法》和《劳动合同法》中，均将劳动合同解除与劳动合同终止做并列处理。

资料来源：彭小绅：《劳动合同单方解除制度研究》，法律出版社 2009 年版；王全兴：《劳动法》（第二版），法律出版社 1998 年版，改编。

6. 解雇补偿

解雇补偿[①]指劳动合同解除时，用人单位依法向劳动者支付特别费用的行为。

（1）解雇补偿的支付原则。关于解雇补偿的支付条件、计算原则，国际劳工组织在《雇主主动终止雇佣公约》及其建议书中进行了原则性规定。各国以此为据来制定本国政策。

知识拓展　国际劳工组织解雇补助的支付条件及计算原则

（1）根据国家法律和实践，被解雇的工人应有权享有：

a. 解雇补助或其他离职福利，其数额应特别根据工作年限和工资水平而定，并由雇主或有雇主缴纳费用的基金直接支付；

b. 失业保险津贴、互助或其他行使的社会保障福利，注入老年或残疾津贴，这些津贴是在正常情况下领取的；

c. 这些补助和津贴合并实施。

（2）凡不具备条件享受一般范围内的事业保险或补助的工人，无需按照本条第 1 段 a 小段提及的补助或津贴付给任何补助，仅仅是因为他不领取第 1 段 b 小段规定的失业津贴。

（3）对于行为严重不检而被解雇的工人，他们丧失了享受本条（1）中 a 小段提及的补助或津贴资格，应根据本公约第（1）条提及的实施方法制定相应的条款。

（2）我国劳动法律对经济补偿金的规定。

①非过失性辞退的经济补偿：

① 解雇补偿在各国的法律实践中称谓不同。国际劳工组织称之为“解雇补助”，在我国为“解除劳动合同经济补偿金”，在我国香港和台湾地区分别为“遣散费”、“资遣费”，法国称之为“辞退补偿金”，等等。

劳动者患病或者非因工负伤，经劳动鉴定委员会确认不能从事原工作，也不能从事用人单位另行安排的工作而解除劳动合同的，用人单位应按其在本单位的工作年限，每满 1 年发给其相当于 1 个月工资的经济补偿金，没有最高额限制，同时还应发给不低于 6 个月工资的医疗补助费。患重病和绝症的，还应增加医疗补助费。患重病的增加部分不低于医疗补助费的 50%，患绝症的增加部分不低于医疗补助费的 100%。劳动者的月平均工资低于企业月平均工资的，按企业月平均工资的标准支付。

劳动者不能胜任工作，经过培训或者调整工作岗位仍不能胜任工作，由用人单位解除劳动合同的，用人单位应按其在本单位工作时间的工作年限，每满 1 年发给相当于 1 个月工资的经济补偿金，但最多不超过 12 个月。

劳动合同订立时所依据的客观情况发生重大变化，致使原劳动合同无法履行，经当事人协商不能就变更劳动合同达成协议，由用人单位解除劳动合同的，用人单位应按劳动者在本单位的工作年限，每满 1 年发给相当于 1 个月工资的经济补偿金，但没有最高额限制。若劳动者月平均工资低于企业月平均工资的，按企业月平均工资的标准支付。

②经济性裁员的经济补偿。用人单位濒临破产进行法定整顿期间，或者生产经营状况发生严重困难，必须裁减人员的，由用人单位按被裁减人员在本单位工作的年限支付经济补偿金。在本单位工作的时间每满 1 年发给其相当于 1 个月工资的经济补偿金，但没有最高额限制。劳动者的月平均工资低于企业月平均工资的，按企业月平均工资的标准支付。

如果用人单位在解除劳动合同后，未按规定给予劳动者经济补偿的，除应全额补发经济补偿金外，还须按该经济补偿金数额的 50% 支付额外经济补偿金。

有以下情形之一，劳动合同解除时不需要支付经济补偿金①：员工主动辞职的；由员工提出辞职协议后双方协商解除劳动合同的；试用期内依法解除的；员工存在严重违纪或营私舞弊等过错被单位解除劳动合同的。

① 在劳动合同解除时，除非用人单位能够证明劳动合同解除符合不需要支付经济补偿金的相关情形，否则仍将承担支付经济补偿金的责任。

6.3 中国企业劳动合同管理状况

6.3.1 企业劳动合同管理的正效应

1. 劳动合同意识增强

随着《劳动法》、《劳动合同法》等法律法规的推行，全社会的劳动合同意识得到显著增强。一方面，用人单位的守法意识明显增强，依法签订劳动合同逐渐成为用人单位的自觉行为，书面劳动合同的签订率逐年提高。另一方面，劳动者依法劳动的意识明显提高，越来越多的劳动者逐渐把用人单位是否执行《劳动合同法》作为择业的重要前提条件。同时，随着《劳动合同法》的颁布实施，全社会对企业和劳动者各自权利、义务的关注度也有了较大提高。

2. 劳动合同签订率逐年提高

据统计，多数省、自治区、直辖市规模以上企业劳动合同的签订率在90%以上，大型国有企业达到100%。新签劳动合同平均期限也延长了，劳动合同质量有所提高，各地新签劳动合同的条款比较完备，对双方权利、义务的规定比较明确，能够适应形势需要及时补充合同内容。

3. 企业劳动关系得到改善

《劳动合同法》及其实施细则对劳动合同的签订、变更、解除、终止等行为进行了明确细致地规定，越来越多的企业在法律的引导下转变了以往落后的用人观念，改进了劳动关系管理的技术。企业更加注重劳动者的利益和发展，更加注重企业的凝聚力和团队精神，积极改善职工生产、生活条件和业余文化生活，创造了一些新的制度和措施，促进了劳资关系的和谐。

4. 企业用工环境不断趋好

在劳动保障及相关部门的监督检查下，用人单位的用工行为不断规范，多数企业能够按照《劳动合同法》的有关规定，对相关规章制度和劳动合同管理进行完善和规范。特别值得一提的是，农民工的合法劳动权益状况也得到了显著改善。近年来农民工工资拖欠现象持续减少，劳动合同签订率较大提高，参加工伤和大病医疗保险的农民工人数均有较大幅度增加。

6.3.2 中国企业劳动合同管理存在的问题

1. 劳动合同适用范围过窄

我国劳动法规规定，适用劳动合同的范围包括：各类企业、个体经济组织和与之建立劳动关系的劳动者（包括没有签订劳动合同但与劳动者形成了事实劳动关系的），国家机关、事业单位、社会团体与建立劳动合同关系的劳动者，以及实行企业化管理的事业单位与劳动者。随着市场经济的快速发展以及由此带来的劳动关系多元化、复杂化局面的形成，原有规定的局限性日渐显露，部分劳动关系游离于劳动法律之外。农民工支付的劳务性劳动、退休人员重新就业后与用人单位形成的关系以及事业单位的聘用合同等情形都没有被明确地规制在劳动合同法律框架之中。这样就使上述各类劳动者在工资、休息休假、解除劳动合同的经济补偿以及劳动争议的解决等方面缺乏《劳动合同法》的保护，进而影响到劳动关系的健康发展。

2. 劳动合同期限普遍偏短

我国《劳动合同法》规定，劳动合同的期限分为固定期限、无固定期限和以完成一定的工作为期限三种类型，并对签订无固定期限劳动合同进行了严格的条件限制。实践中，用人单位与劳动者签订固定期限劳动合同已成为最通常和最普遍采用的形式。2005年全国人大常委会的一次全国劳动法执法检查显示，劳动合同期限中有固定期限合同占整个劳动合同的70%以上，其中以短期合同为主，3年以下的占80%左右，占劳动合同总数的60%左右，其中一年期的劳动合同非常普遍，而在一年期合同中，一年一签的劳动合同又占相当的比例。而签订无固定期限的仅占20%左右，多集中在国有企业，非国有企业只有3%左右。理论上，无固定期限劳动合同由于与解雇保护相联系，体现的是一种安定的劳动关系的特点。相反，固定期限合同体现的则是不安定的劳动关系的特点。因此，从劳工政策角度看，无固定期限劳动合同更有利于劳工就业权益的保障。我国劳动合同期限偏短的现状与国际主流的用工模式是相互背离的。这种情况如果不加以限制和引导，也将影响劳动关系的良性发展。

3. 事实劳动关系下劳动者权益保护缺失

我国《劳动合同法》规定，建立劳动关系应该订立劳动合同、劳动合同应当以书面形式订立。这种规定意味着只有采用书面劳动合同形式，劳动关系才能得到法律的认定，劳动关系当事人的权益才能得到保障。然而现实中，大量的用人单位采取种种办法逃避与劳动者签订书面劳动合同的义务，造成大量事实劳动关系下劳动者权利无法得到法律的保护。据有关部门统计，目前我国劳动合同的签订率仅为57.1%；相对于国有企业，非国有制企业的劳动合同签订率普遍偏低，私营企业的劳动合同签订率仅为30.5%。而且，大量劳动密集型企业存在不与劳动者签订劳动合同的情况；相对于城镇职工，大量进城务工人员的劳动合同签订情况比较差。这种情况如果不加以法律规制，用人单位侵害劳动者合法权益的行为必将给整个社会带来更多负面的冲击。

4. 用人单位滥用试用期现象突出

我国劳动法律对于试用期进行了原则上的规定。由于缺乏更为细致和明确的规制，一些用人单位经常利用试用期条款规避法定义务。比如，某些劳动密集型企业在旺季时大量的招工，试用期一直延迟到旺季结束，待企业对员工的需求量降低以后，企业再以试用期不合格为由，同处在试用期的员工解除劳动合同，逃避支付经济补偿金的义务。此外，还有相当多的企业采用压低试用期工资的做法来节约用工成本等。尽管各级政府下发了一些文件对试用期规定进行修补、改进，但用人单位滥用试用期的问题仍需要更全面、系统、可操作性的法律予以规范。

5. 调整涉外劳动关系的法律缺失

涉外劳动关系下的劳动合同通常具有涉外因素。涉外因素包括：用人单位为外国企业的，劳动者为外国人或无国籍人的，以及劳动合同履行地在外国的，等等。随着世界经济一体化进程的加快，在中国境内经营的跨国公司日渐增多，中国劳动力的跨境流动也越来越频繁，这些都使涉外劳动合同呈增多趋势，涉外劳动关系问题急需我国劳动法律的规范。但目前，我国劳动法律法规中关于涉外劳动关系的规定还相当缺乏，因此急需对该项法律空白予以填补，以营造一个开放、公正、有序的劳动力市场和稳定的劳动关系。

针对我国企业劳动合同管理中存在的问题，理论界和实践界给出了许多建议和对策。但无论如何，企业劳动合同管理状况的改进都要依赖于国家劳动立法的完善，依赖于宏观劳动关系系统运行效率的提高，依赖于企业经营者正确认识企业劳动关系实际以及依赖于劳动合同管理人员职业技能的提高。

6.4 中国企业劳动合同的程序性管理

6.4.1 劳动合同订立的程序

签订劳动合同必须履行的法律手续包括确定受要约方、要约①和承诺两个阶段。

① 要约是指一方当事人以缔结合同为目的，向对方当事人所作的意思表示。

1. 用人单位确定受要约方

对用人单位来讲，需要经过四个步骤才能够确定受要约人，即愿意接受用人单位条件并与该单位协商订立劳动合同的劳动者。

（1）公布招聘简章或就业规则。招聘公告通常包括两方面内容，一是招聘岗位及应聘条件，二是该岗位相应的职责、权利和义务。公告具体涉及招聘的工种或岗位、招收的员额、招聘对象及条件、工作地点或用人范围、录用后的起始工资、福利待遇、劳动保护条件等事项。书面的招聘公告或就业规则具有要约的法律效力，可以成为劳动用工的证据。

（2）接受应聘者报名。根据我国劳动法规规定，用人单位招聘，应聘者必须年满16周岁（特殊行业招收未满16周岁未成年人时需要经过特殊审批）。用人单位可以根据用人的实际需要对报名者进行初步筛选以缩小选人范围，节约招聘成本。

（3）招聘考察。用人单位对应聘者进行招聘考察。各种考察手段应按照最有效的方式组合，考察内容应根据工作性质和需要而有所侧重。

（4）择优录用。经过科学、有效、公正的考察，用人单位一般都可以选录到比较合适的人选。确定人选后，用人单位应该通知该人以受要约方的身份与自己签订书面劳动合同。

2. 签订劳动合同

劳雇双方签订劳动合同就是要完成要约和承诺的全过程。受要约人确定后，用人单位应向其出示草拟的劳动合同或者格式合同，劳动者如果同意合同中的条款，即视为承诺，劳动合同即告成立。如果劳动者对劳动合同提出修改意见或要求增加新的内容，应视为对要约的拒绝，此时，劳雇双方应继续协商，直至达成一致后，双方再就修改后合同进行签署。如果最终不能达成协议，则用人单位应重复第一步骤，重新确定受要约人。

我国劳动法规规定，书面劳动合同一般应当具备以下条款：用人单位的名称、地址和法定代表人或者主要负责人；劳动者的姓名、住址和居民身份证或者其他有效证件号码；劳动合同期限；工作内容和工作地点；工作时间和休息休假；劳动报酬；社会保险；劳动保护、劳动条件和职业危害防护；法律、法规规定应当纳入劳动合同的其他事项。劳动合同除上述必备条款外，用人单位还可与劳动者约定试用期、培训、竞业限制、补充保险和福利待遇等其他事项。

劳动合同书应由用人单位的法定代表人或其书面委托代理人与劳动者签字（盖章）方可生效。劳动合同书同时还要注明签订日期。双方当事人签字（盖章）的劳动合同书一式两份，用人单位和劳动者各持一份。

劳动合同一经签订，用人单位与劳动者之间即建立起劳动关系。用人单位应当将该人的名字及其个人情况填入职工名册，以备劳动行政部门核查。

根据我国企业多种形式用工的实际情况，《劳动合同法》又对订立劳动合同的形式做出特别规定。例如，对于非全日制用工形式，由于其具有的灵活性、简易性等特点，《劳动合同法》规定可以采用口头协议的形式建立劳动关系。但是，这样的规定只能是一种“特殊规定”，而用人单位凡是与劳动者订立全日制劳动合同的，合同都必须采用书面形式。

3. 劳动合同的续订程序

劳动合同期限届满或其他的法定、约定终止条件出现，任何一方要求续订劳动合同，应当提前30日向对方发出《续订劳动合同通知书》，并及时与对方进行协商，依法续订劳动合同。

续订劳动合同通知书

________：

单位（本人）与你（单位）于______年____月____日签订的《劳动合同》的期限将于______年____月____日届满，单位（本人）决定继续与你（单位）续订劳动合同。如同意续订合同，请于____月____日上/下午______时到________（部门）办理续订劳动合同手续。如不同意续订合同，请于____月____日前以书面方式答复单位（本人）。

通知方《签名或盖章》：

年　月　日

签收回执

本人（单位）已收到单位（职工）于______年____月____日发出的《续订劳动合同通知书》。

被通知方（签名或盖章）：

年　月　日

续订劳动合同，如原劳动合同的主要条款已有较大改变，双方应协商签订新的劳动合同；如原劳动合同的条款变动不大，双方可签订《延续劳动合同协议书》，并明确劳动合同延续的期限及其他需重新确定的合同条款。

续订劳动合同后，用人单位应将双方签订的新的劳动合同或《延续劳动合同协议书》（附原劳动合同）一式两份，送有管辖权的劳动合同鉴证机构进行鉴证，并到社会保险经办机构办理社会保险延续手续。

延续劳动合同协议书

__________（甲方）与__________（乙方）于________年____月____日签订的劳动合同将于________年____月____日依法终止，经双方协商一致，同意延续劳动合同。延续的劳动合同从________年____月____日起生效，并重新确定以下新的合同条款：

一、合同期限

延续的劳动合同期限采取以下第____种方式：

1. 有固定期限：从________年____月____日起到________年____月____日止。

2. 无固定期限：从________年____月____日起到法定的或本合同所约定的终止条件出现时止。

3. 以完成一定的工作为期限：从________年____月____日起到____________工作任务完成时止，并以____________为工作任务完成并终止合同的标志。

二、双方认为需要明确的其他事项：

____

______________________________。

除上述条款外，原合同的其他条款仍然有效，双方同意一并履行。

甲方：（盖章）　　　　　　　　　　乙方：（签名）

法定代表人或委托代理人：

年　月　日　　　　　　　　　　　　年　月　日

鉴证机构（盖章）：

鉴证人：

鉴证日期：　年　月　日

6.4.2　劳动合同变更的程序

依据《劳动合同法》及相关法律规定，用人单位与劳动者变更劳动合同，其过程与劳动合同订立大致相同，应当遵循以下步骤。

（1）当事人双方分别核查是否已与对方依法订立有书面劳动合同，回顾劳动合同的执行情况等。

(2) 向对方书面提出变更劳动合同的要求，说明需要变更劳动合同的条款，并说明要求变更的理由、所依据的条件以及约定答复期限（如果各地方政府发布的劳动合同管理规定中设定了答复期限，则双方应在该法定答复期限内以书面形式回应对方）。

(3) 在约定的期限内，双方当事人就劳动合同变更事宜进行平等协商。反复协商后达成一致的，签订书面协议，记录变更的劳动合同条款内容、变更的时间及变更后劳动合同的生效时间等。协议必须经双方当事人签字盖章后方能生效。

(4) 如在约定期限内逾期未做答复的，可按照双方约定进行（如果各地方政府发布的劳动合同管理规定中设定了预期未答复的处理办法，则按该法规处理后续事宜）。视为同意变更的，双方办理变更手续；视为不同意变更的，双方继续履行原劳动合同。如果经平等协商不能达成一致的，双方也应继续履行原劳动合同直至合同解除或终止。

(5) 办理相关手续，《变更劳动合同协议书》一式两份，送劳动行政部门鉴证后，由双方各持一份。

变更劳动合同通知书

________：

我们双方于________年____月____日签订的劳动合同，因____________________________等原因，现根据《劳动合同管理规定》第十八条的规定，拟对原劳动合同的第____条第____款第____项的内容作如下变更____________________________________劳动合同的其他内容不变。

是否同意变更，请于____日内做出书面答复；逾期不答复的，视为同意变更劳动合同。

通知方（签名或盖章）：

年　月　日

签收回执

本人（单位）已收到单位（职工）于________年____月____日发出的《变更劳动合同通知》。

被通知方（签名或盖章）：

年　月　日

变更劳动合同协议书

__________（甲方）与__________（乙方）经协商，双方同意对_______年___月___日签订的《劳动合同》的部分条款进行变更，变更后的条款（内容）为：

____

____

劳动合同的其他条款仍然有效，双方应一并履行。

甲方（盖章）　　　　　　　　　　乙方（签名或盖章）：

法定代表人或委托代理人（签名）

年　月　日　　　　　　　　　　　　　年　月　日

鉴证机构（盖章）

鉴证人：

鉴证日期：　年　月　日

6.4.3 劳动合同解除的程序

实践中劳动合同的解除大致有协商解除、用人单位单方解除、劳动者单方解除和约定解除几种类型。每种类型的解除程序存在着一定的差异。

1. 协商解除的程序

（1）劳动合同双方当事人之一以书面形式提出协商解除劳动合同的请求。

（2）双方当事人在自愿、平等的基础上经协商达成一致意见后，启动协商解除劳动合同程序。

（3）用人单位的人力资源部安排当事员工依照相关规章制度进行工作交接。

（4）用人单位的人力资源部在当事员工工作交接完毕后，通知财务部门按照法律法规结算并支付相应的薪资。如果是用人单位提出的协商解除，还应当结算并支付经济补偿金。

（5）完成上述流程后，用人单位的人力资源部出具解除劳动合同证明，并在15日内为劳动者办理档案和社会保险关系转移或停保手续。

（6）用人单位的人力资源部对解除的劳动合同的文本原稿及原电子档案进行备案，至少保存两年备查。

解除劳动合同协议书

________（方）因____________原因，要求提前解除与________（方）于______年____月____日签订的劳动合同。经协商，双方同意根据__________，从______年____月____日起，解除劳动合同。甲方按规定支付（不支付）乙方经济补偿金____元。

本协议一式两份，由甲、乙双方各执一份，具有同等法律效力。

甲方（盖章）　　　　　　　　　　　　　　乙方（签名）

法定代表人或委托代理人：

年　月　日　　　　　　　　　　　　　　　年　月　日

2. 法定解除的程序

用人单位单方法定解除劳动合同的条件有三种，分别是过失性解雇、无过失性解雇和经济裁员。劳动者单方法定解除劳动合同的情形有两种，一是预告解除，二是即时解除。

（1）用人单位单方过失性解雇的程序。我国《劳动合同法》规定，如果劳动者在履行劳动义务的过程中其行为触及了法定解除劳动合同的条件，则用人单位可以单方面实施过失性解雇程序。

①在设立工会的单位，用人单位的人力资源部将解除劳动合同的理由通知工会。听取工会意见后，人力资源部门酌情考虑认为应该解除劳动合同的，可将研究结果书面通知工会，并启动解雇程序。在没有设立工会的单位，可省略通知工会并听取意见的环节。

②用人单位的人力资源部安排当事员工依照相关规章制度进行工作交接。涉及违约金、赔偿金的，应在劳动者支付完违约金、赔偿金后启动结算薪资程序。

③用人单位的人力资源部在当事员工工作交接完毕后，通知财务部门按照法律法规结算薪资。

④完成上述事项后，人力资源部出具解除劳动合同证明，并在 15 日内为劳动者办理档案和社会保险关系转移或停保手续。

⑤将解除的劳动合同的文本原稿、原电子档案以及员工过失的证据进行备案，至少保存两年备查。

（2）用人单位无过失性解雇的程序。我国《劳动合同法》规定，用人单位在劳动者无法胜任工作的情况下，可以单方面提出解雇，这种解除劳动合同的方式即为无过失性解雇。其解雇流程有：

①在设立工会的单位，用人单位的人力资源部应首先通知工会解除劳动合同的理由。听取工会意见后，用人部门及人力资源部酌情考虑后认为有足够的证据认定该员工确实无法胜任工作的，可启动解雇程序，相关结果通告工会。在没有设立工会的单位，可省略通知工会并听取意见的环节。

②用人单位人力资源部提前30日以书面形式通知劳动者本人（或者额外支付劳动者一个月工资）。

③用人单位的人力资源部安排当事员工依照相关规章制度进行工作交接。

④在员工办理完工作交接后，人力资源部通知财务部门结算员工薪资和支付经济补偿金。

⑤完成上述事项后，人力资源部出具解除劳动合同证明，并在15日内为劳动者办理档案和社会保险关系转移或停保手续。

⑥将解除的劳动合同的文本原稿、原电子档案以及员工过失的证据进行备案，至少保存两年备查。

（3）用人单位经济性裁员的程序。用人单位遇到需要进行经济性裁员的情况，可以单方面解除劳动合同，但需要履行特别程序。

①用人单位的人力资源部拟定裁员方案，并提前30日向工会或者全体职工说明情况，听取工会或者职工的意见。

②获得职工认可的裁员方案，应向劳动行政部门等相关部门报告。

③得到批示可以实施裁员方案的，人力资源部通知各用人部门安排员工们按照相关规定办理工作交接。

④员工们办理完工作交接后，人力资源部通知财务部为员工结算薪资，并支付经济补偿金。

⑤完成上述事项后，人力资源部出具解除劳动合同的证明，并在15日内为劳动者办理档案和社会保险关系转移或停保手续。

⑥将解除的劳动合同的文本原稿、原电子档案进行备案，至少保存两年备查。

（4）劳动者单方预告解除劳动合同的程序。我国《劳动合同法》规定："劳动者提前三十日以书面形式通知用人单位，可以解除劳动合同。劳动者在试用期内提前三日通知用人单位，可以解除劳动合同。"这意味着，只要员工依照法定的解除预告期书面通知公司即可解除合同。其具体的解除程序是：

①用人单位人力资源部接受解除劳动合同的书面通知。

②人力资源部门审核解除通知书，符合法律规定的，通知当事人所在部门协助该员工依照

相关规定进行工作交接。

③在员工办理完工作交接后，通知财务部结算薪资。

④完成上述事项后，人力资源部出具解除劳动合同的证明，并在15日内为员工办理档案和社会保险关系转移或停保手续。如果劳动者违反法律法规规定的条件（解除期限、书面通知）解除劳动合同，给用人单位造成经济损失的，应当承担赔偿责任。

⑤对解除的劳动合同的文本原稿及电子档案进行备案，至少保存两年备查。

（5）劳动者单方即时解除劳动合同的程序。劳动者遇到法律规定的即时解除劳动合同的情况，可以即时单方面解除劳动合同，无需提前通知用人单位。具体程序有：

①用人单位人力资源部接受劳动者解除劳动合同的通知。

②用人单位人力资源部在用人部门和当事员工之间进行斡旋，尽可能妥善处理工作交接、薪酬结算以及随后可能发生的劳动争议。

③用人单位人力资源部向当事员工出具解除劳动合同的证明，并在15日内为员工办理档案和社会保险关系转移或停保手续。

④对解除的劳动合同的文本原稿及电子档案进行备案，至少保存两年备查。

解除劳动合同通知书

________：

我们双方于________年____月____日签订的劳动合同，因____原因而无法继续履行，现根据__________，决定从________年____月____日起与你（单位）解除劳动合同，请你（单位）于________年____月____日前到____部门（给予）办理解除劳动合同手续。

通知方（签名或盖章）：

年　月　日

签收回执

本人（单位）已收到单位（职工）于________年____月____日发出的《解除劳动合同通知书》。

被通知方（签名或盖章）：

年　月　日

3. 约定解除的程序

我国《劳动合同法》规定，双方当事人在劳动合同中约定解除劳动合同的条件时，当条件符合时，劳动合同可以解除。其解除程序有：

（1）劳动合同双方当事人之一以书面形式提出按约定解除劳动合同的请求。

（2）用人单位人力资源部审查请求后，认为可以解除劳动合同的，安排用人部门协助当事员工依照规定进行工作交接。

（3）用人单位人力资源部通知结算薪资。如果由用人单位提出约定解除，则财务部应向当事员工支付经济补偿金。

（4）完成上述事项后，用人单位人力资源部向当事员工出具解除劳动合同的证明，并在15日内为员工办理档案和社会保险关系转移或停保手续。

（5）对解除的劳动合同的文本原稿及电子档案进行备案，至少保存两年备查。

6.4.4 劳动合同终止的程序

我国劳动法律规定，劳动合同期限届满或其他的法定或约定终止条件出现，劳动合同当事人的任何一方可要求终止劳动合同。具体程序有：

（1）如果劳动合同期限届满，且双方当事人均未提出续订劳动合同的，劳动合同自然终止程序启动。如果是由于触及约定而导致的劳动合同终止，双方当事人之一应提前30日向对方发出《终止劳动合同通知书》。

（2）劳动合同期满或约定的终止条件出现后，用人单位应依法为当事员工办理终止劳动合同手续。具体事项包括：员工薪资结算，如果是由用人单位提出终止劳动合同的还应向员工支付经济补偿金；出具终止劳动合同的证明；于规定期限内办理档案和社会保险关系转移或停保手续等。

（3）对终止的劳动合同的文本原稿及电子档案进行备案，至少保存两年备查。

终止劳动合同通知书

______________：

我们双方于__________年_____月_____日签订的劳动合同将于__________年_____月_____日期限届满（终止条件已出现），单位（本人）决定不再续订劳动合同，现根据《劳动法》第二十三条和《广州市劳动合同管理规定》第二十九条的规定，决定与你（单位）终止劳动合同，请你（单位）于________年____月____日前到________部门（给予）办理终止劳动合同手续。

通知方（签名或盖章）

年　月　日

签收回执

本人（单位）已收到单位（职工）于________年____月____日发出的《终止劳动合同通知书》。

被通知方（签名或盖章）：

年　月　日

解除（终止）劳动关系证明书

____________区劳动服务公司：

本单位与职工____________（性别：______，年龄______，身份证号码________________）签订的劳动合同已于________年____月____日依法解除（终止），其《劳动手册》、《失业救济金通知书》已发给劳动者本人，请予以办理失业登记和领取《失业证》手续。

用人单位（盖章）：

年　月　日

签收回执

本人已收到单位于________年____月____日发出的《解除（终止）劳动关系证明书》。

职工签名：

年　月　日

本章小结

本章围绕着劳动合同及企业劳动合同管理展开论述。界定了劳动合同的概念；指出劳动合同是具有主体特定性并且兼具诺成、有偿、双务合同特征的社会法性质的契约。劳动合同管理的内容包括期限管理以及在订立、变更或解除和中止合同时的具体的程序性操作。

劳动合同的期限分为三类，分别是无固定期限劳动合同、固定期限劳动合同以及以完成一定工作任务为期限的劳动合同。除对这三类劳动合同进行概念界定之外，还对各自的签订条件进行了详细介绍。

关于劳动合同的订立，本章重点介绍了劳动合同订立的原则、形式以及我国法律对于劳动合同订立的相关规定。

关于劳动合同的变更，本章基于不同的分类标准，对变更的各个类型进行了对比和分析；此外还就变更的原则、特征以及各国在劳动合同变更方面的实际做法进行了介绍。

关于劳动合同的解除及终止，在简要介绍劳动合同解除理论的基础上，就其种类、解雇补偿以及我国法律的相关规定等进行了详细记叙。

关于我国企业劳动合同管理，本章首先对现状及问题进行了简要分析，然后就程序性操作和规定进行了详细描述。

思考题

1. 如何理解劳动合同的效力？哪些情形下劳动合同无效？
2. 简述劳动合同的特征。
3. 劳动合同的期限有哪些？简述无固定期限劳动合同的法律规制。
4. 劳动合同的订立形式有哪些？
5. 请对不同分类标准下劳动合同变更的种类进行比较。
6. 请对不同分类标准下劳动合同解除的种类进行比较。
7. 简述劳动合同订立与解除的程序。

案例思考

王某于2007年6月7日与北京某集团公司总承包部第三工程经理部签订了为期3个月的试用期协议，任行政办公室工作岗位。该协议没有加盖公章，仅有该第三工程经理部经理本人的签字。2007年10月12日，该集团公司总承包部与王某签订了两年期劳动合同，约定试用期为3个月，试用期工资为2000元，期满后工资为2500元，王某任该公司管理岗位。劳动合同中对王某的工作地点并未做明确规定，只在合同第39条中约定王某应服从公司的正常工作调动。2008年7月21日，王某所在部门某集团公司总承包部第二直属工程经理部向王某发出换岗通知，表明因工作需要安排其到所属部门的内蒙古项目任综合行政管理工作。王某提出不能服从该项工作安排。

【问题】

1. 案例所描述的情况涉及劳动合同管理的哪些事项?

2. 用人单位下属部门经理个人能否作为用工主体与劳动者签订劳动合同以及劳动合同试用期?

3. 王某于2007年6月7日和2007年10月12日签订的试用期协议和劳动合同中的试用期约定的性质分别是什么？这种做法是否符合《劳动合同法》规范?

4. 王某提出不能服从前往内蒙古项目变动的行为是否能获得劳动法律的支持？王某可以通过哪些方式来获得合法补偿?

资料来源：北京市劳动和社会保障法学会编：《劳动合同、社会保险与人事争议疑难案例解析》，法律出版社2009年版，第145～149页。

第 7 章

企业劳动关系管理之劳动标准实施管理

学习目标

1. 了解企业劳动标准的概念、内涵及分类
2. 掌握工时管理的法律规制及实践惯例
3. 掌握休息与休假管理的法律规制及实践惯例
4. 掌握劳动法律关于拖欠和克扣工资的界定及处置办法
5. 掌握劳动关系管理中关于社会保险待遇支付的相关规定及实践管理

内容预览

企业劳动关系管理之劳动标准实施管理

- 企业劳动标准管理概述
  - 1. 企业劳动标准概念及内涵
  - 2. 企业劳动标准分类
  - 3. 企业劳动标准管理的概况
- 企业劳动关系管理之工时与休息休假管理
  - 1. 工时管理
  - 2. 休息与休假管理
- 企业劳动关系管理之薪酬与福利管理
  - 1. 企业劳动关系管理之薪酬管理
  - 2. 企业劳动关系管理之福利管理
- 企业劳动关系管理之职业卫生与安全管理
  - 1. 企业劳动关系管理下职业卫生与安全管理的一般形式
  - 2. 企业劳动关系管理下特殊员工的职业卫生与安全管理

7.1 企业劳动标准管理概述

7.1.1 企业劳动标准的概念及内涵

劳动标准是指对劳动领域内的重复性事物、概念和行为进行规范，以定性形式（如文字描述）或者以定量形式（如数据、图表）所做出的统一规定。

总体上看，一个国家的劳动标准体系包括国家级、地方和行业级以及企业级三类劳动标准。具体到企业层面，企业劳动标准是指所有能覆盖该企业生产和运行环节的各类劳动标准。

企业劳动标准的内涵十分丰富，具体讲包含以下几层意思。

（1）企业劳动标准囊括了对该企业的劳动者、劳动过程、劳动条件和劳动关系以及相关管理活动等方面的重复性事物、概念和行为的标准化规定。比如，该企业与劳动者建立劳动关系，均采用同样的程序和文本，则企业劳动合同订立标准就属于企业劳动标准。

（2）企业劳动标准的制定方式和表现形式多种多样。一部分标准直接执行国家或地方、行业劳动标准，这类劳动标准化多以标准化文件、劳动法律法规等形式出现。另一部分标准则多以企业内部劳动规章制度、劳动合同等形式出现。国家或地方、行业劳动标准的制定通常由立法或行政机关、标准化机构来负责制定；而企业劳动规章、劳动合同等则由劳动关系双方协商制定或者由用人单位单方制定。

（3）企业劳动标准的效力多样。企业执行的劳动标准包括了三个级别的标准，这些劳动标准的效力表现出多样化的特点。如果涉及国家、政府强制执行的标准（如女职工劳动禁忌标准），则企业就必须无条件遵从标准的规定。如果是国家、政府推荐执行的劳动标准（如带有GB/T 字号的国家标准），则企业可以酌情遵照执行，也可以不执行。如果是合法情况下制定的企业规章制度，则对企业内部人员具有普遍的约束力。

（4）企业劳动标准实施的目的是：规范企业内部劳动行为和秩序，提高企业运行效率。

7.1.2 企业劳动标准的分类

按照劳动标准规定的内容，企业劳动标准划分如下：

（1）就业标准。该类标准主要包含就业年龄标准、反就业歧视标准等。

（2）工作条件标准。该类标准主要包含工资标准、劳动定额定员标准、工时与休息休假标准、特殊劳动保护等。

（3）劳动关系标准。该类标准主要包含劳动合同标准、集体合同标准、劳动争议处理标准、劳动关系三方协商标准等。

（4）职业技能开发标准。该类标准主要包含职业标准、职业技能等级评定与考核标准化、职业资格证书标准等。

（5）社会保险标准。该类标准主要包含养老保险标准、医疗保险标准、失业保险标准和工伤保险标准等。

（6）劳动安全卫生标准。该类标准主要由各类劳动安全和职业病防治标准构成。

7.1.3 企业劳动标准管理的概况

我国的劳动标准工作是伴随着近代工业的发展逐步建立起来的。20世纪50年代，我国企业在学习苏联经验的基础上，逐步建立了以劳动定额管理、劳动安全卫生管理为主的劳动标准管理制度和方法。十一届三中全会后，经过企业整顿，劳动标准管理工作得到恢复和加强。进入80年代，我国企业进入全面改革阶段，劳动标准管理工作在市场经济建设的进程中也发生着深刻的变化。

综观几十年的历程，企业劳动标准管理工作在以下方面显现出不足和问题。一是有劳动标准但不执行。例如，据劳动保障部调查，我国城镇私营企业及个体工商户从业人员中有将近一半的人员未与雇主签订劳动合同；有的企业不执行职业安全卫生标准；有的企业不依法执行工时标准，任意延长劳动者的工作时间，且克扣或拖欠加班工资；有的企业违法雇用童工，或与劳动者签订生死合同等。二是执行劳动标准打折扣。比如有的企业支付加班加点工资时，故意缩小工资基数；有的企业在执行职业安全卫生标准时，未严格按标准水平落实，致使劳动安全保护措施难以真正贯彻到位；有的企业在调整劳动关系时，不严格按照规定的程序标准办事，由此引发劳动争议等等。三是组织机构不健全。我国企业内部基本不设置专门的岗位来负责劳动标准管理工作，即便有，也多涉及劳动定员定额、职业卫生与安全等狭窄的领域，劳动标准管理工作很不全面。

具体到劳动定额标准管理方面，计划经济时期，劳动定额标准由政府有关部门会同行业主管部门统一制定，企业执行行业劳动定额标准。向市场经济转轨以来，传统的行业劳动定额管理体系和管理方式遭到摒弃，而新的劳动定额管理体系却没有建立起来，很多企业只能根据自身情况制定本企业的劳动定额标准。比如，有的企业参照本行业的劳动定额水平，有的企业凭经验进行评估，有的企业根据客户给的加工费而定，有的是以最低工资标准或略高于最低工资标准而定，也有的雇主自行决定。劳动定额处于“政府无人管，行业无权管，企业随意管”的状态。

在职业卫生与安全标准管理方面，我国在新中国成立之初就初步建立起由劳动部门综合监管、行业部门具体管理的安全生产、劳动保护工作框架体制。陆续发布并实施了一系列职业卫生与安全标准，如《全国公私营厂矿职工伤亡报告办法》、《工厂安全卫生规程》、《工人职员伤亡事故报告规程》、《国务院关于防止厂、矿企业中矽尘危害的决定》等。“文革”动乱过后，劳动保护、安全生产重新成为生产力发展的重要侧面。大量的职业卫生与安全标准得以制定和实施，如《锅炉压力容器安全监察暂行条例》、《矿山安全法》、《特别重大事故调查程序暂行规定》、《内河交通安全条例》、《女职工劳动保护规定》、《职业病防治法》、《建设项目工程劳动安全卫生预评价管理办法》等。可以说，我国职业卫生与安全标准体系基本建成。在安全生产的管理方面，从制度上确立了“企业负责、行业管理、国家监察、群众监督”的管理体制，企业成为安全生产工作的主体。当前，我国职业卫生与安全标准管理工作中出现的问题主要表现在执行不力上。企业空置法律、行业管理虚位以及国家监察不利等共同造成了安全生产的隐患和不利局面。

除上述两方面外，我国企业其他类劳动标准管理均未形成系统。像工资标准管理等，企业多将其归入人力资源管理体系下而不做独立处理。像社会保险标准管理、职业资格证书管理等，企业通常充任简单执行的角色，而未结合企业特点对其进行更为细致和专门的管理。

这种现实表明，在我国企业中，劳动标准管理尚未从企业管理体系中独立分化出来，企业也未充分认识到劳动标准在企业管理中的基础性地位，进而阻碍了劳动标准管理工作效率的改进。

7.2 企业劳动关系管理之工时与休息休假管理

企业劳动关系管理在工时与休息休假方面重点关注的内容有职工加班权益保护和休息休假权益保护。当劳动者在这些方面遇到侵害时，可以请求企业劳动关系管理人员提供必要的帮助。

7.2.1 工时管理

1. 工时的概念

工时是指劳动者根据国家法律的规定，在一昼夜之内或一周之内用于完成本职工作的时间。其中，以一昼夜来计算的工时称为日工时；以一周来计算的工时称为周工时。此外，还有月工时、季工时和年工时。

除实际完成本职工作所需时间之外，法律意义下的工时还应包括以下内容：

- 生产或工作前从事必要准备工作或工作结束时的整理时间；
- 因用人单位的原因造成的等待工作任务的时间；
- 参加与工作有直接联系并有法定义务性质的职业培训和教育时间；
- 连续性有害健康工作的间隙时间；
- 女职工哺乳的往返途中时间、孕期检查时间、未成年人工作中适当的工间休息时间和定期体检占用的时间；
- 法律规定的其他属于工作时间的非实际工作时间。如劳动者依法参加社会活动的时间（行使选举权；当选代表；出席政府、党派、工会、妇联、青年团等组织召开的会议；担任人民法庭的人民陪审员、证明人、辩护人；出席劳模、先进工作者大会；《工会法》规定的不脱产工会基层委员会委员因工会活动占用的生产时间等）。

2. 工时制度

工时制度，即工作时间制度。我国目前有七种工时制度，分别是：标准工时制、缩短工时制、计件工作制、综合计算工时制、不定时工作制和非全日制工时制。

（1）标准工时制。标准工时是指在正常情况和一定的时间内，一般劳动者从事某项工作的最高法定工时。我国的标准工时分为标准日工时和标准周工时。

我国《劳动法》第36条和《国务院关于职工工作时间的规定》第3条规定，劳动者标准日工时为8小时，标准周工时为40小时。此外，我国《劳动法》第38、41条还规定：用人单位应保证劳动者每周至少休息1日；因生产经营需要，经与工会和劳动者协商，一般每天延长工作时间不得超过1小时；特殊原因每天延长工作时间不得超过3小时；每月延长工作时间不得超过36小时。标准工作日和标准工作周制度是工时制度的基础。以此为基础，可以计算出其他的工时制度。

知识拓展　　工作日的计算

年工作日：365天－104天（公休日）－11天（法定休假日）＝250天

季工作日：250天÷4＝62.5天

月工作日：250天÷12＝20.83天

将上述工作日乘以8即可得到工作小时数。

（2）缩短工时制。缩短工时是指在特殊情况下实行的日工时少于 8 小时的工时形式。

缩短工时具有以下一些特点：

①缩短工时的实行只能由国务院或者劳动人事行政主管部门来规定，其他任何部门均无权对此进行规制。

②缩短工时的适用范围是：从事矿上、井下、高山、高温、低温、有毒有害、特繁或过度紧张的劳动的职工；从事夜班工作的劳动者；在哺乳期工作的女职工；未成年工和怀孕的女职工；其他依法可缩短工时的职工。

③实行缩短工时需经严格的审批手续。

④已经被确定为实行缩短工时制的行业、企业或岗位，在依法办理审批手续后，强制推行缩短工时制。

（3）计件工作制。计件工作制是指以完成工作定额的时间为工作时间的工时制度。

计件工作制包括两方面的内涵：一是用人单位依据标准工时制度，按 40 小时工作周来确定劳动定额和计件报酬。二是劳动者的工作时间可以灵活，但平均每工作周时间不得超过 40 小时。

（4）综合计算工时制。综合计算工时制是指以标准工时制为基础，以一定的期限为周期，综合计算工作时间的工时制度。用人单位实行综合计算工时制度的方案必须经过公示、职工代表大会（职工大会）通过或集体协商等形式，充分听取工会组织和职工的意见后，劳动保障部门才能受理审批。

①综合计算工时制的特点，具体如下：

• 一般以月、季、年为周期综合计算工作时间。

• 其平均日工作时间和平均周工作时间应当与法定标准工时基本相同。也就是说，在综合计算周期内，某一具体日（或周）的实际工作时间可以超过 8 小时（或 40 小时），但综合计算周期内的总实际工作时间应当不超过总法定标准工作时间。

• 实行综合计算工时制的，无论劳动者平时工作时间数为多少，只要在一个综合工时计算周期内的总工作时间数不超过以标准工时制计算的应当工作的总时间数，即不视为加班。若超过，则超过部分视为延长工作时间，并按《劳动法》规定支付报酬，且延长时间的小时数，平均每月不得超过 36 小时。超出标准总法定工作时间的部分，按 150% 计发加班加点工资。如果遇到轮班，轮班轮到普通的休息日，不发加班工资。但轮到法定节日，发 300% 的加班费。从综合工时制的特点来看，其基础仍然是标准工时制，虽然允许一定周期范围内员工工作时间综合计算，允许具体的某日（或某周）可以超过法定标准工作，但是仍然要坚持一定周期内总的工作时间及平均工作时间不能违反法定工时标准。

②综合计算工时制的实施范围。企业对符合下列条件之一的职工，可实行综合计算工时工作制：

• 交通、铁路、邮电、水运、航空、渔业等行业中因工作性质特殊，需连续作业的职工；

• 地质及资源勘探、建筑、制盐、制糖、旅游等受季节和自然条件限制的行业的部分职工；

• 其他适合实行综合计算工时工作制的职工。

（5）不定时工作制。不定时工作制是指劳动者在每一工作日没有固定的上下班时间限制的工作时间制度。

①不定时工作制的特点，具体如下：

• 经批准实行不定时工作制的职工，不受《劳动法》第41条规定的日延长工作时间标准和月延长工作时间标准的限制。

• 实行不定时工作制的职工，用人单位应采取适当的休息方式，确保职工的休息休假权利和生产、工作任务的完成。

• 实行不定时工作制，除法定节假日工作外，超出标准工作时间的部分，不算加班，不发加班加点工资；短于标准工作时间的部分，也不扣发劳动报酬。在法定节假日工作的，按照《劳动法》第44条规定支付加班费用。

• 必须经过审批后方可实施。其程序与综合计算工时制基本相同。

②不定时工时制的实行范围：

• 企业中的高级管理人员、外勤人员、推销人员、部分值班人员和其他因工作无法按标准工作时间衡量的职工。

• 企业中的长途运输人员，出租汽车司机，铁路、港口、仓库的部分装卸人员，以及因工作性质特殊需机动作业的职工。

• 其他因生产特点、工作特殊需要或职责范围的关系，适合实行不定时工作制的职工。

（6）非全日制工时制。非全日制工时制是指以小时计酬为主，劳动者在同一用人单位平均日工时不超过4小时，周工作时间累积不超过24小时的工时制度。

（7）延长工作时间。《劳动法》所规定的“延长工作时间”，有加班、加点两种形式。加班是指职工在休息日和法定休假节日工作；加点是指职工在符合法定标准工作时间的制度工时以外延长工作时间，即提前上班或推迟下班。实际工作中，加班、加点统称为加班。

①延长工作时间的类型。根据用人单位和劳动者在加班现象中的主被动关系，延长工作时

间可以归结为三类，分别是：用人单位直接要求劳动者加班；用人单位变相强迫劳动者加班①和劳动者自愿加班。

②我国劳动法律延长工作时间的规定：

• 《劳动法》规定，当用人单位因“生产经营需要”时可以安排延长工时。在实际操作中，关于“生产经营需要”的具体范围，用人单位应该通过集体协商谈判在集体合同中予以约定，或者由用人单位在工会的参与下共同来界定。

• 《劳动法》、《女职工劳动保护规定》以及《未成年人保护法》规定，禁止安排未成年工、怀孕 7 个月以上的女工和哺乳未满周岁婴儿的女工加班。以上人员不但不参加加班，相反还可享受缩短工作日的规定。

• 《劳动法》规定，由于生产经营需要而延长工时的，一般每日不得超过 1 小时；因特殊原因需要，在保障劳动者身体健康的条件下每日不得超过 3 小时，但每周不得超过 36 小时。对超时加班的，根据《劳动保障监察条例》第 25 条，用人单位违反法律规定延长劳动者工作时间的，由劳动保障行政部门给予警告，责令限期改正，并可以按受侵害的劳动者每人 100 元以上 500 元以下的标准处以罚款。

• 《劳动法》规定，用人单位由于生产经营需要而安排延长工时的，应当事先与工会和劳动者协商，并征得工会同意。

• 根据《劳动法》和《国务院关于职工工作时间的规定》及其相关实施办法的规定，延长工时不受加班实施程序和加班长度限制的特殊情形包括：发生自然灾害、事故或者因其他原因，使人民的安全健康和国家资财遭到严重威胁，需要紧急处理的；生产设备、交通运输线路、公共设施发生故障，影响生产和公共利益，必须及时抢修的；必须利用法定节日或公休日的停产期间进行设备检修、保养的；国家机关、事业单位未完成国家紧急任务或未完成上级安排的其他紧急任务，以及商业、供销企业在旺季完成收购、运输、加工农副产品紧急任务的；为完成国防紧急任务，或者完成上级在国家计划外安排的其他紧急生产任务的；法律、行政法规规定的其他特殊情况。

③我国法律对加班费的规定。《劳动法》规定，用人单位应当向职工支付高于劳动者正常工作时间工资的加班加点工资，标准分别为：

• 安排劳动者延长工作时间（即加点）的，支付不低于正常工时工资的 150%；

---

① 用人单位变相强迫劳动者加班又称“隐性加班”。隐性加班表面看属于“自愿”加班，但实际上多是由于用人单位实行严格的考核制度（如实行末位淘汰制）或者变相提高劳动定额标准等，迫使劳动者不得不通过加班的方式来提高在岗位上的可存续性。由于本质上不属于劳动者自愿，因此各国立法通常将隐性加班列入加班范畴。

• 周休日安排劳动者工作（即加班）又不能安排补休的，支付不低于正常工时工资的200%；

• 法定休假日安排劳动者工作的（即加班），支付不低于正常工时工资的300%。

④不按规定支付加班费的法律责任。根据《劳动合同法》第85条规定，用人单位不支付加班费的，由劳动行政部门责令限期支付，过期不支付的，责令用人单位加付50%～100%的赔偿金。

表7-1 特殊人员加班的特殊处理

特殊人员分类		处理办法
机关事业单位工作人员	劳动合同制的工作人员	比照劳动法律中的办法确定加班及相应的权益
	公务员	加班不适用《劳动法》、《劳动合同法》支付加班工资的规定，而应当由机关事业单位安排相应的补休
民办非企业人员		《劳动法》未将民办非企业纳入适用范围；《劳动合同法》虽将民办非企业纳入适用范围，但未涉及加班的实体权利。因此，民办非企业是否存在加班以及如何支付加班工资尚待进一步明确。在国家法律和行政法规没有调整之前，人力资源和社会保障部及地方可以通过地方性法规、行政规章和规范性文件调整适用范围，也可以指导劳资双方通过集体合同、劳动合同和劳动规章制度等予以调整。具体办法应当比照企业加班及加班工资支付的有关规定
劳务派遣人员		《劳动合同法》第62条规定劳务派遣用工形式下，如果劳动者存在加班情形，则用人单位须支付加班工资，而派遣单位无须承担此义务
非全日制劳动者	签订了书面劳动合同的非全日制劳动者	双方一般约定有工作时间，如果超过约定的工作时间，且延时工作又不能折抵其他工作时间的，应支付加班工资
	对于临时聘请的非全日制劳动者（如钟点工）	双方并没有明确约定工作时间的，只是约定每小时的工作报酬，以完成一定的工作任务后的实际工作时间计算劳动报酬。这种“钟点工”关系双方形成的是劳务关系，而非劳动关系，所以不受《劳动法》的调整，如果工作时间超过8小时，也无须支付加班工资
	地方法规的相关规定	如地方法规有规定，则按规定执行。如厦门、重庆的地方性法规规定非全日制用工在法定假日工作按《劳动法》规定支付加班工资；吉林的地方性法规规定非全日制劳动者不适用有关加班工资的规定；北京规定了高于非全日制用工正常工作日的法定休息日小时最低工资标准
值班人员	属于本职工作性质的值班（如保安、门卫值班）	这类值班应由劳动行政部门将其认定为不定时工作，进而不涉及加班问题

续表

特殊人员分类		处理办法
值班人员	临时值班人员	这类值班多表现为，用人单位为临时负责接听电话、看门、防火、防盗或处理突发事件、紧急公务等原因，安排本单位有关人员在夜间、公休日和法定节假日等非工作时间内轮流进行的值班。如果是其本职工作的延续，如医生节假日值班，应视其为加班；如果与值班者本职工作基本无关，则不应其为加班

资料来源：专家视点：加班和加班工资（续），《中国劳动》，2009 年第 1 期。

7.2.2 休息与休假管理

1. 休息与休假的概念

休息是指劳动者依法获得的，在工作日或者工作周等循环周期内不计付工资报酬的自由可支配时间。

休假是指劳动者依法获得的，由用人单位给付工资的自由可支配时间。

休息与休假的区别如下（见表 7－2）。

表 7－2 休息与休假的区别

比较项目	休　息	休　假
自由支配时间的数量	相对较多	相对较少
工资给付状况	不给付工资	一般都给付工资
自由支配时间的性质	时间固定	除法定假日外，时间一般不固定
劳动者享受该项权利的普遍性	普遍享受	享受不均匀

2. 休息与休假的种类

（1）一个工作日内的间歇休息时间，包括劳动者在工作日内的用餐时间（不计入工时）和工间休息时间（计入工时）。

（2）两个工作日之间的休息时间，即劳动者在一个工作日结束和下一个工作日开始之间的休息时间（通常不少于 16 小时）。

（3）公休日，即工作周之间的休息日。我国《劳动法》规定，劳动者在一个工作周内，用人单位至少应安排一天用于休息日。《国务院关于工作时间的规定》指出，企业可根据生产、交通等特点，确定一周中的任何两天为休息日。

表 7-3 特殊的休息日及其规定

类 型	相关规定
补 休	职工因公休日加班而未休息，用人单位可在其加班后按加班天数补给休息日，否则应按规定支付加班费。一般来讲，若用人单位实行的是标准工时制，从加班后的第二日起在一个月内安排补休。若实行的是综合计算工时制，则在生产淡季安排补休。若实行的是不定时工时制，由员工在工闲时自行安排休息
调 休	即调换休假日，用人单位根据工作需要安排职工在公休日工作，在工作日休息的做法
倒班轮休	即倒班职工所享受的轮流休息制度。以最常见的“四班三倒”倒班制为例，企业将职工分为甲、乙、丙、丁四个班。将一天分为早班（08：00～16：00）、中班（16：00～00：00）和晚班（00：00～08：00），甲班两天早班，乙班两天中班，丙班两天晚班，丁班休息两天。每天都有三个班在工作，一个班在休息。第三天丁班上早班，甲班就上中班，乙班上晚班，以此类推。每个班都是上6天休息2天

（4）法定节假日。根据《全国年节及纪念日放假（办法）》（2007年修订）的规定，全国公民法定放假共计11天（逢周六、周日在工作日补假），分别包括：新年（1月1日）、春节（除夕至初二）、清明节（当天）、劳动节（5月1日）、端午节（当天）、中秋节（当天）、国庆节（10月1日至3日）；部分公民放假的节日（逢周六、周日不补假）有：妇女节（3月8日）妇女放假半天；青年节（5月4日）14周岁以上的青年放假半天；儿童节（6月1日）13周岁以下的儿童放假1天；建军节（8月1日）现役军人放假半天；少数民族节假日，由少数民族聚居的地方人民政府按照民族习惯规定放假日期。

（5）年休假，即职工每年享有保留职务和工资的一定期限连续休息的假期。

①年休假的适用范围：机关、团体、企业、事业单位、民办非企业单位、有雇工的个体工商户等单位的职工连续工作1年以上的，可享受带薪年休假。职工在年休假期间享受与正常工作期间同等的工资收入。

②带薪年休假的期限：职工累计工作满1年但不满10年的，年休假5天；已满10年不满20年的，年休假10天；已满20年的，年休假15天。

③依法不享受年休假的情形：

- 职工依法享受寒暑假，且寒暑假天数多于年休假天数的；
- 职工请事假累计20天以上且单位按照规定不扣工资的；
- 累计工作满1年不满10年的职工请病假累计2个月以上的；
- 累计工作满10年不满20年的职工请病假累计3个月以上的；
- 累计工作满20年以上的职工请病假累计4个月以上的。

（6）探亲假，即与父母或配偶分居两地的职工，在一定期限内所享受的用于探望对方的带薪假期。

《国务院关于职工探亲待遇的规定》（1981 年）以及《关于职工探亲路费的规定》对职工探亲假及其待遇进行了细致规定。具体内容包括：

①职工享受探亲假的条件为：已婚职工探望居住异地的父母，可享受探亲假 4 年一次；未婚职工 1 年一次。已婚职工探望居住异地的配偶，双方互探，1 年各一次。

②探亲假的期限：包括往返路程在内，探亲期限掌握在 20 天以内。

③探亲假待遇：保留基本工资，报销路费。

（7）婚丧假，即职工本人结婚享受的带薪结婚假或职工的直系亲属死亡时享受的丧葬假。

我国目前婚丧假执行的依据是《关于国营企业职工请婚丧假和路程假问题的规定》（1980 年）。婚假：按法定结婚年龄结婚的（男满 22 周岁，女满 20 周岁），3 天法定婚假。晚婚的（男满 25 周岁，女满 23 周岁），3 天法定婚假再加 10 天晚婚假共计 15 天婚假。再婚的只享受 3 天婚假。结婚时男女双方不在一地工作的，另给路程假。在探亲假（父母）期间结婚的，不另给婚假。丧葬假：法定丧葬假 3 天，死亡的直系亲属在外地的，另给路程假。《劳动法》规定，职工在婚丧假期间，用人单位应依法支付与其在职时同样的工资。

（8）产假，即女职工因怀孕生育而享受的休假。我国法律规定，女职工产假不少于 90 天，其中，产前 15 天，产后 75 天。难产的产假增加 15 天。生育后哺乳期为一年，每班劳动时间内给两次哺乳时间，每次各 30 分钟。女职工怀孕不满 4 个月流产时，根据医务部门意见给予 15 ~ 30 天的产假；怀孕满 4 个月流产时，给予 42 天产假。女职工生育后，丈夫可依据用人单位的规定享受 7 天左右的护理假。

7.3 企业劳动关系管理之薪酬与福利管理

薪酬与福利管理在企业劳动关系管理范畴下和在人力资源管理范畴下的意义不同。劳动关系管理范畴下，管理侧重于薪酬与福利的支付方与领受方之间在实施薪酬与福利最终分配时的关系问题。管理的着力点主要集中在分配是否合理合法以及劳动者的报酬权是否受到侵损等。

7.3.1 企业劳动关系管理之薪酬管理

企业劳动关系管理之薪酬管理关注的主要对象是工资支付问题。在法律和制度层面，我国在企业工资支付方面进行了许多法律规制，其目的就是为了防范企业拖欠、克扣工资或同工不同酬等行为的发生，进而对劳动者报酬权受损进行法律救助。在企业管理层面，劳动关系管理人员应熟悉相关规定，以维护工资支付环节的规则，保护企业和职工双方的权益。

这里提到的工资支付，就是指工资的具体发放办法，包括如何计发在制度工作时间内职工完成一定的工作量后应获得的报酬，或者在特殊情况下的工资如何支付等问题。主要包括：工资支付项目、工资支付水平、工资支付形式、工资支付对象、工资支付时间以及特殊情况下的工资支付等。

1. 对无故拖欠工资的理解

"无故拖欠"工资，指用人单位无正当理由超过规定付薪时间未支付劳动者工资。

关于工资支付的时间，劳动部颁发的《工资支付暂行规定》（劳部发［1994］489号）规定："工资必须在用人单位与劳动者约定的日期支付。如遇节假日或休息日，则应提前在最近的工作日支付。工资至少每月支付一次。"正确理解工资应当按月支付的含义，应把握以下几点。

（1）工资至少每月支付一次。在一个月里，企业无论确定哪一天为工资支付日都可以，但必须固定日期。实行周、日、小时工资制的可按周、日、小时支付工资。对完成一次性临时劳动或某项具体工作的劳动者，应按有关协议或按合同规定在其完成任务后即支付工资。

（2）工资必须在用人单位与劳动者约定的日期支付。用人单位与劳动者约定的工资支付日期是按月支付工资的日期，用人单位只要与劳动者约定了发薪日期，每月必须在约定之日发薪，不能随意变动，过了约定日期发薪，就属于拖欠职工工资的违约行为。比如，劳动合同中约定的发薪日期是每月5日，企业在这天发薪就是按月支付。如果3月份在5日发薪，4月份变成在10日发薪，5月份又变成5日发薪，则法律认定4月份企业存在拖欠职工工资行为。

（3）发薪日适逢节假日，企业应提前在最近的工作日支付，而不能错后支付。

（4）劳动者在带薪休假（如婚丧假、探亲假、年休假期间等）以及依法参加社会活动期间，用人单位应当依法按时支付工资。

我国法律规定的推延工资支付的"正当理由"仅包括两点：用人单位遇到非人力所能抗拒的自然灾害、战争等原因，无法按时支付工资；用人单位确因生产经营困难、资金周转受到影响，在征得本单位工会同意后，可暂时延期支付劳动者工资，延期时间的最长限制由各省、自治区、直辖市劳动行政部门根据各地情况确定。除上述两点外，企业借其他任何原因拖延工资支付时间都属于“无故拖欠”工资。

2. 对无故克扣工资的理解

“克扣”工资，就是指用人单位无正当理由扣减劳动者的应得工资。

（1）法律允许的扣减工资的类型。我国法律规定，在以下情形，用人单位可以扣减劳动者工资。

①国家的法律、法规中有明确规定的。如用人单位代扣代缴的个人所得税；法院判决、裁定中要求代扣的抚养费、赡养费等。

②依法签订的劳动合同中有明确规定的。如用人单位代扣代缴的应由劳动者个人负担的各项社会保险费用；因劳动者本人原因给用人单位造成经济损失的，用人单位可按照劳动者合同的约定要求其赔偿经济损失，经济损失的赔偿，可从劳动者本人的工资中扣除。但每月扣除的部分不得超过劳动者当月工资的20%。若扣除后的剩余工资部分低于当地月最低工资标准，则按最低工资标准支付。

③用人单位依法制定并经职工代表大会批准的厂规、厂纪中有明确规定的。如住公产房由用人单位代扣的取暖费、有线电视费等。

④企业工资总额与经济效益相联系，经济效益下浮时，工资必须下浮的。

⑤因劳动者请事假等相应减发工资等。

（2）无故克扣工资的类型。具体如下：

①变相克扣劳动者工资[①]。如我国工资支付的法律规章规定，工资应当以货币形式支付给劳动者。如果企业通过发放实物或者有价证券等形式向职工支付工资，则属变相克扣工资；

②拒不支付或者扣减劳动者加班工资；

③低于当地最低工资标准支付劳动者工资；

④解除劳动合同后，未依法给予劳动者经济补偿。

总之，如果没有合法原因，企业在支付上述工资项目时进行了扣减，都属于无故克扣工资行为。

3. 无故克扣和拖欠工资的后果

根据《违反〈中华人民共和国劳动法〉行政处罚办法》，克扣或者拖欠工资应承担相应的

① 我国关于工资支付的项目，一般包括计时工资、计件工资、奖金、津贴和补贴、延长工作时间的工资报酬以及特殊情况下支付的工资。

民事和行政责任。

（1）民事责任。用人单位克扣或者无故拖欠劳动者工资以及拒不支付劳动者延长工作时间的工资报酬，劳动者可以随时通知用人单位解除劳动合同并要求用人单位赔偿。用人单位除在规定的时间内全额支付劳动者工资报酬外，还需加发相当于工资报酬25%的经济补偿金。

（2）行政责任。劳动行政部门应责令用人单位支付劳动者的工资报酬、经济补偿，并可责令按相当于支付劳动者工资报酬、经济补偿总和的1～5倍向劳动者支付赔偿金。

劳动者在遇到克扣或拖欠工资的时候，可以依法申请调解、仲裁、提起诉讼，也可以协商解决。企业劳动关系管理人员应该在这些事项中提供必要的支持，进行协调和做好事前防范。

4. 对于同工同酬的理解

企业劳动关系管理人员第三项薪酬管理任务就是对薪酬支付过程中“同工是否同酬问题”进行监督和必要的纠正。同工同酬是劳动立法普适的一条原则。“同工同酬”，按照《关于劳动法若干条文的说明》（劳办发［1994］289号），是指用人单位对于从事相同工作，付出等量劳动且取得相同劳动业绩的劳动者，支付同等的劳动报酬。

法律意义中的同工同酬必须具备三个条件，一是劳动者的工作岗位、工作内容相同；二是在相同的工作岗位上付出了与别人同样的劳动工作量；三是同样的工作量取得了相同的工作业绩。在企业管理实践中，同工不同酬可以有很多表现形式。如男女同工不同酬；合同工与劳务派遣工同工不同酬；正式工与临时工同工不同酬；本国雇员与外籍雇员同工不同酬；等等。面对如此复杂的同工不同酬现象，仅靠企业劳动关系管理人员的解释、协调是很难解决实际问题的。因此，对于同工不同酬问题，通常需要依靠仲裁或者司法程序来加以判断和裁处，企业劳动关系管理人员对此类事情负有进行内部咨询和提供必要证据的义务。

7.3.2　企业劳动关系管理之福利管理

在微观层面，福利主要指用人单位为员工提供的非工资收入。它一般包括国家立法强制实施的社会保障制度（如基本养老保险、医疗保险、失业保险、工伤保险等法定计划）、企业年金、企业补充医疗保险、企业出资购买的商业保险及住房补贴、交通补贴、福利费①等。企业劳动关系管理范畴之下的福利管理侧重于福利分配时各关系主体的行为合法性及其关系的调整。

---

①　福利费主要应用于职工生活困难补助、职工医药费、职工工伤赴外地就医路费以及企业福利部门的各项开支等。企业按照工资总额的14%提取。

通常，企业劳动关系管理人员要关注的福利管理问题有：社会保险权益享受方面的问题；企业福利和社会福利享受方面的问题。

1. 社会保险权益享受方面

我国劳动法律规定，与企业建立了劳动关系的劳动者有享受社会保险的权利。企业劳动关系管理人员需要关注的是：企业是否按照法律规定为劳动者办理了社会保险参保手续，是否按时、足额缴纳社会保险费以及是否依法为劳动者领受社会保险金提供资格证明等。

（1）企业不参加社会保险或者仅参加部分社会保险项目的情况。我国劳动立法规定，参加社会保险是企业的法定义务。如果企业不参加社会保险或者仅选择性地参加社会保险项目，则劳动者依法可解除劳动合同，且不受提前30日通知的限制。此外，劳动者还可以到劳动保险监察部门进行投诉。

（2）欠缴和延时缴纳社会保险费导致劳动者领取社会保险待遇遇阻的情况。现实中，企业由于种种原因拖欠缴纳社会保险费，导致当事劳动者不能及时享受社会保险待遇。为避免出现这类情况，企业劳动关系管理者应该全面领会相关法律的要旨，并在工作中及时提醒相关人依法操作。

根据《社会保险费征缴暂行条例》，企业未按规定足额缴纳和代扣代缴社会保险费的，劳动保险行政部门或者税务机关将责令其限期缴纳；逾期仍不缴纳的，除补缴欠缴数额外，从欠缴之日起，按日加收千分之二的滞纳金。

企业迟延缴纳社会保险费的，劳动保障行政部门或者税务机关从欠缴之日起，按日加收千分之二的滞纳金，并对直接负责的主管人员和其他直接责任人员处5000元以上20000元以下的罚款。企业逾期拒不缴纳社会保险费和滞纳金的，劳动保障行政部门或者税务机关可申请人民法院依法强制征缴。企业或者劳动者本人对上述处罚决定不服的，可以依法申请行政复议；对行政复议决定不服的，可以依法提起诉讼。

此外，我国部分地方法规还规定了更具操作意义的条款，以惩治社会保险拖欠缴费问题。例如，《江苏省社会保险费征缴条例》规定，缴费单位未按时足额缴纳、代扣代缴社会保险费或者在缓缴期满后不足额补缴社会保险费的，由地方税务机关责令限期缴纳；逾期仍不缴纳的，经县级以上地方税务机关批准，可以依法书面通知其开户银行或者其他金融机构从其存款中冻结相当于应缴社会保险费和滞纳金的数额，或者扣押、查封其价值相当于应缴费额的商品、货物或者其他财产。

（3）企业未依法提供社会保险待遇领受的资格证明的情况。这里主要涉及对退休政策的把握。当职工达到相应退休条件时，用人单位的劳动关系管理人员应该为劳动者及时依法办理退休手续，以使劳动者能享受到退休养老的相关待遇。

正常退休的手续为：参保人在达到法定退休年龄前一个月（延缴的参保人在缴费满年限的当月）到所属社保局办理退休手续。社会保障部门为符合退休条件的被保险人办理审批退休及核准待遇手续后，从核准待遇的次月起支付基本养老金①。

当劳动者依法提出退休申请，根据《关于支付退休退职费用适用法规问题的复函》（劳办发［1995］121号），对符合退休条件，由于用人单位方面的原因未给职工办理退休手续，并致使职工未能在单位提供正常劳动的，则用人单位有义务给予该职工与其他职工同等的待遇。对符合退休条件，由于用人单位方面的原因未给职工办理退休手续，且职工继续在单位提供正常劳动的，用人单位应支付其工资。对于经调查确认职工未办退休手续，企业应支付而未支付职工工资超过3个月的，适用《关于在劳动争议仲裁程序中能否适用部分裁决问题的复函》（劳办发［1994］391号），企业应先支付职工工资。

2. 企业和社会福利享受方面

（1）企业年金方面。根据《企业年金试行办法》，企业年金需建立在集体协商机制之上。企业的劳动关系管理人员应该关注相关人在通过集体协商确定企业年金计划时是否存在不合法行为（如不公开信息、缴费方案未经法定程序等），随时对之进行监督和建议。

（2）职工个人福利补贴方面。职工个人福利补贴是指由职工福利基金和其他有关经费中开支的，主要以货币形式直接支付给职工个人的福利待遇。

根据我国有关政策法规的规定，职工福利补贴主要包括：

①职工探亲补贴。职工探亲制度的福利补贴主要有工资补贴和旅费补贴。

②职工上下班交通费补贴。

③职工冬季宿舍取暖补贴。

④职工生活困难补助，即国家和用人单位对由于各种原因造成生活困难的职工，为保证其基本生活需要而给予的临时或长期性生活费补助。

⑤职工住房补贴，即在城镇职工住房福利改革中，向职工发放住房补贴以替代以前的职工

① 根据《关于提前退休人员养老金计发有关问题的复函》（劳社部函［2000］171号）规定，因病或非因工致残提前退休的职工实行基本养老金减发办法，即每提前一年减发2%（不含个人账户养老金）。减发基本养老金的计算公式为：基本养老金 =（基础养老金 + 过渡性养老金 + 调节金及各种补贴）×（1 - 提前退休年限 ×2%）+ 个人账户养老金。提前退休人员达到法定退休年龄后，基本养老金不再重新计算。

住房分配。

⑥其他补贴，如生活消费品价格补贴、独生子女补贴、婚丧假和年休假工资等其他福利补贴等。

企业的劳动关系管理人员应全面把握职工个人福利补贴的各项规则，避免不合法分配、挪用、克扣或拖欠支付相关款项。

7.4 企业劳动关系管理之职业卫生与安全管理

职业卫生与安全管理是一个十分复杂的系统工程，《职业安全卫生管理体系试行标准》(GB/T28000)、《中华人民共和国职业病防治法》以及《工伤保险条例》为企业职业卫生与安全管理提供了法律规范。企业职业卫生与安全管理的某些管理与劳动关系管理在职能上存在着一些交叉，本节将对此进行重点剖析。

7.4.1 企业劳动关系管理下职业卫生与安全管理的一般形式

企业劳动关系管理范畴下所涉及的职业卫生与安全问题主要有三个方面，分别是告知职业风险、安排健康检查和参与工伤处理。

1. 告知职业风险

企业的劳动关系管理人员有义务在与劳动者签订劳动合同时或者协助相关职业安全管理人员向劳动者告知与其相关的职业卫生与安全风险，包括劳动环境、原材料、设备等的危害因素、危害后果、已采取和应采取的预防措施、职业病防护措施、个人防护用品的使用与保养知识、健康检查结果等。我国《职业病防治法》规定了五种企业告知义务，其中直接涉及劳动关系管理人员的有合同告知和培训告知（见表7-4）。

2. 职业健康检查

作为劳动关系管理人员，应该十分关注企业是否为员工提供了相对安全的工作条件以及是否有应对劳动风险的措施等。一旦员工因职业病或工伤问题受到伤害，企业的劳动关系管理人员有义务协助问题的处理。企业劳动关系管理人员应坚持，未进行离岗职业健康检查的劳动者，不办理解除或终止劳动合同手续（见表7-5）。

表7-4　职业卫生告知的类型

告知类型	具体内容
合同告知	用人单位与劳动者订立劳动合同（含聘用合同），应当将工作过程中可能产生的职业危害及其后果、职业病防护措施和待遇等如实告知劳动者，并在劳动合同中写明，不得隐瞒或者欺骗 劳动者在已订立劳动合同期间因工作岗位或者工作内容变更，从事与所订立劳动合同中未告知的存在职业病危害的作业时，用人单位应当向劳动者履行如实告知的义务，并协商变更原劳动合同相关条款
公告栏告知	用人单位应当在醒目位置设置公告栏，公布有关职业病防治的规章制度、操作规程、职业病危害事故应急救援措施和工作场所职业病危害因素检测结果
警示告知	用人单位对产生严重职业病危害的作业岗位，应当在其醒目位置设置警示标识和中文警示说明。警示说明应当载明产生职业病危害的种类、后果、预防以及应急救治措施等内容。对可能发生急性职业损伤的有毒、有害工作场所，设置报警装置，配置现场急救用品、冲洗设备、应急撤离通道和必要的泄险区。对放射工作场所和放射性同位素的运输、贮存，必须配置防护设备和报警装置，保证接触放射线的工作人员佩戴个人剂量计
原材料和设备危害告知	生产、经营、进口及使用化学品、放射性同位素、含放射性物质等原料的，应当提供中文说明书，说明产品特性、主要成分、存在的有害因素、可能产生的危害后果、安全使用注意事项、卫生防护和应急救援措施等内容
培训告知	用人单位因组织职业卫生培训，告知劳动者有关的职业卫生知识，让劳动者了解工作岗位存在的职业病危害因素，掌握预防与控制知识，提高自我保护意识

表7-5　职业健康检查的类型

检查时间	参加检查的人员
上岗前职业健康检查	①新招收的员工；②调换新的有害作业或增加新的有害作业上岗前；③工伤事故或长期病休后再上岗者
在岗期间职业健康检查	①在岗接触职业病危害因素的工人；②职业病患者或疑似（观察）对象定期复查
离岗时职业健康检查	①脱离有害作业场所，调换工作岗位时；②解除劳动合同（约）前；③离岗退休前；④发生分立、合并、解散、破产等情形时，接触职业危害因素的全体人员
应急健康检查	发生或者可能发生急性职业危害事故时，同一工作场所的全体人员

3. 对于工伤问题的介入

企业的劳动关系管理人员的一项重要职责就是介入企业工伤处理。具体讲，就是要为是否存在劳动关系（包括事实劳动关系）提供证据，敦促本企业相关人及时进行工伤认定申请以及为工伤赔偿争议提供协助等。

当事人之间存在劳动关系是劳动者能够享受工伤待遇的前提条件。为保护劳动者的职业健康权，我国劳动法律规定，只要劳动者与用人单位形成事实劳动关系，劳动者在劳动过程中发生伤害事故时，即使没有书面劳动合同证明，用人单位同样要承担工伤赔偿责任。所以，劳动关系管理人员能否依法进行劳动关系的建立就成为工伤处理的基础性问题。

对于工伤问题，我国《工伤保险条例》还规定，劳动者发生事故伤害或者按照职业病防治法规定被诊断、鉴定为职业病，用人单位应当自事故伤害发生之日或者被诊断、鉴定为职业病之日起30日内，向统筹地区劳动保障行政部门提出工伤认定申请，等待其做出工伤认定的决定。因此，如果劳动者请求企业劳动关系管理人员为其提供工伤方面的咨询或协助，后者应该告知其权力，并借助行政力量敦促相关人提出工伤认定申请。

关于工伤赔偿，我国法律规定了一系列的赔偿标准。劳动关系管理人员可以依法为涉及工伤赔偿的员工及其直系亲属提供相关咨询。

表7-6　　工伤赔偿标准

工伤待遇	待遇标准
一次性伤残补助金	1. 一级伤残补助金＝本人工资×24个月 2. 二级伤残补助金＝本人工资×22个月 3. 三级伤残补助金＝本人工资×20个月 4. 四级伤残补助金＝本人工资18个月 5. 五级伤残补助金＝本人工资×16个月 6. 六级伤残补助金＝本人工资×14个月 7. 七级伤残补助金＝本人工资×12个月 8. 八级伤残补助金＝本人工资×10个月 9. 九级伤残补助金＝本人工资×8个月 10. 十级伤残补助金＝本人工资×6个月
伤残津贴（按月支付）	1. 一级伤残津贴＝本人工资×90% 2. 二级伤残津贴＝本人工资×85% 3. 三级伤残津贴＝本人工资×80% 5. 四级伤残津贴＝本人工资×75% 6. 五级伤残津贴＝本人工资×70% 7. 六级伤残津贴＝本人工资×60% 8. 七至十级伤残，劳动合同期满终止，或者职工本人提出解除劳动合同的，由用人单位支付一次性工伤医疗补助金和伤残就业补助金

续表

工伤待遇	待遇标准
工亡待遇标准	1. 丧葬补助金＝统筹地区上年度职工月平均工资×6个月 2. 一次性工亡补助金＝48个月至60个月的统筹地区上年度职工月平均工资 3. 供养亲属抚恤金： 配偶＝工伤职工生前本人工资×40% 其他亲属＝工伤职工生前本人工资×30%

注：①孤寡老人或者孤儿每人每月在上述标准的基础上增加10%。核定的各供养亲属的抚恤金之和不应高于因工死亡职工生前的工资。②伤残职工在停工留薪期内因工伤导致死亡的，其直系亲属享受第1款规定的待遇。一级至四级伤残职工在停工留薪期满后死亡的，其直系亲属可以享受第1项、第2项规定的待遇。

7.4.2　企业劳动关系管理下特殊员工的职业卫生与安全管理

在特殊员工的职业卫生与安全方面，企业劳动关系管理主要关注的仍然是引发劳动争议的部分。所谓特殊员工，主要包括女职工、未成年工和农民工三类劳动人群。其中，《劳动法》、《女职工劳动保护规定》和《未成年人保护法》构成了相关的法律依据。企业劳动关系管理人员应监督企业执行上述法律的状况，并向涉及此方面争议的员工提供咨询或协助。对于农民工的劳动保护，我国仅有地方和行业法规加以规制。企业劳动关系管理人员应特别关注企业为农民工提供的职业保护是否全面和有效，当遇到此方面的个别或集体争议时，劳动关系管理人员应该在协商、企业内部调解等方面出面参与解决。

本章小结

本章的主要内容是企业劳动关系管理中的劳动标准管理。在工时管理方面，详细介绍了我国现行的标准工时制、缩短工时制、计件工作制、综合计算工时制、不定时工作制和非全日制工时制等七种工时制度。在休息与休假管理方面，对不同类型的休息和休假进行了定义和对比区分。在薪酬管理方面，重点对无故拖欠工资、无故克扣工资以及同工同酬等进行了概念理解和相关规定的汇总。在福利管理方面，基于法律视角对企业不参加社会保险或者仅参加部分社会保险项目；企业欠缴和延时缴纳社会保险费；企业未依法办理退休手续以及企业年金制度等方面的问题进行了分析。在职业卫生与安全方面，重点探讨了企业在告知职业风险、安排健康检查和参与工伤事项三个方面的权利和义务。

思考题

1. 什么是企业劳动标准？
2. 简述标准工时制和缩短工时制的主要内容。
3. 什么是综合计算工时制，其特点是什么？
4. 我国劳动法律对延长工作时间有哪些具体的规定和限制？
5. 我国企业有哪些特殊的休息日？其法律规定和实践惯例有哪些？
6. 什么是无故拖欠工资？在进行劳动关系管理时应注意哪些方面以避免发生无故拖欠工资行为？
7. 什么是无故克扣工资？在哪些情况下企业可以扣减劳动者工资？
8. 企业的劳动关系管理人员应注意哪些问题以保障劳动者合法、及时享受到社会保险权益？
9. 简述企业职业卫生告知义务的具体内容。

案例思考

某大型企业因生产季节性较强，经当地劳动行政部门批准，实行以季度为周期的综合工时制，核定劳动者每季度总工作时间为502.8小时。该企业根据综合工时制的批复，要求劳动者第二季度的4月和5月连续生产，6月份整月休息。由于上半年订单比以往多，该企业的职工已连续4个月没有休息。

职工王某以工作时间总数超过1200小时，于7月提出集中休息一周，结果该企业人事部门的答复是在生产任务没有完成前，任何员工不得休息，因为公司实行的是综合工时制。

【问题】

1. 请结合本章相关知识，分析企业在处理职工休息与休假问题时，存在哪些不妥或者违法之处？
2. 企业在制定工时制度时应履行哪些法定手续？

注：本资料改编自“职工连续四个月没休息，企业借口综合工时被罚，企业制定工时制应与工会协商”，《劳动午报》2010年4月18日。

第 8 章

企业集体合同管理

学习目标

1. 了解企业集体谈判及集体合同的概念
2. 掌握中国企业集体谈判与集体合同制度的框架和内容
3. 掌握中国企业集体合同的订立、变更及解除的条件、程序及类型
4. 掌握中国企业工资集体协商的程序及内容

内容预览

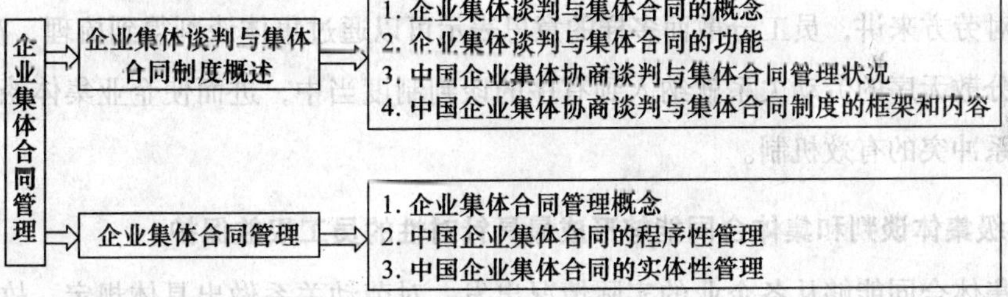

8.1 企业集体谈判与集体合同制度概述

8.1.1 企业集体谈判与集体合同的概念

企业集体谈判是指企业劳雇双方代表依法接受相关人的委托，就本企业的工资制度、工作条件、集体劳动关系等事项展开的综合的或者是专项的谈判磋商。

企业集体合同是企业工会与企业行政部门（或业主）之间签订的以劳动条件、工作条件、生活条件为主要内容的书面协议。

8.1.2 企业集体谈判与集体合同制度的功能

企业集体谈判与集体合同制度在功能方面不同于国家和行业（地区）级集体谈判。它的功能主要表现在三个方面。

1. 在企业内部为员工提供表达意见和要求的渠道

通过企业集体谈判，劳雇双方的代表可以在谈判过程中将各自的利益诉求比较充分地表达出来，尤其对劳方来讲，员工分散而多样的意思表示可以通过集体谈判得到梳理、汇总和提炼，这样一来，分散无序的劳动关系就纳入到有序的谈判制度当中，进而使企业集体谈判成为减缓企业劳动关系冲突的有效机制。

2. 企业级集体谈判和集体合同能够形成最具针对性的员工权益保护

企业级集体合同能够从各企业的实际情况出发，对劳动关系做出具体规定，故而可使劳动者权益得到最有针对性的保护，且其涉及范围较小，易于达到一致。特别是一些涉及工资和雇佣关系等事宜，企业级集体谈判方便各方灵活操作；而关于工厂之间的合作和一些工人参与性的活动也只能规定在企业级集体合同之中。

3. 企业级集体合同为企业有序和稳定运行提供契约保障

作为一个在企业内部具有强制约束力的契约，企业集体合同使得企业在一定时期内的劳动条件得以稳定和固化，各利益相关人拥有各自明确的责任和权利，有利于双方当事人建立起相互依靠、相互配合的密切联系，并且可以在平等的基础上相互监督、相互制约，进而有效减少无规则的劳动关系冲突，为企业的稳定运行提供保障。

8.1.3 中国企业集体协商谈判与集体合同管理状况

1. 中国企业集体协商谈判和集体合同制度的发展历程

作为企业制度的重要侧面，新中国的集体谈判与集体合同制度蒙动于新中国成立前后。1949年新中国成立前夕，《中国人民政治协商会议共同纲领》规定私营企业为实现劳资两利的原则，应由工会代表工人职员与资方订立集体合同。这一制度在1956年完成社会主义改造后，随着企业资方的消失而消亡。

改革开放以后，为适应社会主义市场经济体制的要求，集体谈判和集体合同制度开始重建。中华全国总工会于1979年首先提出倡议，建议恢复集体合同制度。中国集体谈判和集体合同制度得到实质性推进是在1995年《劳动法》正式实施以后。该法颁布之后，集体合同试点工作启动。1997年开始大规模正式实施签订集体合同。2000年11月，劳动和社会保障部颁布了《工资集体协商试行办法》。各省、区、市都进行了工资协商试点，各级工会积极探索要约制度、指导员制度、监督检查制度、激励约束机制和推动行业区域职工代表大会制度建设等，努力推进工资集体协商制度化、规范化建设。2008年的《劳动合同法》进一步拓展了对集体谈判和集体合同的制度空间，增加了行业性、区域性集体合同的规定，进一步完善了集体合同履行的权利救济方式。

回顾我国集体谈判和集体合同制度的发展历程，在制度建设方面的成效主要表现在四个方面：一是集体合同的适用范围不断扩大；二是工资集体协商制度得到系统开展；三是制度的规范程度不断增强；四是制度中普遍建立了三方协商机制。

2. 我国集体协商谈判和集体合同制度的现状及存在的问题

（1）意识观念落后。关于集体谈判与集体合同制度，目前有很多人认为它只是一个西方的舶来品，不符合中国国情。调查显示，绝大多数雇主对于集体谈判仍不甚了解，因而不大支持在企业中推行这种制度。企业工会中，一些人认为，集体劳动关系方面的矛盾可以通过职工代表大会等民主管理方式解决，没必要建立集体谈判机制；另一些人则认为，企业工会工作应以促进企业经济效益改进为中心，职工收入增加了，职工的利益就能得到比较好的维护和发展，集体谈判不是企业工会的工作重点。在企业员工方面，一些人认为集体谈判只是搞形式，解决不了实际问题；还有人认为，在资方主导企业运营的条件下，很难形成有谈判能力的劳方谈判组织，签订集体合同更是难上加难。总之，在集体谈判和集体合同的认识方面，落后的意识观念还相当普遍地存在着。

这些陈旧观念延伸到实践领域，给集体谈判与集体合同制度的推行带来了许多问题。这些问题集中表现在：重签约，轻协商、轻履约；集体合同的形式和内容雷同；集体谈判过程忽略双方力量的平衡，员工利益难以获得真实的表达，致使集体合同难以履行；尚未形成集体合同履约责任制观念。

(2) 体制方面的缺陷。政府在推行集体谈判和集体合同制度中，职能发挥有越粗代庖、急功近利和一厢情愿之嫌。立法先行、自上而下的推进方式明显带有计划经济模式的烙印，不能适应市场经济体制的要求。这必然导致一哄而上、形式主义以及使政府身陷劳动关系主体角色而难以脱身。

缺乏独立的企业工会制度，基层工会组织力量孱弱。在我国，国有企业的工会组织普遍没有完全摆脱其行政附属的地位，因而并不真正代表劳动者利益。在已经建立工会的私营企业和“三资”企业中，工会大多为“雇主工会”，依赖于资方的特点非常明显。企业工会在组织发展、职能发挥等方面所存在的缺陷，直接导致其组织力量孱弱，难以在集体谈判中发挥作用。

(3) 法规制度方面的缺憾。企业内部对资方行使权力缺乏有效的监督和监管机制，工会、职工代表大会在许多企业中形同虚设，集体谈判与集体合同的履行难免会流于形式。

集体合同制度的立法不完善。我国集体合同制度立法在三个方面存在着明显缺陷：缺乏操作性，缺乏处罚规定及缺乏执法监督机制。这些直接影响到集体谈判与集体合同制度的有效履行。

8.1.4 中国企业集体协商谈判与集体合同制度的框架和内容

从法律层面看，《中华人民共和国劳动法》、《中华人民共和国劳动合同法》、《集体合同规定》以及各地制定的各省市集体合同实施条例等规定了我国集体协商谈判与集体合同的制度框架。其主要包括以下方面。

1. 集体谈判与签订集体合同的主体

(1) 法律对集体谈判主体的规定。《劳动法》首次明确了集体合同的签约主体为企业职工与企业，签订方式为工会代表职工与企业签订。对于没有建立工会的企业，《劳动合同法》规定，这类企业应在上级工会的指导下组织劳动者来推举集体谈判的代表，进而与用人单位订立集体合同。

（2）法律对集体谈判主体产生程序的规定。按照《集体合同规定》（2004年），集体谈判主体产生的法定程序如下：

集体协商代表应按法定程序产生，产生的代表应为有权代表本方利益进行集体协商的人员，且集体协商双方的代表人数应当对等，每方至少3人，并各确定1名首席代表。

用人单位法定代表人应担任首席代表或通过书面方式委托其他管理人员担任，同时还应负责指派或者更换用人单位一方的协商代表。职工一方的首席代表由本单位工会主席担任。工会主席可以书面委托其他协商代表代理首席代表。工会主席空缺的，工会主要负责人应担任首席代表。未建立工会的，职工一方的首席代表从协商代表中民主推举产生。首席代表必须是本单位人员代理。工会可以更换职工一方协商代表；未建立工会的，经本单位半数以上职工同意可以更换职工一方协商代表。

协商代表因更换、辞任或遇有不可抗力等情形造成空缺的，应依法定程序在空缺之日起15日内重新产生新的代表。

（3）法律对集体谈判主体的其他规定。《劳动合同法》在《劳动法》和《集体合同规定》的基础上，对集体谈判主体范围进行了拓展。《劳动合同法》规定：在县级以下区域内，建筑业、采矿业、餐饮服务业等行业可以由工会与企业方面代表订立行业性集体合同，或者订立区域性集体合同。

2. 集体谈判与集体合同的基本原则

（1）平等协商原则。平等协商原则是集体合同质量的关键，也关系到集体合同能否得到顺利的履行。《劳动部、全国总工会、国家经贸委、中国企业家协会关于逐步实行集体协商和集体合同制度的通知》规定，“签订集体合同的双方具有平等的法律地位。在进行集体协商和签订集体合同过程中，双方应当平等合作、相互尊重”。

（2）自愿、自主表达意思原则。我国相关法规规定集体谈判的当事人双方可以就劳动报酬等双方关心的问题展开协商谈判，并就此签订集体合同。这意味着，作为劳动者一方，当形成了集体意愿诉求的时候，他们的代表组织有义务将这种自主产生的意思通过要约的方式向企业方提出。在进入集体谈判的实质阶段后，当事人双方在协商、谈判中也完全拥有意思自治的权力和空间，政府或者其他机构从法律上讲不能够直接干预双方自主表达意见，当然更不能充当裁决者角色。

（3）集体合同效力分级原则。集体合同的法律效力高于劳动合同，劳动合同的内容条款不得突破集体合同规定的最低标准的限制性条款。同样，行业级或地区级集体合同的效力高于企业级集体合同。各级别集体合同的内容条款也不得突破既有法律所规定的最低劳动标准。

3. 集体协商谈判程序

（1）发出谈判要约。按照《集体合同规定》，集体协商的任何一方均可就签订集体合同或专项集体合同以及相关事宜，以书面形式向对方提出协商谈判要约。接到要约的一方应在收到要约之日起20日内以书面形式回应，无正当理由不得拒绝进行集体协商。

（2）谈判准备。当事人双方为举行集体谈判应进行各项准备工作，主要包括：确定谈判代表；拟定谈判议题（集体谈判议题可由提出协商一方起草，也可由双方指派的代表共同起草）；进行信息收集；拟定谈判方案；确定集体协商的时间、地点等事项；确定一名非协商代表担任集体协商记录员（由双方共同确认）；等等。

（3）进行谈判。集体谈判会议由双方首席代表轮流主持。谈判分为正常情况下的谈判和冲突情况下的谈判两种。正常情况下的谈判程序为：宣布议程和会议纪律；一方首席代表提出协商的具体内容和要求，另一方首席代表就对方的要求做出回应；协商代表发表各自意见并展开充分讨论；双方首席代表归纳代表意见。达成一致的，拟定集体合同草案；双方首席代表在集体合同文本上签字。集体谈判未达成一致意见或出现事先未预料的问题，双方可以经过协商中止谈判。中止期限及下次谈判的时间、地点、内容由双方商定。如果集体谈判出现不能协商解决的争议，当事人单方或双方可以向劳动保障行政部门提出协调处理申请，未提出申请但劳动保障行政部门认为有必要协调处理的，行政部门可以主动介入进行调处。

4. 集体谈判与集体合同的内容

有关劳动条件和劳动标准方面的内容，主要包括法律所规定的五项内容，即劳动报酬、工作时间、休息休假、保险福利、劳动安全卫生等。当事人双方可以就上述内容展开综合性谈判，也可以就其中的专项问题展开专门的协商，签订专项集体合同。

有关集体合同本身的一般性条款，主要包括合同期限，变更、解除、终止集体合同的协商程序，双方履行集体合同的权利和义务，签订或履行集体合同发生争议时协商处理的约定以及违反集体合同的约定。

此外，还有双方约定的其他条款。

以上是关于集体合同内容的普遍性规范，适用于不同的所有制企业。

5. 集体合同的签署与生效

经集体谈判达成的集体合同草案，应交职工代表大会或者全体职工讨论。讨论会议应当有2/3以上职工代表或者职工出席，且须经全体职工代表半数以上或者全体职工半数以上同意，集体合同草案才可获法定通过。通过后的合同书面文本由集体谈判双方首席代表签字。

签署后的集体合同应报送劳动行政部门审查，劳动行政部门自收到集体合同文本之日起 15 日内未提出异议的，集体合同即行生效。

6. 集体合同的履行

集体合同一旦生效，不仅是签订集体合同的双方代表，而且对其代表组织的全体成员都具有约束力。为了保证各自组织的成员切实履行合同，签订合同的工会组织和雇主组织应为本组织成员提供足够的信息。对于未认真履行合同义务的本组织成员，应采取必要的、可行的措施帮助其实现，乃至有权运用各种合法手段进行处理。

7. 集体合同的监督检查

我国的集体合同监督检查是指政府劳动行政部门、企业、企业工会、职工群众以及上级工会等有关方面对已生效的集体合同进行检查，督促其全面履行的行为。为保证集体合同的全面履行，集体合同生效后 7 日内，集体合同的当事人双方应成立监督检查小组或监督检查委员会，负责对本单位集体合同的履行情况进行监督检查。企业工会与企业应通过平等协商，订立监督检查制度，保证监督检查工作的规范化、制度化。集体合同文本签字后企业应将集体合同文本报上一级工会，上级工会在集体合同履行期间，应加强对企业工会的指导，并对集体合同的履行情况进行监督检查。

8. 集体合同争议处理

我国集体合同的争议处理有三种情况。

其一，一方要求进行集体谈判，而另一方拒绝进行旨在签订集体合同的谈判时，政府劳动行政部门有责任组织有关方面协调解决。

其二，集体谈判中当事人双方不能达成妥协的，通过提出休会的办法解决。在休会期间，双方首席代表进行私人磋商或通过双方都能认同的其他办法进行非正式磋商（如通过党组织协调的办法）解决争议。

其三，对于集体合同在理解上的分歧或恶意违约而导致的争议，通过劳动争议仲裁机构或人民法院依法处理。

8.2 企业集体合同管理

8.2.1 企业集体合同管理的概念

企业集体合同管理指的是企业工会依法接受本企业员工的委托，与企业管理方通过集体协商谈判程序，进而实现集体合同的签订、变更或解除，并对集体合同的履行进行监督的各项工作的总称。

8.2.2 中国企业集体合同的程序性管理

1. 集体合同的订立

集体合同订立是指集体合同从协商到合同生效所经过的过程。集体合同的订立大致包括五个环节，依次是：拟定集体合同草案；审议草案；合同签署；登记备案；公布实施。

（1）拟定集体合同草案。集体协商谈判达成一致后，当事人双方依据约定程序成立集体合同起草委员会或者起草小组起草委员会或者起草小组由企业管理方和工会各自的代表组成。两方代表中的一人任起草委员会或起草小组的主席或组长，另一人担任副主席或副组长。

起草委员会或者起草小组成员在深入研究和广泛征询意见的基础上，拟定集体合同的草案。

草案拟定后，工会一方应将草案交由本企业全体职工进行讨论，并根据职工意见进行修改；企业方面也应由企业领导人组织本企业有关管理人员进行修改讨论。工会和企业选派一定的代表对集体合同草案及各自的修改意见进行讨论，对存在分歧的内容，应进行平等协商，直至最终达成一致，形成集体合同草案。

（2）审议草案。工会一方将草案依法提交职工大会或职工代表大会审议、讨论。进行审议时，企业经营者和工会主席应分别就草案的产生过程、依据及涉及的主要内容做出说明进行审议决议时，审议大会应有2/3以上职工代表或者职工出席，且须经全体职工代表半数以上或者全体职工半数以上同意，集体合同草案方获通过。

（3）合同签署。集体合同草案经职工大会或职工代表大会审议通过后，双方首席谈判代表签字或盖章签署。

（4）登记备案。集体合同签署后的文本及附件一式三份提交县级以上劳动行政管理部门登记备案。

劳动行政部门依法进行合同审查，如发现集体合同中的项目与条款有违法、失实等情况，则不予登记或暂缓登记，发回企业对集体合同进行修改。如劳动行政部门在收到集体合同文本之日起15日内，没有提出意见．集体合同即生效。

（5）公布实施。集体合同一经生效，企业应及时向全体职工公布并组织实施。

2. 集体合同的变更和解除

（1）概念。集体合同的变更，是指集体合同没有履行或没有完全履行之前，因订立集体合同所依据的主客观条件发生了变化，当事人依照法律规定的条件和程序，对原合同中的某些内容进行修改。

集体合同的解除，则是指集体合同没有履行或没有完全履行之前，因订立集体合同所依据的主客观条件发生了变化，致使合同履行成为不可能或不必要，当事人依照法律规定的条件和程序，终止原集体合同。

（2）集体合同变更、解除权的法律规定。按照《集体合同规定》，集体合同期限为1～3年。在集体合同规定的期限内，合同双方当事人应依法对合同的履行情况进行监督和检查。当发现条款不适应形势变化的要求时，任何一方当事人均可提出变更或解除集体合同的要求，接到变更或解除要约的一方应给予及时回应，并在7日内双方进行合同变更或解除合同协商。经协商一致可以进行变更或解除。具体程序由集体合同约定。依法订立的集体合同，具有法律约束力。因此，变更或解除集体合同，必须符合一定的法定条件和程序。

（3）集体合同变更或解除的分类及程序。集体合同变更或解除有协商变更或解除、单方变更或解除两种情形。除此之外，集体劳动关系的当事人一般不得以任何借口而随意提出并实施集体合同的变更与解除。

①双方协商变更或解除集体合同的程序。集体合同签订后，经当事人双方重新协商同意，并且在不因此损害国家利益和社会利益的前提下，是可以变更或解除的。

协商变更或解除集体合同的程序有：

• 一方提出变更或解除集体合同的建议，向对方说明需要变更或解除的集体合同条款，条件及理由。

• 对方回应。

• 双方协商，形成协议。

• 协议书提交职工代表大会通过，并报集体合同登记机关登记备案。

• 在协议书即新合同或原订集体合同修正案尚未正式生效前，原集体合同仍然有效。当新协议生效后，原订集体合同或原合同中有关的条款即行失效。

②单方变更或解除集体合同的程序。集体合同依法生效后，在某些特殊情况下，当事人可以直接行使集体合同的变更或解除权。

依据《集体合同规定》，单方变更和解除集体合同的条件有：

• 企业依法进行整顿、破产、停产、转产而使集体合同无法履行的。企业应向职工（代表）大会及劳动行政管理部门提供相关的有法律效力的裁定证明的副本（如提供人民法院宣告企业破产的裁定书副本等）。

• 由于不可抗力而使集体合同不能履行的。不可抗力主要包括人力无法抗拒的某种外部力量，如战争、地震、水灾、旱灾等社会或自然因素。不可抗力事件发生后，允许当事人变更或解除集体合同，但应根据不可抗力事由的具体情况来决定该集体合同是全部不履行、部分不履行，抑或是推迟履行。当事人因不可抗力现象发生而需要变更或解除集体合同，也应提供有关部门的证明。

• 由于工会解散，致使集体合同无法履行的。工会解散，是集体合同解除的一个条件。工会解散，应向企业方及劳动行政部门提供工会会员大会通过的解散决议书副本或国家强制解散通知书的副本。但如果当事工会与其他工会合并，则原集体合同中的工会义务应由合并后的工会承担；原工会分立后，原集体合同中的工会义务由分立后的工会承担，并且也应向企业方及劳动行政部门提供工会合并或分立证明的副本。

• 因对方过错而使原订集体合同的履行变得缺乏意义时，无过错的一方当事人要求变更或解除集体合同后，应及时通知对方，并向集体合同登记机关提出申请。

• 因国家计划调整或法律、政策发生变化等原因，使得集体合同无法部分履行或全部履行的。国家的法律、法规和政策是订立集体合同的重要依据之一，在集体合同订立之后，若国家有关的法律、法规和政策发生了变化（如原集体合同的某些条款与现行法律、法规和政策相抵触，则其执行原合同条款可能涉及违法等），有必要考虑对集体合同的内容进行变更或解除集体合同。

（4）集体合同变更或解除的法律责任。集体合同变更或解除后，不履行义务的一方（通常是提出变更或解除集体合同的一方）原则上要承担责任。如集体合同变更后，不按规定报送或者不履行集体合同的，县级以上劳动行政部门可以对责任方或者直接责任人处以罚款。又如，企业破产后的破产财产除优先拨付破产费用外，首先应清偿破产企业所欠职工的工资和劳动保险费用。由于工会合并与分立而导致集体合同主体变更，但合并或分立后的工会仍应承担或分担集体合同规定的原工会组织的义务。当然，如果造成集体合同变更或解除的过错来自第三者，如国家计划调整、法规修改等，则当事人可以不承担责任。

4. 集体合同的审查程序

（1）集体合同审查的概念。集体合同的审查是指企业集体合同签署后，企业方必须将合同文本报送劳动行政管理部门备案登记，后者有义务对集体合同的主体、协商和签署过程以及内容等的合法性进行法定审查，制作并发出集体合同审查意见书的过程。只有符合法定要求的集体合同才能生效。

（2）集体合同审查的程序。集体合同签订后，企业方应在 7 日内将审核材料报送劳动行政管理部门。应当报送的材料包括：集体合同一式三份；集体合同送审表一式两份；集体合同产生说明；工会讨论表决决议；双方代表资格证明（《企业法人营业执照》复印件、工会社团法人登记证原件及复印件）；委托首席代表的委托书以及其他说明材料（如企业的所有制性质、职工人数、双方首席代表、协商代表或委托人的身份证复印件、授权委托书；职工一方协商代表劳动合同书复印件；协商情况及集体合同条款征求意见的记录；职工代表大会或全体职工大会审议通过集体合同草案的决议；集体合同条款的说明等）。

集体合同经审查同意或劳动行政部门未在接到合同后的 15 日内提出异议，则集体合同生效。如果企业方接到的审查意见书中确认有无效或部分无效的条款，集体合同的当事人双方应进行再次协商进行修改，并于规定的期限（通常为 15 天）内再次报送劳动行政管理部门审查。劳动行政管理部门在接到修改合同后的 15 日内再次制作并签发集体合同审查意见书。经劳动行政管理部门确认无效的集体合同，应退回企业。企业当事人双方应接受劳动行政管理部门的指导，重新进行协商谈判并签订集体合同。

经双方协商而发生集体合同的变更或解除时，双方签字同意变更或解除集体合同的相关文本应于 7 日内报送劳动行政管理部门审查。依法单方解除集体合同的，企业方应在集体合同解除后的 7 日内以书面形式向劳动行政管理部门报告。

集体合同自生效之日起，应于 10 内向企业全体员工公布。

5. 集体合同的监督检查

（1）集体合同监督检查的概念。集体合同监督检查是在政府劳动行政部门、企业、企业工会、职工群众以及上级工会等有关方面对已生效的集体合同进行检查，督促其全面履行的行为。

（2）集体合同的监督检查程序。企业集体合同生效后，企业工会与企业管理方应及时通过平等协商，建立集体合同履行的联合监督检查小组。监督检查小组应由企业行政、工会和职工各派代表组成。企业法定代表人应当组织生产经营管理人员参与集体合同履行情况的监督检查，并督促履行各自义务。工会有权派代表对集体合同的履行进行监督检查，发现问题及时与企业进行协商，督促企业按照集体合同的规定履行义务。

监督检查小组成员明确分工，制定相关的监督检查制度和具体检查办法，并组织开展日常监督活动。监督检查小组定期将集体合同执行情况向职工代表大会、职工代表或职工群众报告，及时发现问题，及时解决问题。监督检查小组应负责问题备案、职工意见的集中及调研，向企业或上级工会提出相应方案等。

监督检查小组可采取定期监督检查、不定期监督检查和专项监督检查的办法来开展工作。对于经常性和周期性的问题，如工作时间、工资、劳动保护、保险福利等，应当组织进行定期检查。对于易出现的问题，可组织不定期检查。对于临时出现的重大问题，可实施专项检查。

集体合同文本签字后，在报送劳动行政部门审查的同时，企业应将集体合同文本报上一级工会。劳动行政部门及上级工会在集体合同履行期间，有义务对集体合同的履行情况进行监督检查。

8.2.3 中国企业集体合同的实体性管理——以工资集体协议管理为例

1. 中国企业集体合同实体性管理概述

中国企业集体合同的实体性内容主要涉及劳动报酬、工时与休息休假、职业保护、企业补充保险与福利、奖惩及裁员等事项。

在我国，从集体合同制度创建以来的实践看，所谓的企业集体合同实质上多表现为集体协议①，有的甚至连集体协议的程序都没达到，而仅仅是一个内部劳动规则，并不讲求双方当事人的权利与义务对等。因此，中国企业集体合同的实体性管理总体而言是非常的不完善。故而，这里仅能就相对来讲比较重要并且比较规范的工资集体协议的管理展开一些描述。

2. 中国企业工资集体协议管理

（1）中国企业工资集体协商的概念。工资集体协商是指职工代表与企业代表依法就企业内部工资分配制度、工资分配形式、工资收入水平等事项进行平等协商，并在协商一致的基础上签订工资协议的行为。

（2）中国企业工资集体协议管理概述。我国政府于 2000 年颁布了《工资集体协商试行办

① 郑尚元在其《“集体协商”与“集体合同”词义辩》中指出，合同通常受法律规制，而协议应用范围广，有许多协议并没有专门的法律对之进行约束。我国所谓的集体合同实质上多属于集体协议。

法》，以指导工资集体协议的签订工作。经过工资集体协商达成的工资协议属于专项集体合同。对于在签订工资集体协议之前已经订立集体合同的，工资协议可作为集体合同的附件，并与集体合同具有同等效力。

工资集体协商一般情况下一年进行一次。职工和企业双方均可在原工资协议期满前 60 日内，向对方书面提出协商意向书，准备下一轮的工资集体协商，并做好新旧工资协议的相互衔接。

（3）中国企业工资集体协商制度的程序（见图 8.1）。

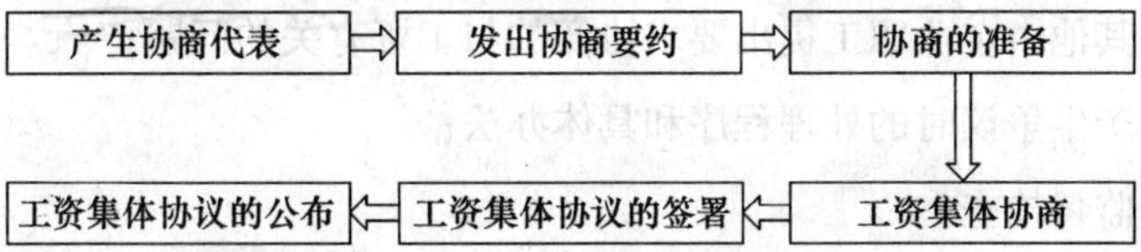

图 8.1　工资集体协商的基本程序

①产生协商代表。企业与职工双方分别依法通过民主选举或者指派等方式产生各自的代表。企业法人和工会主席有权向各自的代表出具授权书，授予其在一定期限内参与工资集体协商的权利。代表名单应向所属劳动行政部门和上级工会备案。在实践中，如果企业规模较小（如 10 人以下的企业），则企业法人可以直接与每位职工协商进而签订工资合同（必要时可聘请上级工会的工资协商专家参与），而无需经过代表产生程序。

②发出工资协商要约。在我国，劳雇双方都可以提出工资协商要约。要约应为书面形式且应注明协商的时间、地点、程序、内容和对方回答期限等内容。我国法律规定相对方最迟应在接到要约书 20 日内做出回应。

③协商的准备。双方协商代表应做的准备工作有：熟悉工资法律、法规政策及工资分配与谈判方面的业务知识；进行协商前的信息收集、调查研究和宣传工作（特别是工会应该通过召开座谈会、单独交谈等方式了解职工的意见和要求，同时，也要向职工介绍有关政策和企业生产经营情况，以使职工对工资调整的要求趋向合理）；协商方案准备，合理拟订工资协商的最高目标、争取目标和最低目标；对协商代表进行角色分工；其他资料准备。

④工资集体协商。协商会议由双方首席代表轮流主持。协商的议题应包括：

• 企业年度工资总额（注意：我国对公有制企业有严格的工资总额限制，因此应首先根据国家规定的工资总额调整办法与企业协商变动工资总额，然后再协商不同类人员的工资；而非公有制企业可以自主决定工资在企业收益中的分配比重，因此协商双方可以直接就工资总额变动进行会商）；

• 历年工资结余的使用；

• 不同工种、不同岗位、不同职务、不同技术等级职工的工资分配制度和分配方式；

• 工资支付时间和支付办法，本企业最低工资标准；

• 奖金、津贴水平及分配办法；

• 职工在特殊情况下，如加班加点期间、法定休假日、婚丧假期间以及参加社会活动、享受带薪年休假期间的工资标准及支付办法；

• 职工保险、福利方面的待遇标准及支付办法；

• 合同期限及其他由企业职工提出要求协商的与工资有关的问题；

• 合同违约及产生争议时的处理程序和具体办法；

• 合同执行的监督检查。

⑤拟定工资协议草案并提交职代（代表）大会审议。获得通过后，协商双方首席代表签字，报送有关材料。

⑥公布并实施工资集体协议。企业工资协议实施后，应及时成立相应的监督检查小组以监督工资协议的履行情况，做到及时发现问题、及时沟通处理。如遇到需要变更或解除集体合同的情形，工资协议的当事人双方应及时遵照法律予以处理。

知识拓展　　企业工资集体协商应正确处理的六个关系

（1）正确处理职工工资水平与劳动生产率、企业经济效益水平的关系。

（2）正确处理企业人工成本指标与同行业、同规模其他企业人工成本指标的关系，企业人工成本指标应控制在同行业人工成本指标的预警线之下。

（3）正确处理名义工资与实际工资的关系。职工名义工资的增长一般不低于居民消费价格指数的增长，应在企业经济能力许可的情况下，使职工的实际工资水平逐年有所提高。

（4）正确处理不同工作岗位人员的工资差别，根据贡献大小合理拉开工资差距，特别要对高技术、关键岗位进行倾斜，以保护和调动职工的生产积极性。

（5）正确处理按劳分配和按生产要素分配的关系。坚持以按劳分配为主体。按生产要素分配要以职工按劳分配工资收入不低于当地社会同行业平均工资为前提，防止按资分红、按股分红侵蚀按劳分配。

（6）正确处理企业生产、职工就业与工资增长的关系。根据社会劳动力供求状况、本行业、本地区、本企业职工就业状况灵活进行工资集体协商，必要时对工资增长的要求可适当降低。

资料来源：《工资集体协商手册》http：//www. sxgh. org. cn/particular. aspx？id＝4288，2006. 04. 17，改编。

本章小结

本章全面讲述企业集体谈判与集体合同制度的内涵及功能。重点回顾了中国企业集体协商谈判与集体合同管理的发展历程和现状，指出该制度在中国的发展存在着意识落后、法制和体制不健全等诸多问题。详细介绍了当前中国企业集体协商谈判与集体合同制度在参与主体、制度原则、谈判程序及内容、集体合同的签署、履行、监督监察等方面的具体细节。分类阐述了中国企业集体合同的订立、变更及解除的条件、特点以及程序等；并对企业工资集体协商的程序、内容等进行了简要介绍。

思考题

1. 简要阐述中国企业集体协商谈判与集体合同管理存在的问题。
2. 中国企业集体合同订立的程序有哪些?
3. 中国企业在哪些情况下可以变更集体合同?
4. 中国企业集体合同的解除有哪些类型? 特定的法定解除条件有哪些?
5. 详述中国企业工资集体协商的程序、内容及注意事项。

案例思考

2008 年，在温家宝总理的亲自批示下，中华全国总工会在杭州召开全国工会工资集体协商工作经验交流会，向全国推广“温岭市工资集体协商”的经验。

温岭市的龙头产业是羊毛衫行业，该产业的年产值不下十亿元，外来务工从业的人员逾万人。羊毛衫行业季节性较强，且准入门槛和技术含量相对较低。在开展工资集体协商之前，温岭当地的羊毛衫企业没有统一规范的计件工资标准，因此，一到羊毛衫生产的旺季，各企业之间相互挖人，工人频繁跳槽的情况非常普遍。这严重影响了企业的生产经营秩序，职工的劳动权益也得不到保障。

在矛盾迭起的 2003 年，资方首先坐不住了，113 位羊毛衫企业老板联合成立了温岭市羊毛衫协会。这个协会试图通过企业间的协商来实现工价统一，以避免互相挖角、哄抬工价，以维护企业的利益。这种做法明显地属于资方单方定价的策略，因而很难经受住市场的考验。

与此同时，长期烦恼于羊毛衫产业发展问题的温岭市政府也坐不住了，他们准备对羊毛衫产业加以治理。他们的做法是召开一场由政府主导、工会出面、劳资双方共同参与的

"羊毛衫行业职工工资恳谈会"。温岭市劳动部门和市总工会指定新河镇总工会副主席陈福清出面进行具体工作的安排。经过6次协商和10次恳谈，最终确定了行业普遍认可的最低工资标准，即职工8小时正常劳动时间内工资不少于27元，月工资（包括加班工资）不低于800元，工资必须在当月产量结算后次月25日至28日发放。2003年8月8日，新河镇工会与行业协会签订了《羊毛衫行业工资（工价）协商协议书》，协议书报劳动部门备案，与劳动合同具有同等效力。而同时"羊毛衫行业工会"也成立了，陈福清担任了行业工会主席。

新河镇羊毛衫行业自2003年实施行业工资集体协商制度以来，工人工资逐年提高，到2007年，当地职工工资提高到每月1500元左右（8小时工作制），加上自愿加班赶工的因素，职工的实际月收入普遍在2200元左右。工人工资的稳步上涨使得温岭的羊毛衫行业告别了"用工荒"，许多在其他地区打工的技术工转道温岭的羊毛衫企业打工。

【问题】

1. 温岭羊毛衫行业的工资集体协商制度的主要特色在哪里？
2. 行业级集体协商与企业级集体协商制度各自的优势是什么？
3. 你认为如何才能搭建行业级集体协商的平台？

注：本资料改编自刘静：《温岭行业工资集体协商制度开创劳务关系新局面——一个劳务关系新局面的开创》，载于《观察与思考》，2008年第9期。

第9章

企业民主管理

学习目标

1. 正确认识企业民主管理的内涵
2. 掌握中国企业民主管理的一般形式
3. 掌握中国企业民主管理的特殊形式
4. 了解中国企业民主管理的发展状况

内容预览

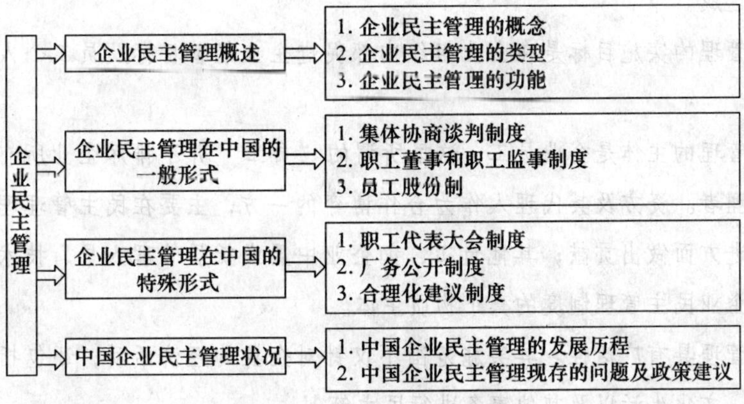

9.1 企业民主管理概述

9.1.1 企业民主管理的概念

企业民主管理是企业员工依照法律或合法制度的规定，通过一定的组织形式，直接或间接参与管理与决策的各种行为的总称。

概念精解 企业民主管理

企业民主管理中的“民主”，强调的是在多数员工意愿下实施的企业管理，反对资方及其代理人等少数人的独裁和控制。

企业民主管理是员工参与的企业管理，是指在企业内部实行员工参与的民主选举、民主决策、民主管理和民主监督。

企业民主管理管理的模式多种多样，企业民主管理机制的形成要经过劳资双方反复多次合作博弈最终达成。

企业民主管理的实施目标是在企业组织内部促进企业经营目标及员工个人目标最大程度地实现。

企业民主管理的主体是企业员工，这里所谓的“员工”并不排斥企业所有者及作为其代理人的经营管理者。资方及其代理人作为合作博弈的一方，主要在民主管理理念及制度的形成、构建和推进方面做出贡献；其他员工，如企业中层或低层管理人员、技术人员、普通工人等则是实践企业民主管理制度的真正物质主体。

企业民主管理具有广泛性。其实施范围不仅针对企业的经济活动，还包括对企业政治生活、社会生活、文化生活以及其他事务进行民主管理。

9.1.2 企业民主管理的类型

1. 以实践模式的特征为标准划分

（1）国际上普遍达成共识的民主管理制度和方式，主要包括集体协商和谈判、企业治理结构中的职工代表制度、员工自治型工作团队和员工持股计划。

（2）具有各国特色的民主管理制度和方式。各国历史文化背景、政治经济环境不同，因此需要根据各国的实际情况来制定企业民主法律法规，也形成了不同的管理渠道与方式，以适应本国企业的民主管理要求。例如，较之德国的产业集体协商谈判模式，以日本为代表的东亚诸国则以企业级谈判为集体协商谈判的主要模式。

（3）具有企业个性特色的民主管理制度和方式。各企业可根据自身发展的需要，采取不同的民主方法。例如，经理接待日、民主恳谈会等。

背景资料 日本企业员工的春斗运动

日本的“春斗”，就是每年“春季争取提高工资的斗争”的简称。每年在财政年度开始的春季，日本全社会中的劳动者都会为了增加工资或者改善劳动条件等要求而与资方进行谈判和斗争。目前斗争还只是停留在各公司内部，主要是由工会出面和雇主进行交涉。

春斗运动在日本始于1954年。1954年，日本炭劳、私铁总联、合成化纤劳联、电产及纸浆劳联等5个产业工会合组“共斗会议”，翌年全国金属、化学同盟、电机劳联加入春斗。此后随着参加组织的增多和运动影响的扩展，春斗渐渐发展成为每年一度的工人维权运动。由于春斗影响全产业薪资调整幅度，因此已成为日本劳方与资方交涉薪资的重要机制。

日本的春斗经常采取集会、罢工、游行等形式。春斗时，日本经济团体联合会与日本工会联盟都会派出代表参加谈判。谈判双方分别阐明其所持的立场，申明具体的要求。近些年来，这种“斗”所造成的社会震荡越来越轻微。经过多年发展，日本企业劳资双方已习惯每年按照定例协商，通常在罢工之前即可达成协议。由于这种活动的制度化，减少了其他时候的劳动纠纷，减少了工人罢工的次数。

2. 以员工参与企业民主管理的地位特征及职责为标准划分

（1）直接参与。直接参与主要指员工在参与企业民主管理实践时，能够直接参与管理决策的各类情形。具体表现为如下形式：参加员工持股会的会员大会并就会议文件进行表决；组成自治型的工作团队；组成质量管理圈；参加工作小组、车间或部门的工作会议；参加涉及技术改革和工作组织调整的活动；等等。员工直接参与企业民主管理的情况主要发生在基层、局部或日常性的管理领域（见表9－1）。

表 9－1　　直接参与的多种形式

直接参与模式	具体表现形式
自上而下的沟通	公司内部刊物、报纸；公司报告和定期的公司情况报告会、经理接待日、民主恳谈会
自下而上的问题解决方式	雇员看法调查、质量管理圈
财政参与	收益分享、员工持股、增值附加奖金

（2）间接参与。间接参与主要指员工首先选举产生代表，由代表参加企业各类管理实践，并在相关场合按照凝练出的员工意愿来实施表决权、监督权等民主权利，然后再与员工进行信息反馈。员工间接参与企业民主管理的主要形式为选举员工代表参加各类企业内部管理会议。例如，工会会员选举工会代表参加管理方定期召开的会议；全体或者部分员工选举的员工代表参加于管理方定期召开的会议或者临时召开的会议；员工选举的代表参加与管理人员共同组成的各种工作委员会；员工代表参加公司董事会、监事会；等等。实践表明，企业员工及其代表可以通过间接参与模式有效地参加到企业高层次管理活动中，涉及企业和员工全局利益的决策或监督事项都由员工代表出席并参与决断，这是间接参与的最主要的特征。

9.1.3　企业民主管理的功能

1. 协调功能

企业民主管理能有效协调企业内部的利益矛盾关系，其主要手段有集体协商与集体协商谈判、职工董事和职工监事制度等。

2. 法制化功能

推行企业民主管理要求有序参与，依法维权。为此建立的企业各项规章制度会提高依法治理企业的水平。

3. 创效功能

企业民主管理能创造经济效益，推动企业协调、科学、持续发展。

4. 凝聚功能

企业民主管理通过上述三个功能的发挥，催生出工会和企业的凝聚力，这就是企业民主管理的凝聚功能的实质所在。

9.2 企业民主管理在中国的一般形式

在国际潮流的影响下，特别是在经济全球化背景下，中国企业学习和借鉴先进经验，结合自身实际，创造性地发展了具有中国特色的企业民主管理理念和方法。其中，企业级集体协商谈判、职工董事和职工监事制度、自购型员工持股计划等是国际通行的企业民主管理方法在中国的一般形式。

9.2.1 集体协商谈判制度

1. 集体协商谈判制度的概念

集体协商谈判制度是指在国家法律规制下，企业雇主和工人及其代表组织通过协商谈判来调节劳资双方的利益，解决劳资双方冲突的制度安排方式。集体协商谈判是我国目前劳动关系处理机制的主要方式。

知识拓展 协商化集体谈判与集体谈判

我国法律将集体谈判称为“集体协商”。集体协商实际上就是协商化的集体谈判。强调“协商”二字，透露出我国的法律设计者鼓励劳资合作的意愿。

集体谈判和集体协商谈判的相似之处为：二者都是双方就某一问题寻求解决办法或一致意见的过程。

集体协商谈判与集体谈判的区别为：

（1）集体协商强调共同利益，而不是强调雇员、雇主及其组织哪一方独特的利益。

（2）原则上，协商是作为一种咨询建议，不是做出决策的过程，协商强调劳资双方的合作而不是敌对。

2. 中国企业集体协商谈判制度的功能

（1）维护职工合法权益，逐步提高了职工的保险和福利待遇。

（2）加强了协调劳动关系工作，形成了和谐稳定、互利共赢的劳动关系。

（3）完善了企业管理，规范了企业的劳动用工制度，为企业的持续稳定发展创造了良好的外部条件。

（4）推动了工会组织建设，建立和完善了工会维权机制，进一步增强了工会组织的影响力和凝聚力。集体协商制度产生了实实在在的效果。

3. 中国企业集体协商谈判制度的建立

改革开放以来，特别是我国提出建立社会主义市场经济体制以来，借鉴西方集体协商谈判经验，并结合我国实际，形成了一套有中国特色的集体协商谈判建设道路。

集体协商谈判制度建立的前提保障具体如下：

（1）法律体系保障。我国已经初步建立起了一整套法律法规制度体系，为开展集体协商谈判工作提供了必要的法律支持。

在国家立法方面，《工会法》第6条规定，工会通过平等协商和集体合同制度，协调劳动关系，维护企业职工的劳动权益；第20条规定，工会代表职工与企业以及实行企业化管理的事业单位进行平等协商，签订集体合同。集体合同草案应当提交职工代表大会或者全体职工讨论通过；《劳动法》第33条规定，企业职工一方与企业可以就劳动报酬、工作时间、休息休假、劳动安全卫生、保险福利等事项，签订集体合同；《劳动合同法》中设立专章规定集体合同制度。

在部门立法方面，1994年12月的《工资支付暂行规定》（劳部发［1994］489号）、1997年2月的《外商投资企业工资集体协商的几点意见》（劳办发［1997］19号）、2000年10月《工资集体协商试行办法》（劳社部令第9号）、2003年12月的《最低工资规定》（劳社部令第21号）、2003年12月原劳动部颁布的《集体合同规定》（劳社部令第22号）、2005年5月的《关于进一步推进工资集体协商工作的通知》（劳社部发［2005］5号）、2006年8月的《关于开展区域性行业性集体协商工作的意见》（劳社部发［2006］32号）、2008年1月的《关于职工全年月平均工作时间和工资折算问题的通知》（劳社部发［2008］3号）等规章和相关政策文件，明确规定了平等协商和签订集体合同的内容、程序、履约监督和违约责任、发生劳动争议时的调解处理，以及上级工会应当代表、指导和帮助基层工会与企业平等协商和签订集体合同等内容。

（2）行政体系保障。党中央、国务院在其颁布和下发的文件中，多次明确提出要建立集体协商谈判制度，以解决劳动领域的相关问题。例如，2008年的《政府工作报告》提出“提高企业职工工资水平，建立企业职工工资正常增长和支付保障机制。推动企业建立工资集体协商制度，完善工资指导线制度，健全并落实最低工资制度”等目标。

中国工会也非常重视集体协商谈判工作。早在1995年的中华全国总工会十二届六次主席团会议上，尉健行同志就着重指出，“贯彻实施《劳动法》，对于工会来讲，‘牛鼻子’就是集体合同”。2004年7月，在全国总工会十四届四次主席团（扩大）会议上，王兆国同志明确提出，“要坚持和发展平等协商和集体合同制度，推行工资集体协商办法，完善劳动合同制度，建立健全劳动关系协调机制”。2008年，王兆国在中国工会十五大报告中再次强调，要发挥好劳动合同、集体合同和职工代表大会制度在维护职工收入分配权益中的关键作用。在制度建设方面，中华全国总工会积极参与源头立法，如参与了《中华人民共和国劳动合同法》及实施条例起草、制订的全过程。这部法律中设置专节内容对集体合同做出具体规定，为我国规范集体协商谈判内容、程序和签订集体协议提供了必要的法律依据。除了参与立法外，中华全国总工会通过及时下发各种指导意见来指导地方开展集体协商谈判工作。2008年底，面对国际金融危机对我国实体经济的冲击，中华全国总工会及时提出开展“共同约定行动”。“共同约定行动”是特殊形势下的集体协商谈判，其实质是一方面鼓励企业在能够承受的范围内尽可能地承担社会责任，不裁员、少裁员和不降薪、少减薪；另一方面如果企业裁员减薪，必须与工人进行集体协商谈判，签订集体协议。

4. 中国集体协商谈判的结构特征

目前，中国集体协商谈判主要表现出分散型集体谈判和企业级集体协商谈判的结构特征。

分散型集体协商谈判，在谈判程序上比较简单，容易与现代企业的其他民主管理制度和人力资源管理制度相适应。

企业级集体协商谈判更有利于合同真实、有效地得到履行。

9.2.2　职工董事和职工监事制度

1. 概念

职工董事、职工监事是由职工代表大会或工会会员大会民主选举产生，依照法律程序进入董事会、监事会，代表职工行使决策和监督权利的职工代表。

职工董事、职工监事制度是依照法律规定，通过职工代表大会（或职工大会及其他形式）民主选举一定数量的职工代表，进入董事会、监事会，代表职工行使参与企业决策权利、发挥监督作用的制度。

这种制度是在公司的最高管理机构中实施的企业民主管理制度。

我国相关法规规定：国有独资公司、国有控股的有限责任公司和股份有限公司必须建立职工董事、职工监事制度。有限责任公司、股份有限公司和股份合作制企业的监事会中必须有职工代表参加。

2. 职工董事、职工监事制度的作用

职工董事和职工监事制度下，职工董事通过提供他们的观点和经验提高了决策会议的质量和决策的质量，员工的利益要求也能够更多地在企业决策中得以体现，能够提高员工对董事会决策的更多的认同，并且通过让员工了解管理方的问题和限制条件来减少劳资冲突。

3. 职工董事、职工监事人选资格条件及比例

（1）资格条件。职工董事、职工监事人选的基本条件是：本公司职工；遵纪守法，办事公道，能够代表和反映职工的意见和要求，为职工群众信赖和拥护；熟悉企业经营管理或具有相关的工作经验，有参政议事能力。

未担（兼）任工会主席的公司高级管理人员，《公司法》中规定的不能担任或兼任董事、监事的人员，不得担任职工董事、职工监事。

（2）职工董事、职工监事在董事会、监事会中的比例。董事会中职工董事与监事会中职工监事的人数和比例应由干部管理部门、出资方和地方（产业）工会共同商定，并在公司章程中明确。

职工董事的人数一般应占公司董事会成员总数的1/4；董事会成员人数较少的，其职工董事至少1人。职工监事的人数不得少于监事会成员总数的1/3。

职工持股会选派到董事会、监事会的代表，不占职工董事、职工监事的名额。

开动脑筋

1. 是否只有工会主席才能担任员工董事？
2. 未担任工会副主席的员工，在被选为职工监事后，是否应被补选为工会副主席？

4. 职工董事、职工监事的产生程序

公司工会根据公司章程规定制订选举方案。

职工董事、职工监事的候选人由公司工会提名，公司党组织审核，并报告上级工会；没有党组织的公司可由上一级工会组织审核。工会主席一般应作为职工董事的候选人，工会副主席一般应作为职工监事的候选人。符合条件的其他公司员工也可作为候选人，但公司经营班子成员不宜成为职工董事、职工监事的候选人。

职工董事、职工监事由本公司职工代表大会以无记名投票方式选举产生。职工董事、职工监事候选人须获得全体会议代表过半数选票方可当选。

公司应建立健全职工代表大会制度，尚未建立的，应组织职工或职工代表选举产生职工董事、职工监事，并积极筹建职工代表大会制度。

职工董事、职工监事选举产生后，应报上级工会、有关部门和机构备案，并与其他内部董事、监事一同履行有关手续。

5. 职工董事、职工监事的职责

职工董事、职工监事享有与其他董事、监事同等的权利，承担相应的义务，应履行下列特别职责。

- 经常或定期听取职工群众的意见和建议。
- 在董事会、监事会研究决定重大问题时，代表职工行使权利，充分发表意见。
- 在董事会讨论涉及职工切身利益的重要决策时，如实反映职工要求，表达和维护职工的合法权益。
- 在董事会研究确定公司高级管理人员时，如实反映职工代表大会民主评议公司管理人员的情况。
- 定期监督检查职工各项保险基金的提取、缴纳，以及职工工资、劳动保护、社会保险、福利等制度的执行情况。
- 向上级工会、有关部门和机构反映所遇到的特殊或重要情况。

阅读资料 《董事会试点中央企业职工董事履行职责管理办法》关于职工董事特别职责的规定

1. 董事会试点中央企业职工董事的特别职责

（1）职工董事在享有与公司其他董事同等权利、承担相应义务的同时，还应履行关注和反映职工合理诉求、代表职工利益和维护职工合法利益的特别职责。

（2）公司章程或董事会议事规则应当对职工董事的特别职责做出具体规定。职工董事特别职责涉及的事项一般可以分为董事会决议事项和向董事会通报事项两类。

决议事项主要包括公司劳动用工、薪酬制度、劳动保护、休息休假、安全生产、培训教育和生活福利等涉及职工切身利益的基本管理制度的制定及修改。

通报事项主要包括企业民主管理和民主监督方面的诉求、意见与建议，以及涉及职工利益的有关诉求意见或倾向性问题。

2. 职工董事履行特别职责的基本方法

（1）职工董事就履行特别职责的相关事宜听取职工代表大会、工会等方面的意见。开展各种形式的调查研究活动，直接听取职工意见和建议。

（2）职工董事就职工利益诉求方面的情况与董事会其他成员保持经常性沟通和交流，并可通过会议等形式，听取外部董事的意见和建议。

（3）职工董事可参与决议事项的议案拟定，将征集的职工有关意见或合理诉求在议案形成过程中得以体现，或在董事会会议决议过程中反映、说明或提出建议意见。

（4）在董事会会议研究决定涉及职工切身利益的决议程序中，职工董事可提供该决议事项需要特别说明的调查材料或资料，并就该事项的决议发表意见。

（5）董事会会议可听取职工董事关于职工对公司经营管理的建议、职工相关利益诉求和倾向性问题等方面的通报性事项专题报告。

6. 职工董事、职工监事的任期、补选与罢免

职工董事、职工监事的任期与其他董事和监事的任期相同，任期届满，可连选连任。

职工董事、职工监事在任期内，其劳动合同期限自动延长至任期届满；任职期间以及任期届满后，公司不得因其履行职责的原因与其解除劳动合同，或采取其他形式进行打击报复。

职工董事、职工监事离职的，其任职资格自行终止。职工董事、职工监事出缺，应及时进行补选，空缺时间一般不得超过3个月。

职工代表大会有权罢免职工董事、职工监事。罢免职工董事、职工监事，须由1/3以上的职工代表联名提出罢免议案。

7. 职工董事、职工监事的述职制度

职工董事、职工监事每年须向职工（代表）大会述职；职工代表对职工董事、职工监事的工作进行评议；职工董事、职工监事对职工代表提出的质询应做出答复。

知识拓展　　职工董事、职工监事与公司工会、职工代表大会的关系

公司工会应为职工董事、职工监事开展工作提供服务。应协调和督促公司及时向职工董事、

职工监事提供有关生产经营等方面的文件和资料，协助职工董事、职工监事进行调研、巡视等活动；协助职工董事、职工监事就有关议题听取职工意见，进行分析论证，提出意见和建议；成立“智囊团”等形式的组织，为职工董事、职工监事提供咨询服务；协调有关方面建立职工董事、职工监事各项工作制度。

职工董事、职工监事要向公司职工代表大会负责。应积极参加职工代表大会的有关活动，认真执行职工代表大会的有关决议，在董事会、监事会会议上按照职工代表大会的相关决定发表意见。应定期向职工代表大会报告工作，接受职工代表大会的质询。职工代表大会每年对职工董事、职工监事履行职责情况进行民主评议，对民主评议不称职的予以罢免。

9.2.3 员工股份制

1. 员工股份制的概念

员工股份制是指由企业内部员工出资认购本公司部分股权，委托员工持股会等代理机构来运作，集中管理；代理机构作为股东代表参与按股分红的一种内部股权信托制度。在我国，员工股份制的主流形态是员工持股计划。

2. 员工股份制在企业民主管理中的作用

企业员工持有部分公司股份，可以间接享受股东权益，通过分享公司的经营成果和资本增值获得工资之外收入；可以获得由股权契约保障的就业机会。这种制度下，员工个人利益与公司利益能够有效融合，员工重视企业发展，其企业承诺和参与管理的意识加强，有利于员工与企业间和谐劳动关系的形成。

知识拓展 中国企业员工持股股权模式

不同于以美国为代表的典型的企业员工股份制，实践中，中国企业形成了各具特色的员工持股股权模式。它们是：上市公司的内部员工股、定向募集公司的内部员工股、由集体企业内部积累形成的内部员工股、某些民营企业中有特殊贡献人员的创业股与贡献股（所谓干股）、股份合作中员工投资形式的内部员工股份、较为普遍、相对定型的形式是内部员工股、员工持股会持股制、股份合作制。

3. 中国企业员工股份制的运行模式

（1）员工持股会模式。员工持股会推行员工持股计划进程中衍生出的一种信托组织，它接受相关人委托，持有企业员工股，进而成为公司的机构股东。员工持股会依法按股权比例享有股东权利，也有义务按照委托协议向参会员工分配股东权益。

员工持股会模式有两种具体的做法：

①地方主管部门发布员工持股会管理办法等，在办法中确认员工持股会作为社团法人，由地方民政部门注册登记社团法人。

②不单独给予员工持股会社团法人地位，而是将企业的员工持股会作为企业内部的组织，员工持股会由企业工会领导，并由工会代行一些需要法人出面的工作。

知识拓展 员工持股会模式的施行障碍

上述第一种做法与《工会法》和《社会团体登记管理条例》的有关规定相矛盾。《工会法》规定：工会作为社会团体法人，不得从事营利性经营活动。中华全国总工会已明确指出：工会作为上市公司的股东，其身份与工会的设立和活动宗旨不一致，可能会对工会正常经营活动产生不利影响。因此，从2002年开始，证监会根据《关于职工持股会及工会能否作为上市公司股东的复函》（法律部［2000］24号）暂不受理工会作为股东或发起人的公司公开发行股票的申请。民政部办公厅下发《关于暂停对企业内部职工持股会进行社团法人登记的函》（民办函［2000］110号），根据精神，职工持股会属于单位内部团体，不再由民政部门登记管理。这些纠偏举措使得第一种模式的探索暂告段落。第二种做法，则工会面临向股东大会和向职工代表大会双重负责的问题。

（2）公司法人模式。公司法人模式指的是参与员工持股计划的员工出资成立（或收购）一家公司，企业法人作为持股主体，通过这家公司持有原公司的股份。

知识拓展 公司法人模式的施行障碍

运用该模式实施员工持股计划存在以下法律障碍。《公司法》第12条规定："公司在其他有限责任公司、股份有限公司投资的，除国务院规定的投资公司和控股公司外，所累积投资额不得超过本公司净资产的50%"。而投资公司注册资金要求在1000万元以上，这无疑大大限制了这种模式的应用。因为作为员工持股的主体，不可能强制其资金在1000万元以上，更不可能让他的资金中只有一半可以投资持股，而另一半只能闲置不用。另外，这种模式还有一个问题，即公司所得税和个人所得税的双重纳税问题。

（3）自然人账户模式。自然人账户模式指的是利用自然人账户变相持有内部员工股。

知识拓展 自然人账户模式的评价

运用自然人账户施行员工持股计划显然是一种不规范的权宜做法。它违反证监会的现行规定，同时也容易产生纠纷。而且，员工所持股票的投票权的实施以及其他管理权问题都难以规范、高效地解决，会严重违背公司实施员工持股计划的目的。

4. 股票来源

我国现有法律框架内，解决员工持股计划的股票来源问题可以采取以下几种方式。

（1）定向扩股。主要指上市公司为推行员工持股计划向员工实施定向增发计划。这种操作下发行的新股包括IPO、配股、增发等形式。我国股票政策规定：不允许上市公司发行职工股和限制公司回购股份。

（2）原股东转让。主要是大股东转让部分股份作为股份预留。在目前我国进行的上市公司股权分置改革中，原股东（非流通股东）向流通股东转让已得到国家政策的支持。

（3）国有股减持。采用向流通股转配送股的方式，减少以国有股为主的非流通股的份额，这可以成为上市公司提供员工持股计划所需的股票来源。

（4）二级市场购买。通过信托公司、基金或其他机构购买本公司股票并代为持有。通过代理机构从二级市场上直接购买本公司的股票。这种操作模式在法律政策方面的限制较少，具有简单直接的特点，而且购股数量等也不受限制。但是，这种方式受市场的影响大，所需要的资金较多。

（5）公积金转增。以公积金转增股本作为推行员工持股计划的股份来源，就是上市公司股东大会通过决议，将一部分资本公积金转增为公司的股份，作为预留股份以推动实施公司的员工持股计划。

5. 资金来源

我国企业员工持股计划的资金来源多由员工出资购买。这种做法与由雇主筹资作为资金来源的典型做法相悖。权益的制度安排差异，使得我国员工持股计划激励员工形成组织承诺的作用有所降低。

9.3 企业民主管理在中国的特殊形式

中国企业民主管理实践经历了计划经济体制、转轨经济体制和社会主义市场经济体制三个复杂的历史阶段，从而发展出具有中国企业特色的一系列企业民主管理方式。具体讲就是职工代表大会制度、厂务公开制度和合理化建议制度。

9.3.1 职工代表大会制度

1. 职工代表大会制度的概念

职工代表大会制度是企业实行民主管理的基本制度形式。职工代表大会是职工行使民主管理权力的机构。企业工会委员会是职工代表大会的工作机构，负责职工代表大会的日常工作。

2. 职工代表大会的性质

职工代代大会是职工行使民主管理权利的基本形式。

职工代代大会在企业民主管理中的基础性地位是基于以下因素而形成的：职工代代大会是其职工董事和职工监事制度等其他民主管理形式的基础；其他形式是对职工代代大会制度的完善和补充；相关法规的规定保障了职工代代大会的法定制度性。

职工代表大会是企业内部权力机构之一。法律赋予职工代代大会五项职权，即审议建议权、审议通过或否决权、审议决定权、评议监督权和民主选举权。

知识拓展 企业工会委员会的工作

企业工会委员会是职工代表大会的工作机构，它承担下列工作：

● 组织职工选举职工代表；

● 提出职工代表大会议题的建议，主持职工代表大会的筹备工作和会议的组织工作；

● 主持职工代表团（组）长、专门小组负责人联席会议；

● 组织专门小组进行调查研究，向职工代表大会提出建议，检查督促大会决议的执行情况，发动职工落实职工代表大会决议；

- 向职工进行民主管理的宣传教育，组织职工代表学习政策、业务和管理知识，提高职工代表素质；
- 接受和处理职工代表的申诉和建议，维护职工代表的合法权益；
- 组织企业民主管理的其他工作。

3. 职工代表大会的职权

(1) 审议建议权。审议建议权是指职工代表大会依法享有的对企业经营重大决策进行审议，并提出意见和建议的民主权利。

相关法律性文件要求：企业经营重大决策必须提交职工代表大会征求意见，未审议不得实施。需提交职工代表大会审议的企业经营重大决策包括：企业生产经营安全生产；重组改制等重大决策；实行厂务公开的情况；履行集体合同的情况；等等。

(2) 审议通过或否决权。审议通过或否决权是指职工代表大会依法享有的对有关职工切身利益的重大事项表示认可或否认的权利。

职工代表大会的这项职权决定了凡是涉及职工切身利益的重大事项，只有经职工代表大会审议通过，企业方能公布实施；未获通过，则议案不能实施。这里，涉及职工切身利益的重大事项包括：工资调整方案、奖金分配方案；集体合同草案；经济性裁员方案、职工安置；安全生产和劳动保护措施；重要的规章制度；公益金和福利基金使用方案和使用情况；等等。

(3) 审议决定权。审议决定权是指职工代表大会依法享有的对职工生活福利方面的重大问题做出决定的权力。

对于职工生活福利方面的重大问题，经职工代表大会审议决定，可以交由企业行政系统贯彻实施。涉及职工生活福利方面的重大问题主要包括职工福利基金使用方案等内容。

(4) 评议监督权。评议监督权是指职工代表大会依法享有的评议、监督企业行政领导干部的权力。

对于企业中层以上管理人员，职工代表大会有提出奖惩、任免建议的权力。

(5) 民主选举权。民主选举权是指职工代表大会依照相关法律性文件所规定的权限和程序，民主选举企业管理相关机构成员的权力。

具体讲，职工代表大会有权选举职工董事、职工监事，有权选举或罢免参加平等协商的职工代表，有权选举企业劳动争议调解委员会中的职工代表，有权选举职工代表大会专门委员会（小组）成员。

4. 职工代表大会的运作程序

（1）会前程序。包括：建立筹备机构；制定工作方案；呈报会议安排；营造大会氛围；准备大会材料；组织相关会议；筹备会务工作；召开预备会议。

（2）会中程序。包括：大会开幕；进行选举；审议决议；大会闭幕。

（3）会后程序。包括：向上报告；文件归档；管理常效。

表 9－2　　职工代表大会职工代表的人数、比例和任期

职工代表的人数	职工代表的结构比例	职工代表大会职工代表的任期
• 200 人以下的单位：职工大会或代表不少于 30 人 • 200～500 人的单位：10%～15%，不少于 30 人 • 500～1000 人的单位：职工总数的 7%～10% • 1000～5000 人的单位：职工总数的 5%～7% • 5000 人以上的单位：职工总数的 3%～5%	• 一线职工占代表总数 40% • 中层以上领导干部占代表总数 20% • 科技和管理人员占代表总数 40%	职工代表的任期与工会委员会同步、实行替补缺额随时增补

9.3.2　厂务公开制度

1. 厂务公开制度的概念

厂务公开制度是企业依照有关法律法规规定，将与本单位和广大职工切身利益密切相关的问题，通过适当形式向广大职工公开，吸收广大职工参与决策、管理和监督的民主管理制度。

厂务公开制度施行的重点是使职工知情；施行的关键是公开、真实；其制度实质是民主管理和民主监督。

2. 厂务公开的内容

我国相关法规规定，企业经营管理活动中，涉及企业重大决策问题、企业生产经营管理方面的重要问题、职工切身利益方面的问题以及与企业领导班子建设和党风廉政建设密切相关的问题时，在执行时需要辅以厂务公开制度来加强企业民主管理。

知识拓展　　厂务公开与职工代表大会的关系

厂务公开内容与职工代表大会职权存在诸多重合处。但厂务公开制度侧重的是职工的知情权，在具体操作上，厂务公开在内容上的广泛性、时间上的灵活性、形式上的多样性都较好地弥补了职工代表大会的不足，因此厂务公开一般被认为是职工代表大会制度的补充和完善。

3. 厂务公开的领导组织

各级地方政府建立了由党委、政府及有关部门和工会组织联合组成厂务公开领导办公室。办公室由党委领导，各级地方工会组织负责日常工作，基建监察机关负责监督检查。各基层组织厂务公开的实施情况作为考核企业领导班子和领导人员的重要依据，并与奖惩任免挂钩。

企业建立由党委、行政、纪委、工会负责人组成的厂务公开领导小组。企业工会是厂务公开领导小组的工作机构，负责日常工作。

9.3.3 合理化建议制度

1. 合理化建议制度的概念

合理化建议制度又称为奖励建议制度、改善提案制度、创造性思考制度。企业内员工发现现行办事手续、工作方法、工具、设备等，有改善的地方而提出建设性的改善意见或构思，称为“提案”或“建议”。公司选择优良且有效的提案加以实施，给予提案者适当的奖励，这种有系统地处理员工提案的方法，被称为改善提案制度。

2. 合理化建议制度的性质

合理化建议制度是一种规范化的企业内部沟通制度，旨在鼓励广大员工能够直接参与企业管理，下情上达，让员工能与企业的管理者保持经常性的沟通。

3. 合理化建议制度的功能

合理化建议制度是员工参与企业民主管理的一个重要途径，是公司运用集体智慧的重要手段。

9.4 中国企业民主管理状况

9.4.1 中国企业民主管理的发展历程

1. 立法方面

计划经济时期，我国在1957年下发了《关于研究有关工人阶级的几个重要问题的通知》，规定实行常任制的职工代表大会制度。此时，职工代表大会制度与党委领导下的厂长负责制一起构成企业管理的两项平行的制度。由于企业行政管理和职工民主参与从组织制度上开始分离，而职工代表大会同时被赋予四项职权，这就使得职工民主参与有了依据，从而也确立了职工代表大会作为企业民主管理基本形式的地位。1965 年颁布执行《国营工业企业工作条例（修正草案）》，规定企业的职工代表大会是职工群众参加管理、监督干部、行使三大民主的权力机关。改革开放后，从 1978 年开始，国有企业恢复实行党委领导下的职工代表大会或职工大会制度。1981 年和 1982 年，中共中央、国务院相继颁布了《国营工业企业职工代表大会暂行条例》、《国营工厂厂长工作暂行条例》、《中国共产党工业企业基层组织工作暂行条例》。这三个条例的颁布，确定了当时企业实行“党委集体领导、厂长行政指挥、企业民主管理”的领导结构。

转轨经济时期，1986 年，中共中央、国务院颁发了《全民所有制工业企业职工代表大会条例》、《全民所有制工业企业厂长工作条例》、《中国共产党全民所有制工业企业基层组织工作条例》在内的关于企业领导制度的三个条例，全民所有制企业普遍实行厂长负责制，同时建立职工代表大会制度，为厂长正确决策、统一指挥提供基础和保证。《中华人民共和国全民所有制工业企业法》（1988 年），规定全民所有制企业必须建立健全职工代表大会制度和其他民主管理制度。职工代表大会享有审议建议权、审查同意或否决权、审议决定权、评议监督权、民主选举权五项职权。上述法规的颁布和实施，极大地促进了企业职工代表大会制度的建设。

社会主义市场经济时期，劳动关系系统理论及思想逐渐成为企业民主管理实践的逻辑支撑点。企业民主管理职能主要应通过参与的形式来表现，中国企业民主管理的实质是“民主参与”。这一时期，国家分别在《工会法》（1992 年）、《公司法》（1993 年）和《劳动法》（1994 年）中对企业建立职工代表大会或通过其他形式实行企业民主管理予以确认。1997 年以后，理论研究侧重于工会的维权职责、发展多种企业民主管理形式和关注私营企业的民主参与。2002 年，中共中央办公厅、国务院办公厅联合下发了《关于在国有企业、集体企业及其控股企业深入实行厂务公开制度的通知》，对厂务公开工作的重要意义、原则、内容等做出明确规定，并确定职工代表大会是厂务公开的主要载体。《关于进一步加强非公有制企业企业民主管理工作的通知》（2004）指出，非公有制企业的职工是我国工人阶级的重要组成部分，应当按照法律和政策规定参与企业民主决策、民主管理和民主监督。同年颁布的《集体合同规定》规定：经双方代表协商一致的集体合同草案或专项集体合同草案应当提交职工代表大会或者全体职工讨论。职工代表大会或者全体职工讨论集体合同草案或专项集体合同草案，应当有 2/3 以上职工代表或者职工出席，且须经全体职工代表半数以上或者全体职工半数以上同意。2005 年修改后的《公司法》打破了所有制限制，明确规定各类公司都要通过职工代表大会或者其他形式实行民主管理。2007 年《劳动合同法》规定：“用人单位在制定、修改或者决定有关劳动报酬、工作时间、休息休假、劳动安全卫生、保险福利、职工培训、劳动纪律以及劳动定额管理等直接涉及劳动者切身利益的规章制度或者重大事项时，应当经职工代表大会或者全体职工讨论，提出方案和意见，与工会或者职工代表平等协商确定”，“集体合同草案应当提交职工代表大会或者全体职工讨论通过等等。”

知识拓展 **“新三会”与“老三会”的关系**

“新三会”，是指常态公司治理机构中的股东会、董事会和监事会；老三会是传统企业组织制度中的党委会、职工代表大会和工会。

“新三会”是公司制企业治理机构的主体框架，在创立现代企业制度过程中必须坚持；“老三会”是传统企业制度中的精髓，是我国政治制度在国民经济基层单位的具体体现，在公司化改组过程中也不可废弃。

《公司法》对国有企业既要建立职工代表大会制度，又要建立职工董事、监事制度，均做了明确规定。党的十五届四中全会决议明确指出，“老三会”和“新三会”都不能取消，通过“双向进入”的办法减少实际工作中的摩擦。即党委书记按照法定程序进入董事会，兼任董事长；工会代表和职工代表按照法定程序进入董事会担任职工董事，进入监事会担任职工监事。

2. 执行方面

当前企业民主管理的特点表现为：职工代表大会是企业民主管理的基本形式；日常民主管理实现了“三级民主管理”；企业民主管理的主要内容为企务公开。

在职工代表大会制度的执行方面，以职工代表大会为基本形式的民主管理每年定期听取和审议《企业工作报告》、《企业财务工作报告》、《领导干部述职报告》以及其他重大事项，此外，还负责通过职工代表提议案和平等协商签订集体合同、平等协商签订工资协议书、平等协商签订养老金缴纳比例、平等协商签订住房公积金缴纳比例以及平等协商签订女职工权益保护专项合同等五个平等协商签订。

在日常民主管理方面，“三级民主管理”的构架基本成型。其执行的情况为：公司级民主管理在规范化、标准化和经常化方面比分公司级民主管理要好。企业各基层组织的民主管理发展不平衡，有些组织还达不到规范化、标准化要求，很多民主管理实践流于形式，甚至名存实亡。

在企务公开方面，企务公开工作的重点在向三个方面延伸：在公开内容上，从肤浅向深层次延伸；在公开的步骤上，从本级公开向上下级单位相互公开延伸；在公开的程度上，从局部向全面公开延伸。同时进行企务公开后的信息反馈和公开效果的认定工作。企务公开的形式主要有三，分别为：以会议为形式的企务公开、以企务公开栏为形式的企务公开和以设立企务公开意见箱为形式的企务公开。

9.4.2 中国企业民主管理现存的问题及政策建议

1. 立法方面存在的问题及建议

（1）存在的问题。

①缺乏企业民主管理的专门性法律。已颁布施行的关于企业民主管理的法律法规大多散见于不同的法律、法规和文件之中，不利于企业规范化适用。

②缺乏操作性。企业民主管理的法律法规的规定还比较原则，需要进一步细化和增强可操作性。既有的法律大多是原则确认了企业事业单位实行民主管理的义务，但缺乏关于企业民主管理各项制度组织和运行机制等方面的具体规定。

③法律适用局限性强。既有法律法规缺乏对非公有制企业实行企业民主管理的具体规定。此外，《企业法》、《全民所有制工业企业职工代表大会条例》中对于企业民主管理的适用范围、职工代表资格、表决方式、组织制度等方面的规定，已明显不能适应各类企业民主管理的要求，急需加快立法或对原有的法律法规进行修改。

④缺乏对集体谈判制度、职工董事制度、员工持股制度等企业民主管理新形式的规制。

⑤地方关于企业民主管理的立法缺乏协调和统一。

（2）政策建议。

①扩大企业民主管理的适用范围，规定各类所有制性质的企业都必须实行企业民主管理制度，并有针对性地调整原有法律或者制定统一适用于各种所有制性质企业的企业民主管理法规。

②在民主管理的形式方面，立法对企业民主管理形式的规定应体现出一定的灵活性。法律应允许企业结合自身条件采用特定的企业民主管理形式，同时应通过立法来促进企业创新民主管理形式。

③完善企业民主管理的程序规定，使企业民主管理具有可操作性。重点推进职工代表的直选，改进职工董事、职工监事的选举形式等。

④完善企业民主管理的法律责任，充分保证企业民主管理制度的效力。针对妨碍职工依法行使民主权利的各类行为的执法和处罚力度。

2. 执行方面存在的问题及建议

（1）存在的问题。

①企业民主管理图形式、走过场的现象明显。

②有些企业没有严格按照法律规定的要求来实践企业民主管理。

③企务公开形式化严重。

（2）政策建议。

①发挥企业工会在企业民主管理工作中的作用。企业工会应在管理者和劳动者之间建立沟通的桥梁，要帮助管理者和劳动者正确认识开展企业民主管理的好处，要切实落实其作为企业民主管理日常办事机构的各项责任，要对实践中探索出的有益经验加以概括、总结、提炼和推广。

②制定企业民主管理工作的制度、办法和措施。重点是要完善企业职工代表大会制度，特别要处理好五方面问题。

- 对职工代表团组长的成员构成、人数比例必须有严格要求，不能把职工代表团组长联席会议开成干部大会，从而失去企业民主管理、民主参与的意义。
- 坚持职工代表大会预审制度。坚持将方案提交全体职工代表预审，广泛听取职工代表的意见和建议。
- 职工代表团组长联席会议在行使审议通过、审议决定职权中，尤其对涉及职工利益的方案，必须采取无记名投票的方式进行表决，以充分体现职工代表的意愿。
- 加强对职工代表的培训，尤其要注意对职工董事、监事和职工代表团组长的培训，以提高他们的整体素质和参政议政能力。
- 建立职工代表巡视检查制度。要处理好职工代表大会与企务公开的关系。企务公开必须以职工代表大会为载体，在职工代表大会专门工作机构中增设企务公开工作委员会。
- 积极发挥其他的企业民主管理形式，以使各种形式的民主管理手段互为补充、相互融合和彼此促进。

③企业应对民主管理工作实行达标检查验收和奖罚措施。

本章小结

本章主要介绍了企业民主管理的内涵、类型和功能。详细介绍了企业民主管理在中国企业的一般形式和特殊形式，分别就集体协商谈判制度、职工董事和职工监事制度、员工股份制以及企业职工代表大会制度、厂务公开制度、合理化建议制度的概念、内容、施行模式进行了细致讨论。最后对中国企业民主管理制度进行了综合评价。

思考题

1. 企业民主管理中，“民主”的核心内涵是什么？
2. 经典的企业民主管理方式方法有哪些？
3. 如何培育中国企业集体协商谈判主体？
4. 如何把握新、老三会之间的关系？
5. 中国企业员工持股计划的主要施行模式是什么？它们的制度障碍分别是什么？
6. 中国企业职工代表大会的职能是什么？
7. 中国企业厂务公开制度的主要内容和运行机制是什么？
8. 企业工会在企业民主管理中的作用是什么？

案例思考

浙江富润控股集团是一家以纺织为主业的国有企业。这家以传统产业为主战场的国有企业在市场经济的竞争大潮中，依靠以人为本的理念，依靠全体职工的智慧和力量，坚持实施企业民主管理，凝聚人心，使公司上下在市场竞争中愈战愈勇，屡获佳绩。企业先后兼并21家濒临破产的本地工商企业和一家外地企业，安置了一万余名员工，被誉为国企改革解困的典范。

富润控股集团之所以能够有效规避了企业经营中的各个风险，与其推行企业民主管理制度密不可分。

富润每年召开2～3次职工代表大会，公司所有决策都必须经过职工代表大会来审议通过。一次，富润向当时的国家纺织工业部上报了一个投资688万元、年产500万件（套）针织衫裤技改项目。经专家论证，纺织部正式批复同意。公司欢欢喜喜地召开职工代表大会，向职工通报这一喜讯，没想到却得到了几个职工代表投的反对票，他们认为企业应瞄准未来市场，结合企业的生产特点和现状，改上丝织印染项目。面对职工的意见，富润组织开展深入论证，并和职工们反复交流，最后决定听从职工的建议，改上丝织项目。事实证明了这一决策的正确。

在富润，工人是主人，工会有地位，集团公司工会主席兼任公司副董事长，职工代表加入董事会、监事会，成立职工持股会，保障了职工的合法权益，有力地促进了企业管理的有效开展。

在富润，有个坚持了十多年的工作联系单制度，一切重大决策和关系职工切身利益的事，公司都要靠它先听听职工的声音。每次兼并，一张张“联系单”送到职工手中。兼并毛纺厂时，1683名职工反馈了1600多封联系单，集团领导对此一一批复，并公开见诸厂刊。一次，富润开展两个文明建设合理化建议活动，1200多名职工交来1000多份建议书。集团领导仔细阅读后一一答复，并打印成文下发全厂。其中，被公司看做是看家绝活的“绢丝针织织造法”，就是从众多建议中选出的，组织职工开发出来的新工艺。应用这种新工艺生产出的绢丝服装，如今已成为集团的支柱产品，“绢丝针织织造法”新工艺获得了国家专利，建议者也被任命为针织织造厂厂长。

富润集团在强手如林的市场中立于不败，关键在于能够充分发挥职工代表大会、职工董事和职工监事以及合理化建议等企业民主管理制度的作用。

【问题】

1. 富润集团创造并使用了哪些企业民主管理办法来促进企业发展？这些民主管理方法的核心实质是什么？

2. 哪些因素影响企业采用民主管理方法？

第 10 章

企业劳动争议处理

学习目标

1. 掌握劳动争议的概念、类型
2. 掌握劳动争议处理的类型
3. 掌握企业个别劳动争议处理的机制
4. 掌握企业集体劳动争议处理的机制
5. 了解中国企业劳动争议管理状况

内容预览

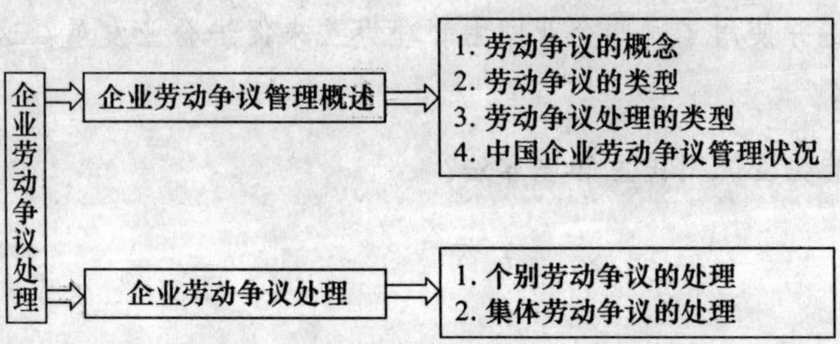

10.1　企业劳动争议管理概述

10.1.1　劳动争议的概念

劳动争议在许多国家或地区又被称为劳资争议或者劳资纠纷。

广义的劳动争议指的是劳动关系的当事人双方在劳动权利、义务以及其他相关利益方面存有不同主张和要求进而引起的纠纷。

狭义的劳动争议通常是指用人单位与劳动者之间、用人单位与工会之间，以及用人单位团体与工会之间，在劳动法调整的范围内，因为劳动问题引起的纠纷。

知识拓展　　劳动争议的特定性

1. 劳动争议的当事主体间必定建立了劳动关系

如果争议双方间不存在劳动关系（或劳动事实），即使争议内容涉及劳动问题，也不构成劳动争议。例如，劳动者之间在劳动过程中因工作分担不公而发生的争执；一个企业指控另一个企业挖走其核心员工等，都不属于劳动争议。

2. 劳动争议以劳动权利和义务为标的

在狭义的劳动争议概念中，劳动权利和义务通常指劳动立法、集体合同和劳动合同中所规定的相关事项。除此之外，以劳动权利义务之外的权利义务为标的的争议，则不属于劳动争议。例如，员工因住房分配问题而与企业发生争议，该争议是否属于劳动争议，则要看双方是否将住房分配列入劳动合同或集体合同条款，如果列为条款，则该争议属于劳动争议，否则就不属于劳动争议。

3. 劳动争议表现为当事人双方就基于不同标的的不同主张和要求进行意思表示

具体讲，就是当事人双方对劳动权利、义务的确定或实现各持己见，既包括当事人一方反驳另一方的主张，或者拒绝另一方的要求，也包括当事人向国家机关、劳动争议处理机构或有关团体提出给予保护或处理争议的请求。

4. 劳动立法下的劳动争议具有特定的调整范围

通常，劳动争议调整的范围与劳动法律关系的内容范围相一致。依据《中华人民共和国劳动争议调解仲裁法》的规定，劳动争议调整的范围是中国境内的用人单位与劳动者发生的下列劳动争议：①因确认劳动关系发生的争议；②因订立、履行、变更、解除和终止劳动合同发生的争议；③因除名、辞退和辞职、离职发生的争议；④因工作时间、休息休假、社会保险、福利、培训以及劳动保护发生的争议；⑤因劳动报酬、工伤医疗费、经济补偿或者赔偿金等发生的争议；⑥法律、法规规定的其他劳动争议。

5. 劳动争议具有法定调整程序

各国劳动立法通常规定有劳动争议调整的一般程序，主要包括：协商、斡旋、调解、仲裁、诉讼等。此外，对于特殊主体发生的劳动争议，各国劳动争议立法普遍规定有特别的程序。例如，当公益性单位发生劳动争议时，争议行为将被强行停止，争议由高级劳动争议处理组织（如中央劳动委员会）处置等。

10.1.2 劳动争议的类型

1. 根据争议标的的性质，劳动争议分为权利争议和利益争议

权利争议是指对现行法律、集体合同、劳动合同所规定的权利义务在实施或解释方面所发生的争议。通俗讲是指一方当事人不按规定履行义务，而使对方合法权益受到侵损而产生的争议。例如，企业克扣员工加班工资而产生的争议等。

利益争议是指因主张有待确定的权利和义务所发生的争议，通俗讲就是劳动争议双方当事人为确定某种新的权利义务关系或变更原定的权利义务关系引起的争议。例如，用人单位拒绝与符合条件并且提出要订立无固定期限劳动合同的员工签订无固定期劳动合同等。

2. 根据争议涉及的人数和合同种类，劳动争议分为个别争议和集体争议

（1）个别争议。个别争议是指企业个别劳动者与企业管理者之间发生的劳动争议。

个别争议的特点为：

①劳动者一方的争议当事人人数未达到集体争议的当事人人数的法定要求。

②争议内容只涉及个别劳动权益和义务。

③除特别情况外（如劳动者因公死亡，由其直系亲属参与劳动争议），劳动者一方的争议当事人只能自己参加争议处置而不能由别人代表。劳动者一方的争议当事人为多人且少于法律规定的人数限定时，单个人不能代表其他人参与争议。

（2）集体争议。集体争议是指劳动者一方当事人为规定的多数人或某一团体，并拥有共同争议内容和争议请求的，与企业管理者或者雇主组织之间就劳动权益与义务或者集体合同问题而产生的争议。

集体劳动争议的特点是：

①劳动者一方的争议当事人人数必须达到法定的要求。

②争议的标的为集体劳动权益和义务。

③具有共同的争议理由和要求。

④劳动者一方可由选举的代表或工会出面参加集体争议。

知识拓展　　各国立法对集体争议的认识

关于集体争议，各国在立法上的认识不尽相同。

观点一认为，集体争议是因集体合同而引发的争议，英国、俄罗斯、立陶宛等国立法采用这种概念。

观点二认为，集体争议是指争议涉及的员工人数众多或集体（工会等）与雇主之间发生的劳动争议。法国、越南以及我国台湾地区等立法采用这种方法界定。

我国劳动争议立法并未对集体争议进行法律界定，只在《劳动争议调解仲裁法》中规定，劳动者当事人在10人以上且有共同请求的争议可以推举代表参加调解、仲裁或者诉讼活动。因此，有学者认为我国实质上没有集体争议，而只有所谓的“多人争议”；而因集体合同订立与履行而发生的争议被界定为团体争议。

3. 根据争议发生的领域，劳动争议分为公益事业争议和非公益事业争议

公益事业争议是指公益事业领域发生的劳动争议。如韩国《劳动争议调整法》规定：“公用事业在本法中指公众日常生活必需的，其中会严重危害国家经济的事业。下列任何情况之一均属公用事业：公共交通；水、电、煤气供应以及石油提炼行业；公共卫生和医疗事业；银行；广播与通讯行业。”各国劳动争议立法通常会对公益事业争议进行特别规定，以尽快解决争议，减少争议给公民带来的权益损害。

4. 根据争议的内容分类

根据争议内容，劳动争议可分为以下几类：因执行、变更、解除和终止劳动合同而引起的争议；因录用、调动、辞退、辞职而引起的争议；因劳动报酬、津贴等引起的争议；因工作时间、休息时间、休假引起的争议；因执行劳动安全卫生标准引起的争议；因特殊职工保护问题引起的争议；因职业技能培训引起的争议；因社会保险、福利待遇问题引起的争议；其他有关劳动权益引起的争议。

10.1.3 劳动争议处理的类型

处理不同类型的劳动争议，适用不同的原则和程序。在实践中，劳动争议的处理方式主要包括司法方式和非司法方式两种。

1. 司法方式

司法方式是指由司法机构（即法院）来处理劳动争议的方式。

处理劳动争议的司法机构一般分为专业法院和普通法院两类。专业法院即所谓的劳动法院、社会法院，或者以处理劳动争议为主的法院，该类机构实行比民事司法更为便捷、经济，并具有特殊功能的特殊程序来处理劳动争议。在欧洲，法国、德国、英国、比利时、丹麦、西班牙和瑞典都建立了劳动法院、社会法院或者法庭，以专门处理劳动争议。而意大利和荷兰则将劳动争议交由民事法院和普通法庭来处理。

处理劳动争议的专业法院与普通法院相比存在三方面特点：①劳动法庭可以由职业法官或者兼职法官组成。兼职法官通常来自雇主组织、工会，以及个体就业者协会等民间机构。②法官有权在必要时可以通过拓展法律来解决劳动争议。比如在德国，有很多地区出现法官发挥法律解决劳动合同纠纷的案例。③劳动法庭适用便捷、经济和更具民众性的程序。例如，劳动法庭的当事人可以请求职业组织的代表、工会的代表或者家庭成员参与诉讼，而普通法庭只可以请律师代理诉讼。

除劳动法院等专业法院以外，欧洲国家还有其他法院处理劳动争议的丰富实践，例如德国、葡萄牙、希腊的行政法院，西班牙的社会法院等。另外，有些欧盟国家实践了与法院既相似又不同的裁判实例，例如丹麦的国家调解员办公室和英国的产业法庭等。

2. 非司法方式

在各国的实践中，协商（和解）、斡旋、调解、仲裁等非司法方式被广泛用来处理劳动争议。比较司法方式而言，非司法方式具有便捷、经济和易实现当事人间的充分沟通等特点。

协商是指劳动关系双方当事人采取自治的方法裁决纠纷，根据劳动争议当事人的合意或者团体协议，双方互相协商，最后通过协商解决争议。通过协商方式自行和解，是当事人双方应选择的首要解决争议的途径，也是裁决争议过程中可以随时采用的途径。协商解决以当事人自愿为基础，不愿协商或经协商不能达成一致的，当事人可以选择其他争议处理方式。

斡旋是指在争议双方主体协商失败的情况下，第三者或中间人介入和帮助双方主体互递信息和意思表示，促成其和解的争议处理方式。这里，斡旋人既可以是个人，也可以是机构。在欧洲国家，斡旋广泛运用于各类劳动争议处理中。在仲裁程序和诉讼程序中也设有斡旋阶段以改进劳动争议的处理效果。例如，在英国和法国，斡旋阶段依自愿或强制原则发生，但是不公开进行。自愿斡旋是指一方当事人或双方当事人自愿接受仲裁庭的斡旋和解建议，达成书面的和解协议。强制斡旋发生于特定情况，如有些欧盟国家使用强制斡旋手段介入劳动纠纷，以预防罢工和关闭工厂事件的发生等。

调解是指争议主体在双方协商失败的情况下，第三者或中间人介入争议处理过程，并提出自己的建议，最终促使当事人双方达成和解协议的处理方式。在很多国家，调解还作为一个必要的程序而被广泛运用于仲裁和诉讼中。从概念上理解，与斡旋人相比，调解人因能提出自己的建议而更具独立性，因而其作用比斡旋人更为重要。实践中，调解有三种方式，分别是：政府劳动部门的行政调解（如新加坡的劳工准则处充当调解人）、政府直接调解（如菲律宾的国家调解斡旋委员会进行调解）和私人调解（即由民间知名人士来充任调解人）。在有些国家，调解与仲裁职能由一个机构来担当（如澳大利亚的产业关系委员会）。

仲裁是指争议主体在双方协商失败的情况下，由具有法定仲裁权的机构介入争议处理的方式。劳动争议仲裁通常发生在斡旋或调解失败之后。劳动争议的仲裁分为自愿仲裁和强制仲裁。自愿仲裁是指存在协议关系的当事人（如签订了集体合同）通过协议等方式约定，如出现基于协议的争议，则接受仲裁机构裁决的劳动争议处理方式。强制仲裁通常在处理紧急劳动争议事件时使用，它不受当事人间是否存在协议或者当事人是否约定接受仲裁裁决的限制。在许多国家，在发生对公共日常生活秩序和国民经济造成重大影响的劳动纠纷事件（如铁路工人和邮电工人的集体罢工等）时，政府常会实施强制仲裁来尽快解决劳动争议。

10.1.4 中国企业劳动争议管理状况

1. 中国企业劳动争议处理制度的发展历史

建国初期，中央政府在当时的中央劳动部设立了劳动争议处理司，负责处理具有示范意义的企业的劳动争议，检查指导各省、市劳动部门调整劳资关系和处理劳动争议的工作。各省、市（包括中央直辖市、大行政区直辖市和工商业发达的省辖市）劳动局设立劳动争议调处科，负责调处本辖区公私营企业中的劳动争议事宜。

随着我国资本主义工商业的社会主义改造的完成，我国的劳动关系越来越单一，劳动争议逐年减少，再加上社会主导意识等方面的原因，中央劳动部于 1955 年 7 月以后陆续撤销了劳动部劳动争议处理司，各地劳动局设立的调处科以及城市劳动仲裁委员会等劳动争议处理机构。《关于劳动争议解决程序的规定》等规章停止实行。人民法院不再受理劳动争议案件。至此，劳动争议处理法律制度消亡。劳动争议处理工作交由信访部门负责。这种局面从1956年一直持续到1986年。

中国共产党十一届三中全会以后，我国劳动争议处理制度得以恢复和发展。1986年7月，国务院下发了《关于发布改革劳动制度四个暂行规定的通知》，提出建立劳动争议仲裁机构。1987年7月31日，国务院发布了《国营企业劳动争议处理暂行规定》，中断30年的劳动争议处理制度得以恢复。此后，我国国有企业开始建立劳动争议调解委员会，各地也开始组建劳动争议仲裁委员会，人民法院明确由民事审判庭负责处理劳动争议案件。

随着社会主义市场经济体制改革的深化，1993年7月，国务院颁布实施了《中华人民共和国企业劳动争议处理条例》，劳动争议处理制度进入新的发展阶段。《条例》规定此后一定时期内劳动争议处理制度的基本模式是：自愿选择企业调解，就地申请劳动仲裁，最终地方司法审判。1995年，《劳动法》正式实施。以《劳动法》为基本法律的劳动争议处理法律体系初步建立。企业劳动争议调解委员会、劳动争议仲裁委员会以及人民法院民事审判庭构成了我国劳动争议处理的组织网络。劳动争议的处理在数量和质量上得到大幅度提高。

2008年5月1日，《中华人民共和国劳动争议调解仲裁法》正式实施。这部法律为劳动争议处理建立了新的格局。它明确了发生劳动争议的举证责任主体分配；将调解协议的法律约束力提升为合同效力；确立了仲裁员的选聘标准；明确了劳动争议案件仲裁管辖以劳动合同履行地为主以用人单位所在地为辅的机制；将申请劳动仲裁的期限由原来的60日扩充为一年；等等。该法努力使劳动争议消解在基层，在制度层面提升了调解的效力，同时也为仲裁这种最主要的劳动争议处理方式制定了更加细致、合理的制度。

2. 我国企业劳动争议管理状况

（1）劳动争议案件持续增高。根据劳动和社会保障事业发展统计公报的数据，1995年我国劳动争议案件只有3万多件，2007年达到35万件。《劳动合同法》颁布实施后，劳动争议案件出现“井喷”，2008年激增到69万多件。到了2009年，据人力资源和社会保障部的统计数据，前三季度全国各级劳动争议仲裁机构共立案受理劳动争议案件已达51.9万件。而全国法院2009年上半年受理的劳动争议案件接近17万件，在广东、江苏、浙江等省还出现了劳动争议诉讼案件的激增。劳动争议案件的增多，表明劳动者的维权意识逐渐增强。

（2）劳动争议当事人越来越多地选择仲裁和诉讼程序来处理劳动争议问题。根据中国学者研究，《劳动法》实施以来，当事人直接申请仲裁的争议数量持续走高。与此同时，仲裁后继续申请诉讼的案件数量也猛烈增加。与之相反，通过调解来解决的劳动争议无论在数量还是在成功率方面，均呈逐年下降趋势。

(3) 集体争议的数量上升，涉及的人数明显增多。近十多年来，我国企业经历了产权变革、企业改制以及1998年和2009年的金融危机。尤其是2008年《劳动合同法》实施以来，劳动者有了更加有力的维权依据，因此，不但个别争议数量激增，集体争议的数量也呈现“井喷”，涉及人数也增长迅速。集体争议人数逐渐占到劳动争议总人数的一半以上。

(4) 劳动争议案件处理的难度逐渐加大。近年来，劳动争议的案情日益复杂化，这增加了案件处理的难度。以北京市劳动争议仲裁委员会为例，1995年，72.85%的争议是以调解方式结案，仲裁结案的仅占27.15%，而到2010年，调解结案的比例下降为总争议案件的1/5左右，而裁决结案的比例占到了将近2/3，判决结案的比例超过了总数的1/3。这表明，通过调解这种简单方式来解决劳动争议的可能性越来越小，案件处理难度不断加大。

(5) 劳动者申诉比重大，胜诉比率高。提请处理的劳动争议案件中，劳动者胜诉率始终保持在半数以上。这其中，劳动立法发挥了重要的作用。

(6) 劳动争议的标的日益多样化。2000年以前，劳动报酬和保险福利争议均超过争议总量的半数以上。2000年以后，随着经济体制转轨、社会转型的加快以及社会经济结构的变动，涉及对劳动者开除、除名、辞退和企业单方面变更、解除劳动合同的案件逐渐增多。劳动争议的标的呈现出多样化特点。

3. 企业劳动争议产生的原因

(1) 立法层面的原因。从立法层面看，劳动立法及政策不完善或者执行不得力是引致我国企业劳动争议事件频发的一个重要原因。例如，部分员工考虑到社保转移和个人缴费等问题而不愿参加社保，因而不向企业提供相关证件，导致企业无法为该员工办理参保手续，当该员工离职时，如就此向劳动仲裁组织提出仲裁，则企业方通常处于不利地位。此外，我国劳动争议立法在罚则方面，缺乏操作性强、约束力强的规制，也纵容了企业侵害劳动者劳权行为。

(2) 企业管理方面的原因。从企业角度看，企业内部管理不规范是发生劳动争议的首要原因。

在企业管理规章制度方面，《劳动合同法》规定：用人单位在制定、修改或者决定有关劳动报酬、工作时间、休息休假、劳动安全卫生、保险福利、职工培训、劳动纪律以及劳动定额管理等直接涉及劳动者切身利益的规章制度或重大事项时，应当经职工代表大会或者全体职工讨论，提出方案和意见，与工会或者职工代表平等协商确定。并且规定用人单位应当将这些规章制度公示或者告知劳动者。但在现实的企业管理中，企业一方出于某些原因而未能在制度的制定或修改时参考员工的意见，未进行公示或未能进行有效地公示，这些不规范行为极易诱发劳动争议。

在企业的日常管理方面，员工加班记录的确认、工资领取、请假手续或离职手续的办理等，经常出现代替签字或缺少签字、出现流程跳跃等现象，这也给劳动争议的发生和处理埋下了隐患。

在用工行为方面，成立日期较早的、尤其是私营企业和拥有大量农民工的企业，目前大多存在着用工不规范行为。最常见的表现为，不签订劳动合同，不按时、足额缴纳社会保险费或者不参保等。这些极易诱发劳动争议。

此外，为提高资本的效率，我国在国有和集体企业中推行企业改制。改制过程中，由于法制不健全以及改制行为不规范等原因，产生了大量的因改制而发生的劳动争议案件。这其中，因职工下岗而引发的劳动争议，以及因劳动合同主体变更而发生的劳动争议占很大的比重。

（3）劳动者方面的原因。从劳动者角度看，在企业劳动争议案件中，劳动者普遍缺乏依法维护劳权的意识。员工在进入企业以后，无论是签订劳动合同，还是签收文件或者确认工资对账单等，很多情况下都不认真阅读其具体内容而直接签字，缺乏在日常的细节中保护自身的合法权益的意识；在日常的工作中不太注意自身权益受到侵害时证据的收集；甚至即使发现自己合法权益受到侵害也不能运用相应的法律条文来维护，等等。此外，作为劳动者劳权维护的代表组织，企业工会在劳动争议事件，特别是在集体争议事件中，发挥的作用极其有限。这种局面的产生，与我国在工会立法和工会组织运行体制方面的缺陷有着直接的关系。

10.2 企业劳动争议处理

10.2.1 企业劳动争议处理概述

在我国，企业劳动争议依据《劳动争议调解仲裁法》来进行处理。《劳动争议调解仲裁法》规定："发生劳动争议，劳动者可以与用人单位协商，也可以请工会或者第三方共同与用人单位进行协商，达成和解协议。""发生劳动争议，当事人不愿协商、协商不成或者达成和解协议后不履行的，可以向调节组织申请调解；不愿调解、调解不成或者达成调解协议后不履行的，可以向劳动争议仲裁委员会申请仲裁；对仲裁裁决不服的，除本法另有规定的外，可以向人民法院提起诉讼。"企业劳动争议处理的程序如下（图10.1）。

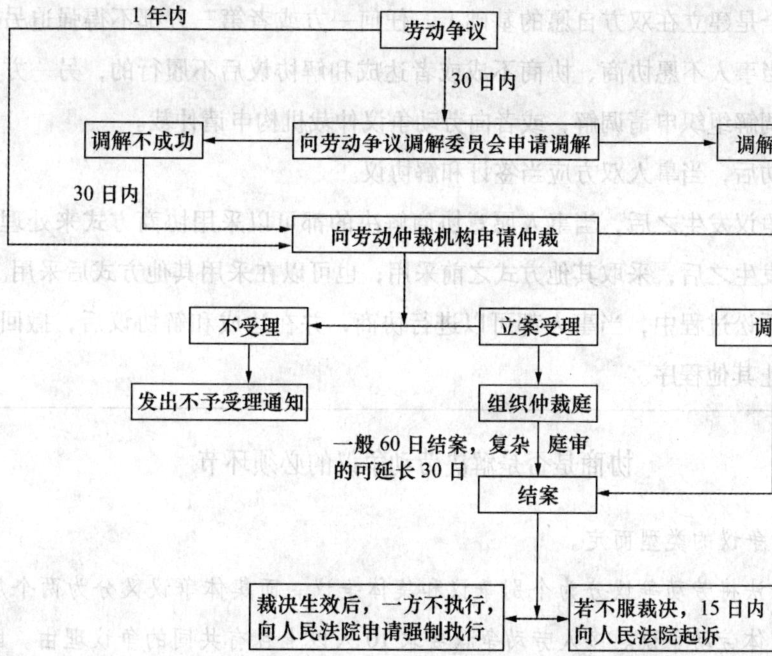

图10.1　企业劳动争议处理基本程序

10.2.2　个别劳动争议的处理

1. 企业个别劳动争议的协商

根据《劳动争议仲裁法》，企业劳动争议发生后，劳动者可以与用人单位直接协商，也可以请工会或者第三方共同与用人单位直接接触，进行磋商对话，从而使当事人的矛盾得以化解，自愿就争议事项达成协议，使劳动争议及时得到解决。

知识拓展　　关于劳动争议协商中的第三方

我国劳动法律规定工会或者第三方可以共同参与劳动争议的协商处理。但第三方在劳动争议协商中不起主要作用。

这样规定的主要原因是劳动者与用人单位相比通常处于弱势地位，这种地位和力量上的不平衡会妨碍和解协议的达成。规定工会或第三方参与协商，有利于平衡力量，促使用人单位与劳动者能够通过协商达成和解协议，以发挥协商在处理劳动争议方面的作用。

劳动争议协商处理的“第三方”可以是本单位的人员，也可以是本单位以外的，但必须是当事人双方都信任的人员。

协商程序完全是建立在双方自愿的基础上，任何一方或者第三方都不得强迫另一方当事人进行协商。如果当事人不愿协商、协商不成或者达成和解协议后不履行的，另一方当事人仍然可以向劳动争议调解组织申请调解，或者向劳动争议仲裁机构申请仲裁。

协商和解成功后，当事人双方应当签订和解协议。

通常，劳动争议发生之后，当事人愿意协商解决的都可以采用协商方式来处理争议，即协商既可以在争议发生之后，采取其他方式之前采用；也可以在采用其他方式后采用。也就是说，在调解、仲裁和诉讼过程中，当事人都可以进行协商，并在达成和解协议后，撤回调解、仲裁或诉讼请求，终止其他程序。

知识拓展　　　　协商是否是解决劳动争议的必须环节

这要看劳动争议的类型而定。

我国劳动立法将劳动争议分为个别争议和集体争议。而集体争议又分为两个层次，即多人劳动争议和团体劳动争议。多人劳动争议要求10人以上且有共同的争议理由。团体劳动争议指在订立和履行集体合同时，工会与企业管理方发生的争议。

基于这种分类，我国劳动争议协商程序也存在三种情形。

(1) 个别劳动争议下的协商。在这种情况下，劳动者实际上只有在终止与企业的劳动关系后才可能获得与企业平等的协商地位。我国劳动法律规定，劳动者可以选择与企业协商的方式来解决劳动争议。此时的协商是劳动争议处理的非必须环节。

(2) 团体劳动争议下的协商。按照《劳动法》和《集体合同规定》，因签订集体合同而发生的劳动争议，由当事人协商解决。协商不成的，由当地人民政府劳动行政部门组织各方协调处理。对因履行集体合同而发生的劳动争议，由当事人协商，协商不成的，可依次申请仲裁和诉讼。可见，团体劳动争议下的协商是争议处理的必须程序。

(3) 多人劳动争议下的协商。我国在立法中对多人劳动争议进行了界定，但未对多人劳动争议的协商程序做专门的规定，而只是规定多人劳动争议可以选派代表来进行争议活动，且协商也仅仅是一个可选择的程序，并非必须。

2. 企业个别劳动争议的调解

劳动争议的调解是在争议当事人之间不愿或不能达成和解的情况下，由第三方调解人介入，提出调解意见，促使争议解决的一种处理方式。

（1）企业个别劳动争议的调解组织。在我国企业劳动争议处置过程中，法定的调解人是各类劳动争议调解组织。该组织是受法律保护的，具有独立调解劳动争议功能群众性组织。

我国企业个别劳动争议的法定调解组织分别是企业劳动争议调解委员会、基层人民调解组织。

企业劳动争议调解委员会由职工代表、用人单位代表和工会代表组成。企业劳动争议调解委员会在职工代表大会的领导和当地劳动行政部门的指导下进行工作。劳动争议调解委员会与企业行政、企业工会、人民法院、劳动争议仲裁委员会、劳动行政机关没有隶属关系，其调解活动具有相对独立性。上级工会可以对它的工作进行全面指导，劳动争议仲裁委员会可以为其提供业务指导。

基层人民调解组织分为两类，分别是在劳动行政部门内，依托劳动行政执法监察机关而设立的“劳动争议人民调解委员会”和在街道劳保所设立的“劳动争议联调工作室”。基层人民调解组织接受司法行政部门和人民法院的指导与监督。

（2）劳动争议调解的原则。

①自愿原则。自愿原则贯穿于调解的全过程。首先，发生劳动争议后是否选择调解，由当事人双方的意愿来决定。即使一方愿意调解，而另一方不愿意，则发生在该当事人之间的劳动争议也不能用调解办法解决。其次，选择调解后，是否能达成调解协议及达成怎样的调解协议，也完全由当事人的意愿决定。调解人所提出的调解意见仅供当事人参考，并不构成裁决。

②合法原则。首先，劳动争议调解必须依法进行。对调解人员来说，必须依据劳动法律、法规和政策进行调解。对当事人来说，双方达成的调解协议，其内容不得违反法律规定。其次，调解程序必须符合有关程序规定的要求，严重违反法定程序进行的调解以及达成的调解协议不具有约束效力。

③说服教育原则。劳动争议调解的性质决定了只能采用说服教育的方法进行调解。这意味着调解人员不能采用行政命令的办法进行调解，也要求调解人员积极主动并且耐心进行调解工作。

④不妨碍当事人申请仲裁原则。劳动争议调解不是劳动争议处理的必经程序。当事人申请调解，并不因此而丧失申请仲裁的权利。经调解不成的，任何一方当事人都可以申请仲裁。调解人员不得以任何借口或理由妨碍或阻止任何一方当事人申请仲裁。

（3）企业劳动争议调解的程序。

①申请。劳动争议发生后，除法律规定不得调解的案件外，当事人都可以自知道或者应当知道其劳动权利被侵害之日起30日内依法以书面或口头方式提请调解。其中，口头申请的，调

解组织需当场记录申请人基本情况、申请调解的争议事项、理由和时间。

②受理。劳动争议调解委员会在接到调解申请后，首先要依法进行审查。审查内容包括：提请调解的争议是否属于劳动争议；提请调解的劳动争议是否属于本组织的调解范围。符合条件的，劳动争议调解委员会应当受理，并将受理决定即时告知当事人。

③调解前的准备。劳动争议调解委员会在正式调解前应做好必要的准备工作。如告知当事人双方参加调解，指定调解人员，了解案情，调查取证，熟悉有关法律和政策等。

④调解。在搞清基本事实及准备工作就绪的情况下，首席调解员主持调解会议。简单的争议，调解委员会可指定1~2名调解员进行调解。调解方式根据实际情况灵活掌握。

⑤达成调解协议。经调解当事人双方达成协议后，应记录在案，并制作调解协议书，由调解人及当事人双方签名，加盖劳动争议调解委员会印章。经调解不成的，应制作调解意见书详细记录调解情况。

⑥调解终结。调解委员会调解劳动争议，应当自劳动争议双方当事人申请调解之日起30日内结束。到期未结束的，视为调解不成。此外，劳动争议调解可因以下原因而终结：

- 申请调解的一方当事人撤回调解申请；
- 劳动者一方当事人死亡；
- 调解完毕；
- 一方或双方当事人申请仲裁；
- 当事人双方和解。

3. 企业个别劳动争议的仲裁

（1）劳动争议仲裁的性质。关于劳动争议仲裁的性质，有几种不同的判断。

观点一认为，劳动争议仲裁是针对劳动争议或纠纷而设立的由第三方居中裁决的司法审判之外的一种程序制度。

观点二认为，劳动争议仲裁是劳动行政机构或其授权组织，解决劳动争议的行政决定制度。

观点三认为，劳动争议仲裁是兼具行政和司法性质的准司法行为。

观点四认为，劳动争议仲裁是一种劳动行政执法行为。至于劳动争议仲裁到底体现出哪种性质，要看劳动争议的性质而定。例如，在处理公益性事业的多人劳动争议时，劳动行政部门通过强制仲裁来参与解决争议，则此类争议仲裁就表现出很强的行政性质。又比如，在处理个别劳动争议时，过多地动用行政力量就有违仲裁人应独立、客观和公正的原则。那么此时劳动争议仲裁更多地表现出其作为非司法审判的程序性制度所具有的性质。

本书持与第四种观点相类似的看法。

（2）劳动争议仲裁的特征。

①劳动争议仲裁与劳动争议诉讼间是单向排斥关系。我国劳动法律规定，劳动争议发生后，当事人如果不首先提请劳动争议仲裁，就无权向人民法院提起劳动争议诉讼，这可概括为仲裁排斥诉讼。反之，最高人民法院对劳动部《关于人民法院审理劳动争议案件几个问题的函》的答复中（1989年）规定："劳动争议当事人对仲裁决定不服，向人民法院起诉的，人民法院仍应以争议的双方为诉讼当事人，不应将劳动争议仲裁委员会列为被告或第三人。在判决书、裁定书、调解书中也不应含有撤销或维持仲裁决定的内容。"可见，劳动争议诉讼并不排斥劳动争议仲裁。这一特征与民商事仲裁和诉讼间的双向排斥不同。在民商事仲裁和诉讼中，当事人选择了仲裁程序，就不可能再寻求诉讼程序的保护；反之，提起了诉讼并为对方所认可，则仲裁程序就不可能启动。

②劳动争议仲裁一次裁决但不终局。依据劳动法律规定，劳动争议仲裁裁决书下达后，当事人在收到裁决书之日起15日内不提起诉讼的，仲裁裁决发生法律效力；15日内提起诉讼，则仲裁裁决失去效力。这意味着，仲裁裁决的效力在法定期限内处于待定状态而非确定状态。事实上，每一件劳动争议仲裁案件都有再启动诉讼程序的可能。

③劳动争议仲裁不能解决团体劳动争议。按照我国劳动争议相关法律，我国的劳动争议仲裁的仲裁范围不包括工会与企业方因签订集体合同引发的劳动争议。事实上，我国的劳动争议仲裁是以个别劳动争议为核心对象，相关法律未对集体劳动争议进行明确的规定。我国《劳动争议调解仲裁法》尽管对多人劳动争议进行了界定，但在实践中，多人劳动争议其实是被视为多个个别劳动争议的集合而被统一来处理的。我国劳动争议仲裁制度实际上只是针对个别劳动争议的处理制度。

知识拓展　**劳动争议仲裁制度与劳动争议调解制度、诉讼制度的区别**

要获得具有法律效力的劳动争议处理结果，仲裁程序是必经程序，而调解程序是任意性程序。我国法律规定，劳动争议当事人可以不经劳动争议调解而直接申请仲裁，可见调解为任意性程序，而仲裁为必经程序。

劳动争议仲裁机构属于准公共机构，而劳动争议调解机构属于民间机构。我国劳动争议仲裁的常设机构通常设置在各级劳动行政机构内部，目前有省、地（市）、县三级仲裁委员会。劳动争议仲裁委员会组成成员来自于公共部门和民间组织，仲裁委员会主任由专门负责劳动争议处理的高级公务员担任。劳动争议调解机构则设立在企业内部或街道组织。组成成员全部来自于企业或民间机构，具有明显的群众性。

调解没有级别管辖的区分，如果当事人双方自愿调解，调解程序固定。仲裁则除不同的地域管辖外，还有不同的级别划分。仲裁程序中，除考虑争议发生的地理因素外，还要考虑争议的性质和影响范围等诸多因素，才能最终确定属于哪个地域和哪个级别仲裁机构的管辖。

调解组织做出的调解书一般不具有法律效力。劳动者一方的当事人仅在涉及劳动报酬、工伤医疗费、经济补偿金等的支付责任未被履行时，方可持调解协议书向人民法院申请支付令。劳动争议仲裁裁决书做出后虽然不会立即产生法律效力，但当仲裁裁决送达当事人15日后，如未发生上诉行为，则依法生效，产生法律效力。当事人的任何一方不履行生效的仲裁裁决义务时，对方可申请人民法院强制执行。

（3）劳动争议仲裁的原则。

①仲裁前置原则。前置原则是指依据我国劳动争议法律规定，劳动争议的当事人可以首先向仲裁委员会申请仲裁，对仲裁裁决不符的，才可以向人民法院提起诉讼。也就是说，劳动争议仲裁是劳动争议诉讼的前置程序。

②先行调解原则。先行调解是指在仲裁程序开始之后，最终裁决做出之前，仲裁人员应当对当事人之间的劳动争议进行调解，只有调解不成的，才能进行裁决。先行调解意味着，仲裁机关在做出裁决之前必须进行调解，而不能未经调解就直接裁决。先行调解原则贯穿于仲裁程序的全过程。在仲裁程序开始后直至裁决做出前，仲裁机关都可以进行调解。

（4）劳动争议仲裁的基本制度。

①一次裁决制度。劳动争议经过一次仲裁做出裁决后，仲裁程序即告终结，当事人对仲裁裁决不服时，不得再向上级仲裁机关申请仲裁或复议，而只能向人民法院起诉。一次裁决制度意味着，每一个劳动争议案件只能由一级仲裁机关经由一次仲裁程序，当事人不得申请行政复议或者申请其他仲裁机构再行仲裁。

②时效制度。劳动争议必须在法定仲裁的时效期限内申请仲裁，超过时效期限不申请仲裁的，除法定情况外，仲裁机关不予受理。根据《劳动争议调解仲裁法》的规定，提出仲裁要求的一方应自劳动争议发生之日起一年内，向劳动争议仲裁委员会提出申请。未在上述期间提出仲裁申请的，仲裁机关一般不予受理。确因不可抗拒的事由或其他正当理由而超过时效的，方可考虑受理。

（5）劳动争议仲裁程序。

①申请仲裁。申请仲裁是指当事人在劳动争议发生后，向仲裁机关提出申请，请求仲裁机关通过仲裁解决劳动争议的活动。申请仲裁必须符合以下条件：申请人必须是劳动争议的当事人；必须有明确的被诉方；有具体的仲裁请求和事实根据；案件属于仲裁机关的受案范围和受理的仲裁机关管辖。

②受理。仲裁机关在接到当事人书面申请后，应当进行审查，符合条件的，应当在7日内做出受理决定。不符合条件的，应在7日内做出不予受理的决定。

③开庭仲裁。当事人之间未达成调解协议或在调解书送达前一方或双方反悔的，仲裁机关应当召开仲裁会议进行仲裁。劳动争议仲裁委员会应在仲裁前4日将仲裁时间、地点以书面方式通知当事人，在仲裁会议进行过程中应进行调解，调解不能达成协议的，应即时裁决。

④仲裁前的准备。在仲裁开始前，仲裁人员应进行必要的准备工作，如调查、搜集证据，熟悉案情，确定仲裁人员和召开仲裁会议的时间，试行调解等。

⑤裁决。仲裁裁决应在劳动争议仲裁委员会成员协商的基础上做出。协商过程中，试行少数服从多数的原则，但协商中的不同意见应如实记录。劳动争议仲裁委员会受理的劳动争议应在60内结案，特殊情况需要延长的，可以延长，但最长不得超过30日。

4. 企业个别劳动争议的诉讼

目前，我国个别劳动争议诉讼在程序上适用《民事诉讼法》规定的程序。在实体法方面，法律依据包括《劳动法》、《劳动合同法》等国家级劳动法律，以及国务院及其有关部门制定的行政法规和部门规章。

知识拓展　　劳动争议仲裁制度与诉讼制度的区别

劳动争议仲裁是劳动争议诉讼的前置程序。没有经过仲裁程序审理和裁决，劳动争议诉讼程序就无从启动。人民法院在劳动争议案件的审理过程中，对仲裁裁决本身不予审查，既不考虑仲裁裁决的正确与否，也不审查仲裁程序是否合法，而是对劳动争议的实体权利义务关系进行“重新”审理。

劳动争议仲裁机构是由三方代表组成的仲裁委员会，仲裁委员会委员是来自工会、劳动行政部门以及政府综合部门的代表，仲裁委员会行使的是法定的仲裁权；劳动争议诉讼中，审判机构是人民法院，是国家的审判机关，是完全的官方机构，审判人员是人民法院法官及经过选举产生的人民陪审员，人民法院是受理各类案件的审判机关，不是针对劳动争议处理所设的专门性机构。

我国当前劳动争议仲裁机构的设置实际上表现出准公共机构的特点，行政的力量在仲裁行为中发挥着较大作用。而劳动争议诉讼机构设置在人民法院内部，严格属于国家公共部门。

第四，劳动争议仲裁实行一次裁决制度，因此仲裁程序具有快捷、经济的特点。仲裁程序虽必须依法进行，但相对于诉讼法而言，冲裁表现出较大的灵活性，仲裁机构掌握仲裁程序节奏的弹性较大。劳动争议诉讼实行两审制，其诉讼程序有一审、二审多个环节，审理过程严格依据诉讼法的规定进行，表现出更多的刚性特点。

人民法院在受理劳动争议案件后，主要就当事人的实体权利义务关系做出裁决，而不应对仲裁裁决是否维护或撤销做出裁决。对一审人民法院做出的判决，当事人不服的，可以在收到判决书之日起 15 日内向上级人民法院提起上诉，二审法院做出的判决是终局性判决，当事人必须执行。

在对劳动争议进行审理过程中，人民法院首先应该基于自愿、合法的原则对案件进行调解。如果调解成功，人民法院通过调解书来确认诉讼当事人对于争议的调解结果。调解书送达并经当事人双方签字后即发生法律效力，诉讼当事人不得再行上诉。

对于人民法院做出的生效的调解书和判决书，当事人必须执行。一方当事人拒绝履行的，人民法院可以根据对方当事人的申请强制执行。申请劳动争议法律文书执行的期限是 1 年，自法律文书规定的履行期间的最后一日算起。

10.2.3 集体争议处理

集体争议主要表现为集体合同争议。集体合同争议一般分为两类：一类是因签订（或变更）集体合同发生的争议，此类争议为利益争议；另一类是因履行集体合同所规定的权利或义务而发生的争议，此类争议为权利争议。由于集体争议涉及面广，处理不好势必会影响社会和经济的稳定发展，因此，各国一般都在立法中做出专门规定来处理集体争议。

1. 集体争议处理的方法

常见的集体争议处理的方法有：团体交涉、调停、仲裁、行政处理、紧急处理等。

（1）团体交涉。团体交涉是指劳资之间产生集体争议后，不借助于第三方力量，而是由劳资双方各自选派代理人进行直接磋商和谈判，以谋求问题解决的争议处理办法。在集体谈判制度比较成熟的国家，政府倡导工会与雇主订立集体协议。集体协议通常会规定纠纷的解决程序，一旦发生争议，则依据集体协议规定的程序，由工会代表与雇主代表直接交涉，以求得到解决办法。

（2）调停。调停是指劳资双方产生集体争议后，请求第三者出面进行斡旋或调解，最终促成劳资双方达成和解的争议处理办法。当事人双方直接交涉不成时，如果集体合同中规定了将争议交付调解的条款，或者虽无类似条款，但双方都愿意以和平的方法解决争议的，则双方可以协商由第三者出面进行调解。第三者凭借其地位、名誉以及对劳工问题的研究，通常能说服双方找到适当的解决方法。而且如果调解者所提供的事实与意见仍不能为双方或一方所接受，调解人还可以公布其报告细节，借助公众舆论的力量促使调解成功。比如，美国政府近年来经常启用实情调查机构对集体争议进行调查。这样做名义上是调查劳资争议事实，实际上是进行调解。因为事实及调解办法一经公布，不接受调解的一方势必要承担反对责任，在这种情况下，常常能使不愿意接受调解的一方改变态度。

（3）仲裁。仲裁也是解决集体争议的有效办法。仲裁人依据相关法律和程序对争议事项进行裁决，劳资双方都有接受的义务。仲裁分为自愿仲裁和强制仲裁两种。自愿仲裁是在争议发生后，经双方同意自愿将争议交付仲裁，并服从仲裁决定。强制仲裁则是双方事前已经约定或由国家法律规定，劳资争议须交付仲裁，一经裁决即须付诸实施。

2. 集体争议的处理模式

为尽量避免激烈的劳资冲突，各国在处理集体劳动争议时，结合本国实际创造了各具特色的集体争议处理模式。代表性的有日本模式、瑞士模式、美国模式和德国模式。四国处理集体争议的模式有其共同特点，它们都将集体争议按照权利争议和利益争议进行了分类处理。其中，利益争议通常通过团体交涉、调停和仲裁程序处理；而权利争议则通过司法程序做出最终判决。

（1）日本模式。日本模式见图 10.2。

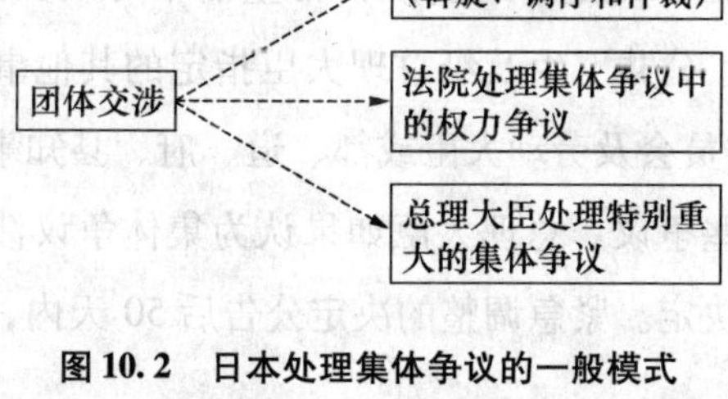

图 10.2　日本处理集体争议的一般模式

在日本，当企业中发生集体性的利益争议时，当事人双方一般会选择团体交涉的办法来处理争议。当团体交涉不能奏效时，按照集体争议发生的特点，劳动委员会、法院和总理大臣将分别介入集体劳动争议的处理。

①劳动委员会处理集体劳动争议。日本劳动委员会处理争议的三种方式为：斡旋、调停和仲裁。

斡旋是在集体争议仅靠团体交涉已无解决希望的情况下，劳动委员会根据双方或其中一方的申请，或者劳动委员会会长依据自己的职权提出要求进行说服指导。出面斡旋的委员，由会长指定。

在遇到下述情况之一时，劳动委员会将介入调停：

• 当有关当事人双方向劳动委员会提出调停申请时；

• 当有关当事人双方或一方依据“集体协议”的规定向劳动委员会提出调停申请时；

• 事件涉及公益事业，有关当事人一方向劳动委员会提出调停申请时；

• 事件涉及公益事业，或因事件规模较大或涉及特殊性事业而对公众利益造成明显危害，劳动大臣或都、道、府、县知事向劳动委员会提出调停申请时。调停结束，劳资双方可以自主决定是否接受调停意见。调停意见对当事人双方均不具有法律约束力。

当遇到下述情况之一时，劳动委员会将启动仲裁程序：

• 当有关当事人双方向劳动委员会提出仲裁申请时；

• 集体协议中有必须向劳动委员会申请仲裁的规定，有关当事人双方或其中一方依据这一规定向劳动委员会提出申请时，劳动委员会做出裁决。裁决对当事人双方即时产生法律约束力。在日本，仲裁裁决具有与集体合同同等的法律效力。

②法院处理集体劳动争议。日本的法院主要负责处理集体争议中的权利争议。当劳资双方因集体合同的签订、变更等问题而发生争议，经团体交涉不成，最终会由司法程序加以解决。

③日本的总理大臣。日本的总理大臣在集体争议事件关系到公益事业，且规模较大或涉及特殊性事业而致使该项事业中断，并严重妨碍国民经济正常活动或危及国民日常生活时，享有做出紧急调整的权力。日本法律规定，对公众日常生活不可缺少的公用事业，如运输、电信、自来水、电力、瓦斯、医疗、公共卫生及经总理大臣指定的其他事业，在当事人采取争议行为时，应于10日前通知劳动委员会及劳动大臣或都、道、府、县知事。劳动委员会将依据优先处理原则，尽早尽快地处理这些争议。总理大臣如果认为集体争议涉及公众利益或由于规模大等理由，有权做出紧急调整的决定。紧急调整的决定公告后50天内，禁止当事人采取任何之争议行为。

（2）瑞士模式。在瑞士，劳资双方签订集体协议的隐含原则为：劳资双方本着诚信原则并依照集体协议的规定来处置集体争议。在集体协议的有效期内，劳资双方有义务维持和平，不得进行争议行为，而只能申请调解和仲裁，而且仲裁不以团体交涉失败为前提，因而往往形成短暂的强制仲裁。基于这种原则，当集体争议发生时，当事人双方必须首先在产业内部自行处理寻求解决，为此所有产业都组织有劳工委员会。当劳资双方不能就争议达成协议时，应组织

表10－1　日本处理集体争议的法定机构

机　构	机构特点及职能
劳动委员会	由政府设立，委员由劳动大臣任命，委员会由三方（即劳方委员、资方委员、公益委员）按等额原则组成。劳方委员的任命由最具代表性的工会推荐，资方委员的任命由最具代表性的雇主团体推荐，而公益委员则由双方委员同意后任命，负责处理集体争议中的利益争议和不当劳动行为案件
法　院	负责处理集体争议中的权利争议
总理大臣	有权行使特别调整权来处置特别重大的集体争议

简易仲裁委员会进行调停，寻求双方都能够接受的解决方案。有关工资变更及集体争议，如果情形严重不能由简易仲裁委员会裁决的，劳资双方不必得到对方同意，均可申请特别仲裁委员会进行仲裁。争议双方按照规定要预付一定数额的违约赔偿保证金，存于瑞士国家银行。一方违约时，由仲裁法院审理违约赔偿，赔偿额依实际损害计算。赔偿金及诉讼费用应于判决送达后一个月内缴清，到期未缴清者，另一方可以没收对方寄存在国家银行的违约赔偿保证金。

（3）美国模式。美国通过《国家劳动关系法》对集体性利益争议中的团体交涉进行规制。不论是全国性的还是地方层级的团体交涉，劳资双方均以组成的交涉委员会为代表进行谈判。

在美国，在处理集体性的利益争议时，当团体交涉陷入僵局时，主要采用调解、实情调查及仲裁方式加以解决。在美国，大量集体争议是通过仲裁得到解决的。美国的仲裁机构有各种不同的形态，有临时的（特设的）或常设的仲裁机构，三方组成的委员会或仅由中立或公正人士组成的委员会，或单一的仲裁者等。其中，以单一公正人士担任仲裁者最为普遍。在仲裁形式上，任意仲裁条款已成为集体协议的重要内容。为了使争议得到迅速解决，集体争议双方可以选定仲裁者对其争议进行裁决，美国集体争议仲裁制度的特点是具有分散性、任意性和民间性。对于争议严重侵害公共利益，尤其是公共部门的集体争议，政府可以主动介入以帮助争议解决。处理此类公益性争议时，首先要进行的斡旋或调解。对公共部门而言，当斡旋或调解失败时，还可以采用“实情调查”和“利益仲裁”两种程序。“实情调查”是依靠外来者调查争议事实并提出报告，通过提高争议的公开性，迫使当事人双方达成妥协。“利益仲裁”则通过仲裁裁决的法律效力来发挥解决争议的作用。例如，美国许多州为了解决警察、消防队员等特定身份受雇者的团体交涉僵局，通过立法的方式对利益仲裁进行了规定。

此外，美国法律也规定有紧急调整程序。《塔夫托·哈特莱法》（1947年）赋予总统在紧急状态下享有暂停争议的命令权，具体讲就是，总统在收到调查委员会报告之后，如果认为罢工将危及国民之健康或安全时，可以授权司法部长对罢工或闭厂下达80天的联邦禁止令。在禁止令失效前20天内，全国劳动关系委员会应举行劳动者秘密投票，以确认受雇者是否接受雇主的最终提案。

（4）德国模式。德国集体争议中的权利争议由专门的劳工法院处理，而利益争议主要通过调解和争议行为加以解决。

对于权利争议，德国的劳工法院就劳资之间由于雇佣契约的存续与否，雇佣契约终止后存续义务等雇佣关系所引起的民事法律上的争议，以及雇佣关系中所产生的侵权行为民事法律争议，具有排他的审判权限。

对于利益争议，《集体协议法》（1949年）有关于团体交涉的明确规范。该法对集体协议缔结的资格权限，对协议的形成、内容、对集体协议拘束力的范围等做出了规定。集体协议当事人在劳动者一方仅限于工会，在雇主方则是个别雇主或雇主团体。集体协议的内容包括当事人的权利义务，以及集体协议的订立、内容、终止等问题的规范。当事人对集体协议已经规定的事项须承担和平义务，不得进行争议行为，而对集体协议没有规定的事项，则可以成为争议行为的主题。

当事人通过团体交涉无法缔结集体协议时，其纠纷可以通过两种方式解决，一是根据调解仲裁协定所规定的调整程序处理，二是调解失败，当事人可以采取争议行为。

德国对集体争议采取自愿调解原则。依调解协定规定，基于当事人一方或双方的申请或谈判破裂时自动进入纠纷处理程序。调解协定规定了当事人双方参加调解程序的义务。调解机构由雇主团体与工会派遣同数的代表及中立的主席组成。调解委员会所做的调解方案，除非当事人双方同意，否则不具拘束力。如果当事人双方一旦接受，则该调解方案与集体协议具有同样效力。在没有调解协定的地方，或者调解协定程序失败时，当事人可以提请仲裁。

3. 中国企业集体争议解决机制及其存在的问题

理论来看，中国法律将企业集体争议分为团体争议和集体合同争议两部分。对于团体争议的处理，《劳动争议调解仲裁法》规定，发生劳动争议的劳动者一方在10人以上，并有共同请求的，可以推举代表参加调解、仲裁或者诉讼活动。关于这一处理机制，有两点值得注意。一是团体争议中既包括权利争议，又包括利益争议。这与集体谈判机制相对成熟的国家在争议分类上表现出明显不同。我国企业多人性利益争议也可以由诉讼程序来调整。二是发生团体争议后，企业工会并不是法定的劳方代理人。事实上，劳方可以在代表推选上有更现实的选择空间。对于集体合同争议的处理，《劳动合同法》第56条规定："用人单位违反集体合同，侵犯职工劳动权益的，工会可以依法要求用人单位承担责任；因履行集体合同发生争议，经协商解决不成的，工会可以依法申请仲裁、提起诉讼。”这一规定明确了集体合同争议处理的基本程序。这其中，劳资协商成为法定的必经程序；而仲裁也可以用来处理集体性的权利争议。

由于我国没有按照权利争议和利益争议的方法来设计争议分类处理机制，因此，最惯用的四个程序——协商、调解、仲裁和诉讼程序，都被用来处理集体争议。关于我国集体争议处理机制存在的问题，也将从这四个方面来进行分析。

(1) 协商机制方面的问题。

①我国劳动法律法规对协商机制缺乏足够的设计。各国实践表明，协商或团体交涉是解决集体争议的最经济、最有效的办法。我国政府也一直倡导通过协商程序来解决劳动争议，但遗憾的是，我国《劳动法》、《劳动合同法》及其实施细则等对于协商的规则、程序、步骤等缺乏必要的制度设计，这使得协商程序缺乏法律规范性。

②中国的基层工会组织难以承担集体争议协商的责任。我国基层工会组织由于体制的原因，不具有独立性和代表性，这从根本上决定了其难以在集体争议中履行其法律赋予的代表劳方维权的职责。

(2) 调解机制方面的问题。

①劳动法律法规使得调解主体难以确定。首先，我国在《劳动法》、《劳动合同法》以及《劳动争议调解仲裁法》中仅就调解主体做了一个笼统的描述。而《集体合同规定》规定得较为详细，认为当集体协商过程中发生争议时，双方当事人不能协调解决的，当事人一方或双方可以书面向劳动保障行政部门提出协调处理申请；未提出申请的，劳动保障行政部门认为必要时也可以进行协调处理。劳动保障行政部门应当组织同级工会和企业组织等三方面的人员，共同协调处理集体协商争议。这种规定的办法应对发生在企业的集体争议尚可操作，但如果发生的是区域性或行业性的集体合同争议，则调解主体就变得难以确定了。

②我国集体争议调解协议与集体合同不具有同等的法律效力，一旦达成调解协议，将与原来的集体合同产生效力高低方面的矛盾。

(3) 仲裁机制方面的问题。

①我国集体争议的仲裁机制行政性过强，有背离仲裁本质之嫌。在我国，不少地方的劳动仲裁委员会将办事机构设立在劳动行政主管部门内部。这种设置很难保证劳动争议仲裁委员会的独立性。此外，关于劳动争议仲裁委员会的构成，按照我国法律，通常由劳动行政部门代表、工会代表和企业方面代表组成，且劳动争议仲裁委员会主任由劳动行政部门代表担任。这种规定使得劳动争议仲裁委员会政府主导的色彩相对浓厚。劳动争议仲裁委员会缺乏独立性，从根本上违背了仲裁人独立、公正的本质要求，因而，从法理上讲，仲裁因缺乏当事人的信赖而使

仲裁结果的效力减弱。

②强制仲裁制度存在弊端。我国法律规定，劳动争议发生后，如果当事人双方协商或者申请调解未果，他们必须先申请仲裁，不服裁决的，才能向法院起诉。这使得我国的劳动争议仲裁成为强制性仲裁，这模糊了自愿仲裁与强制仲裁的适用范围。按照国际惯例，只有发生公益性集体争议或者集体争议的规模或影响较大时，才应启动强制仲裁机制。而一般性的争议，应在双方自愿的基础上，选择双方都信赖的仲裁人进行自愿仲裁即可处理争议。

（4）诉讼机制方面的问题。

①法律适用方面的问题。在实体法的适用方面，法院在审理集体争议案件时，主要依据的法律有《工会法》、《劳动法》、《集体合同规定》、《劳动合同法》以及劳动行政法规、规章及一般性的规范性文件。那些级别较低的法规或法律性文件，由于立法部门不一，相互冲突的地方较多，这给适用法律带来了较大的困难。在程序法的适用方面，我国对于集体争议的审理适用的是民事诉讼法的规定。由于集体争议相对于民事争议具有的特殊性，使得程序法上的适用存在着诸多问题。例如，关于举证责任问题，民事诉讼法上的举证责任一般采用"谁主张谁举证"的原则，但如果将这一原则直接适用到集体争议的处理上，则显然有违劳动法律保护劳动者的基本精神。

②审判机构的设置问题。对于劳动争议，我国未设专门性的劳动法庭，而是由民事审判庭负责审理和判决。就实际情况来看，民事审判庭的法官往往对民商法比较熟悉，而对劳动法相对陌生。这就难以保证集体争议案件的审判质量。此外，民事审判庭在审判集体争议案件时，合议庭全部由职业法官组成，这与世界上大多数国家处理劳动争议所采取的"三方原则"也不相符。

本章小结

本章研讨的重点是企业劳动争议处理的相关手段和机制。总体看，企业劳动争议处理的主要手段有司法和非司法两种，其中，非司法手段包括协商（和解）、斡旋、调解和仲裁四种方式。针对劳动争议的性质、特点，劳动争议的当事人可以依法综合使用这些手段来提请主张。按照争议发生的特点，企业劳动争议可分为个别劳动争议和集体劳动争议两类。我国颁布了相应法律来对这两种争议进行调处。其中，个别劳动争议处理的主要手段有协商、调解、仲裁和申诉。集体劳动争议处理的主要手段包括团体交涉、调停、仲裁、行政处理、紧急处理等。

思考题

1. 简要阐述劳动争议的概念及类型。
2. 劳动争议处理的常规手段有哪些？其各自的特点和适用条件是什么？
3. 个别劳动争议处理中，调解的程序大致是什么？
4. 个别劳动争议处理中，仲裁与调解和诉讼的区别在哪里？
5. 个别劳动争议处理中的仲裁与集体劳动争议处理中的仲裁存在哪些异同？
6. 简述日本、德国集体劳动争议处理制度。

案例思考

梁某于1985年进入某水利工程总队工作，并于1995年10月21日签订了期限为1995年10月21日至2005年12月31日的《劳动合同书》。2001年8月26日，某建设工程公司成立，该水利工程总队为其股东之一。2002年6月20日，该水利工程总队和该建设工程公司向梁某出具《解除、订立劳动合同通知书》，内容为："梁某同志，你与'某水利工程总队'签订的劳动合同，由于在政府的指导下进行企业改制，已无法继续有效履行，且个人身份置换金已经支付，改制政策已经享受完毕，因此自2002年6月30日即时解除；由'某建设工程公司'与你重新订立劳动合同。"2002年7月1日，该建设工程公司与梁某签订《劳动合同书》，合同期限为2002年7月1日至2005年6月30日。到期后，双方未再签订《劳动合同续订书》。

【问题】

1. 某水利工程总队与梁某之间的劳动合同是否已经合法解除？
2. 身份置换金是否等同于经济补偿金？
3. 梁某是否符合签订无固定期限劳动合同的条件？

注：资料选编于北京市劳动和社会保障法学会编：《劳动合同、社会保险与人事争议疑难案例解析》，法律出版社2009年版。

第 11 章

企业特殊人员的劳动关系管理

学习目标

了解各类企业特殊人员劳动关系管理的特殊性和关键点

掌握企业特殊人员劳动关系管理的相关规定及管理细节

内容预览

企业特殊人员劳动关系的管理

- 身份特殊类职工的劳动关系管理
  1. 实习生、见习人员、试用期职工的劳动关系管理
  2. 退休返聘、内退、协保、停薪留职职工的劳动关系管理
  3. 应征入伍职工和军队复退、转业人员的劳动关系管理
  4. 外籍职工和台港澳职工的劳动关系管理劳动关系理论
- 身体特殊类职工的劳动关系管理
  1. 工伤职工的劳动关系管理
  2. 病患职工的劳动关系管理
  3. “三期”女职工的劳动关系管理
  4. 残疾职工的劳动关系管理
  5. 未成年工的劳动关系管理
- 职务特殊类职工的劳动关系管理
  1. 工会干部的劳动关系管理
  2. 职工代表的劳动关系管理
  3. 高级管理人员的劳动关系管理
- 用工形式特殊类职工的劳动关系管理
  1. 劳务派遣人员的劳动关系管理
  2. 借调职工的劳动关系管理
  3. 非全日制职工的劳动关系管理
  4. 劳务工的劳动关系管理
- 工龄特殊类职工的劳动关系管理
  1. 工龄满十年的职工的劳动关系管理
  2. 工龄满十五年且距退休不足五年的职工的劳动关系管理
- 地位特殊类职工的劳动关系管理
  1. 企业出资培训的职工的劳动关系管理
  2. 知悉商业秘密的职工的劳动关系管理
  3. 享受其它特殊待遇的职工的劳动关系管理
- 表现特殊类职工的劳动关系管理
  1. 拒签劳动合同的职工的劳动关系管理
  2. 失职导致企业损失的职工的劳动关系管理
  3. 不能胜任工作的职工的劳动关系管理
  4. 屡犯小错的职工的劳动关系管理

11.1 身份特殊类职工的劳动关系管理

本节提到的“身份特殊类职工”主要是指那些处于中国企业劳动关系体系边缘的职工。身份特殊类职工包括四类，分别是：刚刚或短暂介入企业劳动关系的实习生、见习人员和试用期职工；已经永久或即将退出企业劳动关系的返聘、内退人员和部分退出企业劳动关系的协保、停薪留职人员；在企业劳动关系和军队服役关系之间转换身份的人员以及中国企业劳动关系中的外籍劳动者。

11.1.1 实习生、见习人员、试用期职工的劳动关系管理

1. 实习生的劳动管理

（1）实习生与实习生制度。实习生制度是企业有计划、有目的地从高校中招收综合素质比较高的在校大学生，为其提供学习和锻炼劳动技能的岗位的一种制度。

实习生就是实习生制度中所提到的在校大学生。实习生分为假期实习生和毕业实习生两类。对企业来讲，实习生的来源分别来自于两个主要渠道：企业通过与院校签署教学实习基地协议来招募实习生；企业对持有实习介绍信以及相关证明的在校大学生，择优给予实习机会。

（2）实习生参与劳动的性质。实习生的真实身份仍然是学生，因此，实习生不是《劳动法》和《劳动合同法》的适用主体。他们在企业提供的劳动及其因劳动而面临的风险等，在理论上不能获得《劳动法》意义上的补偿。

（3）企业对实习生进行劳动管理的注意事项。

①签署实习协议，明确各方责任和义务。为使实习生制度规范开展，企业应与学校、实习生家长及实习生本人在自愿、平等的基础上签订实习协议，以规范企业、学校、实习生家长及实习生本人应承担的责任和义务，并在协议条款中就可能出现的意外事件及其解决办法及责任等予以明确。实习协议属民法范畴，相关主体承担的是民事责任。

②遵守国家相关法律法规的规定，规范实习生用工行为。不安排未满16周岁的学生实习；不安排实习生从事矿山井下、有毒有害、国家规定的第四级体力劳动强度以及其他具有安全隐患的劳动；不安排实习生加班、加点和从事夜班工作，一周休息时间不少于两日；对未成年的

实习生定期进行健康检查；对实习生进行岗前培训和职业教育、劳动保护、劳动纪律培训，并保存好所有相关的培训记录。

③制定合理的实习生活补贴标准。由于实习生尚不是《劳动法》意义上的劳动者，因此，企业没有向实习生支付劳动报酬的义务，故而企业也不受最低工资标准的限制。在实践中，实习有无偿和有偿两种形式，无论哪种实习形式，当事人都应该在实习协议中进行明确的约定。目前，越来越多的企业通过实习生活补贴的方式来对实习生进行有偿使用。企业在招募和使用实习生之前，应该公布其有偿使用实习生的具体办法，并将其写入实习协议中。为了便于管理，企业支付给实习生的生活补贴最好首先支付给学校的有关部门，然后再由学校转交给实习学生。另外，国家为促进企业接纳实习生通过实习提高职业技能，根据《财政部国家税务总局关于企业支付学生实习报酬有关所得税政策问题的通知》（财税〔2006〕107号）和《企业支付实习生报酬税前扣除管理办法》，企业在符合上述两个法律文件的条件下，在向实习学生支付报酬时，税务机关可以在计算缴纳企业所得税时依法对缴税基数进行扣除。

④企业无需为实习生缴纳社会保险费和公积金。对于实习生可能在实习期间遭受到伤害，可以适用《民法通则》、《最高人民法院关于贯彻执行〈民法通则〉若干问题的意见》、《最高人民法院关于审理人身损害赔偿案件适用法律若干问题的解释》、《学生伤害事故处理办法》等相关规定，由实习单位和学校对受害的实习生承担损害赔偿责任。为规避此类风险，企业应为实习生购买基本的意外险和工伤等商业保险。

⑤对于实习生可能给企业造成某些损失的问题，企业应在实习协议中进行责任约定。

⑥企业应建立实习生档案信息制度，愿意与实习生建立劳动关系的，应及时征求实习生的意见，实习生愿意在该企业就业的，企业应依法与其签订劳动合同。

2. 见习人员的劳动管理

在我国，见习期制度是计划经济时期人事制度下的做法。它是对应届高校毕业生在转为国家干部编制前而进行业务适应及考核的一种制度。该制度仅对没有实行劳动合同制的事业单位和国家机关适用。依据单位性质的不同，见习人员被其录用后，在事业单位和国家机关的见习期为6个月到一年不等。见习考核合格后，单位应办理转正手续，见习人员享受普通职工应享受的各种待遇。

《劳动法》实行之后，特别是在劳动合同制度全面推行以后，劳动合同制用工的企业单位不得再约定见习期。然而，近年来，为促进高校毕业生就业，人力资源和社会保障部、教育部、工业和信息化部、国资委、工商总局、全国工商联和共青团中央联合下发《关于印发三年百万高校毕业生就业见习计划的通知》（人社部发［2009］38 号），决定自 2009～2011 年，拓展和规范一批用人单位作为高校毕业生见习基地，用 3 年时间组织 100 万离校未就业高校毕业生参加就业见习。高校毕业生就业见习期限一般为 6 个月，最长不超过一年。高校毕业生就业见习活动结束后，见习单位对高校毕业生进行考核鉴定，出具见习证明，作为用人单位招聘和选用见习高校毕业生的依据之一。在见习期间被见习单位正式录（聘）用的，在该单位的见习期可以作为工龄计算。高校毕业未就业参加见习的人员在见习期间可以获得基本生活补助，见习单位需为毕业生办理人身意外伤害保险。

3. 试用期职工的劳动关系管理

《劳动合同法》规定企业与职工可就试用期期限、待遇等进行约定。

（1）试用期期限管理。企业可与不同岗位的职工协商确定不同的劳动合同期限，而只有三个月以上的固定期劳动合同及无固定期劳动合同才可约定试用期。其中，劳动合同期限三个月以上不满一年的试用期不得超过一个月；劳动合同期限一年以上不满三年的，试用期不得超过两个月；三年以上固定期限和无固定期限的劳动合同，试用期不得超过六个月。如果用人单位违反《劳动合同法》关于试用期期限的规定，劳动行政部门可责令其改正。如果试用期期限超过法定标准并已履行的，每超过一日，企业应当向职工支付一日的赔偿金。试用期超时赔偿金＝试用期月工资/法定记薪天数×试用期超时期间。当然，在职工试用期工资与转正后工资存在差异的情况下，工资差额部分企业应予以补足。

（2）试用期次数管理。《劳动合同法》规定："同一用人单位与同一劳动者只能约定一次试用期。"这个规定隐含两方面的意思。一是试用期期限一经约定即不得变更，更不得延长。如果企业在试用期期限届满时经与职工协商延长或变更试用期期限，即使变更或延长前后的试用期期间总和没有超出法律规定的范围，这种变动仍属于"二次约定试用期"的行为，企业应就试用期延长部分向职工支付试用期超时赔偿金。二是试用期应该并且只能在初次订立劳动合同时约定。

（3）试用期待遇管理。试用期包含在劳动合同期限内，因此，关于试用期待遇的规定与劳动合同对应的相关规定相一致。关于工资支付项目，《工资支付条例》规定，工资支付项目一般包括计时工资、计件工资、奖金、津贴和补贴、加班工资以及特殊情况下支付的工资等。如果企业在试用期工资的支付项目上有特殊做法（如规定试用期间不发放奖金等），则应在劳动合同或企业规章制度中对试用期工资支付项目进行明确规定，否则会引起劳动争议。关于社会保险，根据《劳动合同法》，企业应当自用工之日起为职工缴纳社会保险。如果企业在试用期内不依法为职工缴纳社会保险费，职工可以依法向劳动行政或监察部门举报并主张参加社会保险的合法权益。如果试用期期间由于用人单位的原因而产生了社保缴费滞纳金，则滞纳金应由用人单位承担。试用期职工的社保缴费通常以该职工的试用期月工资为缴费基数。

(4) 试用期劳动合同的解除权。劳动法律之所以安排了试用期方面的规制，原因就在于劳动合同当事人双方都有权通过试用期来考察彼此是否符合对方的要求。如果职工无法在试用期考核中交出合格成绩，则用人单位可以就此解除劳动合同。同样，如果用人单位出现了法律所规定侵害试用期职工劳权的行为，那么在试用期的职工也有权单方解除劳动合同。在行使劳动合同的单方解除权时，用人单位应注意两方面问题。一是只能在劳动合同所规定的试用期期限内行使合同解除权。劳动合同解除权行使应以"劳动合同解除通知书"送达涉事职工，并经该职工确认之日计算。一旦试用期届满而企业没有正确行使劳动合同解除权，则视为职工符合录用条件自动转正，无须经过其他手续。二是试用期"劳动合同解除通知书"应以书面形式做出。

11.1.2 退休返聘、内退、协保、停薪留职职工的劳动关系管理

1. 退休返聘职工的劳动关系管理

"退休返聘"在学术领域又被称为"超龄劳动者再就业"，其内涵是说离退休人员在依法退出劳动岗位后，又与用人单位签订就业协议，延长其参与社会劳动的时间的现象。

返聘人员继续从事社会劳动，必然会面临劳动所带来的风险，也会因支付劳动而获得补偿。返聘人员的劳动关系管理中比较难处理的问题主要集中在以下方面。

(1) 如何把握返聘协议的性质。用人单位在返聘职工的时候，应该通过协商方式与其达成并签订返聘协议。显然，返聘协议不应该也不可能与格式化劳动合同一样。由于返聘原因和情形多种多样，因此，返聘协议在形式和条款上也表现出很大的灵活性。在不违背既有法规的条件下，返聘协议应尽可能明确并详细地对诸如工作时间与条件、报酬待遇、特殊情况处理等事项进行约定，以方便出现条款描述的情形时，双方依约处理。如果双方出现就某些条款的履行出现争议，则建议将返聘协议视为混合性质的合同来处理。当发生争议的条款属于劳动合同法法理范畴时，则依劳动法律来进行解释和处理。当涉事条款属于民法范畴时，就按民法的规定来处理。

(2) 返聘人员被动解除返聘协议是否应获得经济补偿金。关于这个问题，劳动部办公厅下发的《对关于劳动合同制度若干问题的请示的复函》(劳办发［1997］88 号) 第二项明确规定，离退休人员聘用协议解除不能适用经济补偿金。由于该文件仍然有效，因此返聘人员被解聘不

能获得经济补偿金。

(3) 返聘人员的劳动报酬、保险福利与现行制度的协调问题。

①关于返聘人员适用最低工资标准问题。劳动和社会保障部颁发的《最低工资规定》规定，最低工资标准是指劳动者在法定工作时间或依法签订的劳动合同约定的工作时间内提供了正常劳动的前提下，用人单位依法应支付的最低劳动报酬。最低工资包括基本工资和奖金、津贴、补贴，但不包括加班加点工资、特殊劳动条件下的津贴、国家规定的社会保险和福利待遇。可见，我国的最低工资标准法规只适用于《劳动法》意义中的劳动者，而退休返聘人员已退出劳动者队伍，所以在目前的劳动法规中并没有规定其必须获得不低于最低工资的报酬。当然，返聘人员有权和用人单位协商签订返聘协议，明确聘用期内的工作内容及报酬。

②关于返聘人员适用社会保险问题。

• 失业保险。由于我国失业保险的功能在于为暂时失去就业岗位的劳动者提供生活保障和促进其再就业，而返聘人员是已经依法退出劳动岗位并享有养老金待遇的人员，因此，对返聘人员来讲不存在再适用失业保险的条件。

• 养老保险。返聘人员已经依法享受了国家规定的养老金待遇，因此返聘单位无需再为返聘人员申报养老保险并缴费。

• 工伤保险。返聘人员参与社会劳动依然会面临工伤风险。我国《工伤保险条例》规定，由于返聘人员不再具备《劳动法》所规定的企业职工主体资格，因此，返聘人员不能享受工伤保险的保护。返聘人员与用人单位可以约定通过商业保险的形式来对工伤风险进行适当防范。

③关于返聘人员适用其他福利待遇问题。由于返聘人员已然退出就业市场，对于国家、地方所提供的福利（如因物价上涨而在工资中增加的补贴等），返聘人员不能从其返聘报酬中享受这种福利。对于企业提供的一些福利（如过节费等），则要看双方是否在返聘协议中进行了约定。返聘人员可以依约享受企业福利。

④返聘人员的工作时间与休息休假。返聘人员可以与用人单位在返聘协议中对工作时间、休息时间和有关带薪休假问题进行约定。

2. 内退人员的劳动关系管理

为适应经济体制改革的需要，中国企业在转变经营机制过程中创造出"内退"、"协保"等过渡性的劳动管理形式。其中，内退的主要做法是企业以支付内退待遇、保留劳动关系、继续为其缴纳社会保险费等为代价安排富余职工退出工作岗位，以减轻企业负担，增强企业活力。

(1) 内退条件。根据国务院《国有企业富余职工安置规定》（国务院令第 111 号）和《关于严格按照国家规定办理职工退出工作岗位休养问题的通知》（劳部发［1994］259 号）的规定，用人单位办理内退的条件有两个：一是办理内退的职工必须是企业的富余职工。富余职工是指企业根据生产经营需要而无法安置工作岗位的那部分职工。原则上，执行内退政策的企业不应招用远超过内退职工数量的新职工。二是内退涉及人员距退休年龄应不足 5 年。

（2）内退的原则。内退属于劳动合同变更范畴，因此应坚持自愿、平等和协商一致的原则。内退过程中如果存在胁迫、诱导行为，则内退行为应视为无效。

（3）内退的程序。企业执行内退政策，首先要求由职工本人提出内退申请。这就是说，即使企业强制规定某类职工要办内退手续且职工也符合内退规定，如果职工不主动提出申请，企业也不应单方面执行内退政策。其次，企业管理方与提出申请的职工就内退条件的相关事宜进行平等协商。协商一致并获得企业领导者同意后，企业才可为职工办理内退手续。

企业在办理规模较大的内退时，根据《劳动合同法》的规定，内退决定及政策细节均应经过职工代表大会讨论通过后才可以进行。

根据国家规定办理内退手续后，企业应当与职工签订《内部退养专项协议》，并将该协议作为劳动合同的附件来执行。而劳动合同中的相关条款则暂行终止执行。

（4）内退的待遇。根据《国有企业富余职工安置规定》和《关于严格按照国家规定办理职工退出工作岗位休养问题的通知》的规定，职工退出工作岗位休养期间由企业发给生活费，生活费标准不低于省、市、自治区人民政府规定的标准。

关于内退待遇问题，存在两种情形：一是在企业改制前已办理内退手续的职工，其生活费、社会保险费从改制后新企业成立的第一天起由改制后的新企业继续为其发放和缴纳；如果改制前内退协议规定的是一次性发给有关费用，并缴足社会保险费，则不存在费用承担的接续问题。二是在改制时内退的职工，生活费由原企业移交新企业，并由新企业按月发放，在该职工正式退休前不再追加。生活费标准根据企业经济效益和工资水平，由企业和内退职工协商，按职工本人内退前 12 个月的月平均工资的一定比例计发，最低不得低于下岗职工第一年基本生活费标准。如果采用一次性发放生活费和一次性预缴社会保险费的办法，则改制企业不会在日后对这些费用进行追加。

企业和内退职工应继续缴纳社会保险费。养老和医保费按规定的缴费比例和内退前 12 个月的月均工资以及一定的年递增率计算预缴额。职工到龄退休或患病时按相应规定享受有关待遇。一次性缴费有困难的，原企业有责任向新企业移交等额资产，由新企业负责按月缴纳职工内退期间的社会保险费。内退职工达到退休法定年龄时，企业应为其依法办理退休手续。内退期间视为工龄与以前的工龄合并计算。

需要注意的是，内退职工不享受在岗职工的福利待遇；但可以享受正常工资晋升；不享受与岗位密切相关的津贴，但仍可享受房补等专项补贴。

（5）内退的审批。内退政策实行的目的是为了解决国有企业人员过剩、劳动生产率不高等问题，企业管理方应本着这一目标来对申请内退的人员进行筛选。对于经验丰富、既往绩效优良或者掌握关键技术或资源的职工，企业不仅不应批准其内退，反而要想办法留住这些重要的人力资源或者完善内退协议，以防范其侵害企业利益行为的发生。而对于绩效不佳的职工，则应批准其内退申请。

（6）内退职工返岗。内退职工返岗有两种情况：

①企业因经营情况的变动要求内退职工返岗。这实际上是企业单方面要对内退协议进行变更。由于内退协议与劳动合同具有同等的法律效力，因此在这种情况下，企业管理方应当在征得职工同意后或者在内退协议约定的重新上岗条件出现后再启动职工返岗程序。

②内退职工要求返岗。此时，企业可酌情灵活、妥善处理返岗要求。

3. 协保人员的劳动关系管理

“协保”的全称是“协议保留社会保险关系”。协保政策是国家为帮助年龄较大但仍具有一定再就业能力的下岗职工走向劳动力市场而采取的一项过渡性政策。其主要做法如下。

（1）用人单位协保实施方案应经职工代表大会讨论通过后方可实行。

（2）进入再就业服务中心的下岗人员同中心、原单位三方协商后，就保留社会保险关系而签订协议。协保协议签订后，再就业服务中心管理协议，劳动合同停止执行。

（3）协保协议的期限一般应与劳动合同自动终止的期限相一致。协保协议期满后，当事人双方经协商一致可以续签协保协议。一方不同意续签的，协保协议自行终止。符合退休条件的，用人单位按规定为“协保”人员办理退休手续。否则，用人单位应为协保人员办理终止劳动合同手续。如果协保人员提出解除协保协议，在解除协议时，用人单位应一并解除劳动关系。协保协议解除后，协保人员可到户口所在地申领失业保险金，并进入市场就业渠道。

（4）协保协议履行期间，如果用人单位因为分立、合并或被兼并、被收购等原因发生变化时，由接受协保人员的单位和协保人员继续履行协保协议，原协议中明确的权利、义务不变。如果单位破产，协保人员的权利补偿按有关破产企业职工的规定处理。

（5）在协保期间，企业继续为协保人员办理参加各项社会保险手续并为其保管人事档案。协保期满后，再按规定将社会保险关系和人事档案转入指定机构。

（6）协保人员可凭有效证件（如《劳动手册》等）在劳动力市场中寻找新的就业岗位。协保期间如被新的用人单位雇佣并签订劳动合同的，协保人员应主动与原单位解除协保协议，并办理社会保险关系和人事档案的转移手续。如果仅从事劳务性工作而未签订劳动合同，则新单位使用协保人员后，免缴社会保险费或者仅补缴社会保险费差额。

（7）协保协议签订后，用人单位一般可采用一次性预缴社会保险费的做法来执行协保协议。社会保险项目、缴费分担比例、缴费基数等可按有关规定或由协保人员与用人单位协商决定。

（8）用人单位无需向协保人员支付生活费。在下岗过渡期结束后，新的协保人员不再享受由各省（市）失业保险基金支付的协保人员生活费补贴。而此前已经签订协保协议的人员，仍可按照原规定申领生活费。

4. 停薪留职人员的劳动关系管理

停薪留职是20世纪80年代初的产物，主要指在固定工制度下，企业富余的固定职工保留其国有企业职工的身份，离开单位，另谋职业的一种做法。

在1997年劳动合同制用工全面推行后，停薪留职的做法已失去了存在的依据。但相关部门对此没有明文规定，亦未明确废止有关停薪留职文件。因此，企业劳动关系管理者需要对停薪留职人员进行分类清理。《关于贯彻执行〈中华人民共和国劳动法〉若干问题的意见》（劳部发［1995］309号）规定："原固定工中经批准停薪留职人员，愿意回原单位继续工作的，原单位应与其签订劳动合同；不愿意回原单位继续工作的，原单位可以与其解除劳动关系。"涉及需要企业方解除劳动关系的，企业应根据《违反和解除劳动合同的经济补偿办法》（劳部发［1994］481号）的规定向停薪留职人员支付经济补偿金。计算经济补偿金时，停薪留职期间应当计算补偿年限。经济补偿金的计算基数应按解除劳动合同前12个月企业职工的月平均工资来计算。

国家相关法规规定，停薪留职期间的社会保险缴费由劳动者自行承担。

停薪留职期间在其他单位就业的人员，如果发生工伤，则按照《关于实施〈工伤保险条例〉若干问题的意见》来处理。具体为：职工在两个或两个以上用人单位同时就业的，各用人单位应当分别为职工缴纳工伤保险费。职工发生工伤，由职工受到伤害时其工作的单位依法承担工伤保险责任。原单位不承担责任，原停薪留职协议继续履行。当停薪留职协议期满后，如与原单位恢复履行原劳动合同，则原单位也无需承担此次工伤的补偿责任。

11.1.3 应征入伍职工和军队复退、转业人员的劳动关系管理

1. 应征入伍职工的劳动关系管理

应征入伍职工是指入伍前系机关、团体、企业事业单位职工，并且是以单位名义应征入伍

的人员。

关于应征入伍职工的劳动关系管理，《关于职工应征入伍后与企业劳动关系的复函》（劳办发［1997］50号规定：“职工应征入伍后，根据国家现行法律法规的规定，企业应当与其继续保持劳动关系，但双方可以变更原劳动合同中具体的权利与义务条款。职工入伍服役期间，原劳动合同应做变更手续并中止履行，单位应暂停为其缴纳社会保险。入伍职工服役期间，原单位应暂停向其支付工资待遇，入伍职工按照《军人抚恤优待条例》的规定享受相关优待。

应征入伍职工退伍后，按照《兵役法》和《退伍安置条例》的规定，允许其回原单位复工、复职。其工资、福利和其他待遇不低于原单位同等条件人员的平均水平。应征入伍职工服役期连同待安排工作期视为工龄，与原单位工作年限连续计算；并且，其军龄连同待安排工作时间视同参加社会保险缴费年限。”

这里需要注意的是，应征入伍的职工在入伍时如果是以其所居住的街道名义入伍的，按照我国征兵办法的规定，这种情形应视为与原单位解除劳动关系。此时，职工或者原单位应该协商并办理解除劳动关系手续。

2. 复退①、转业人员的劳动关系管理

离开军队的复员退伍军人、军队转业干部回到地方就业有两种形式，分别是自谋职业（或自主择业）和就业安置。作为企业来讲，如果接收的是自谋职业的复退、转业人员，视同为一般的地方人员与其建立劳动关系和进行劳动关系管理。

案例点滴　　初次就业的复退、转业人员军龄与工龄的关系

A先生在服役15年后转业回地方，由地方的复员退伍军人、军队转业干部安置部门安置进了一家单位，并与这家公司签订了劳动合同。工作了几个月，由于各种原因，他不能适合这个工作，自己也不想再在这家公司干下去了。经过协商，公司和他都同意无条件解除合同。复员退伍军人、军队转业干部安置部门又为他联系了一家单位。这样，虽然他符合“政府安置进单位的”的条件，但是因为不是“初次”，所以他的军龄不能视作这家公司的连续工作年限，有关本单位服务年限可以享受的待遇，他只能从进入这家单位开始计算。但是他的军龄能算入累计工作年限。

（1）复转军人初次就业时劳动合同期限问题。复转军人在初次就业时，双方当事人应按照劳

① 复退军人是指以复员的方式退役的军人。

动法律的规定签订劳动合同（分配到事业单位的应签订聘任合同）。军龄应视作同一用人单位的连续工龄。在军队从事护理、教学工作，转业后仍从事该职业的，其在军队的护龄、教龄应当连续计算，享受接收安置单位同类人员的待遇。这里需要注意的是，如果复转军人初次就业时段恰恰在固定工制度向劳动合同制度转变时段，依据《关于实行劳动合同制度若干问题的通知》的规定，当其向企业提出订立无固定期限劳动合同的要求时，企业应当与其订立无固定期限劳动合同。

（2）复转军人的岗位安排和适应期问题。对计划分配到事业单位的军转干部，参照其军队职务等级安排相应的管理或者专业技术工作岗位，并给予 3 年适应期。企业接收的军队转业人员，企业应安排其从事管理或者专业技术性质的工作岗位，并给予 2 年适应期。

（3）复转军人到企业工作后的工资待遇问题。计划分配到党政机关、团体和事业单位的军队转业人员，其工资待遇按照不低于接收安置单位与其军队职务等级相应或者同等条件人员的标准确定，津贴、补贴、奖金以及其他生活福利待遇，按照国家有关规定执行。计划分配到党和国家机关、团体、事业单位的军队转业干部，退休时的职务等级低于转业时军队职务等级的，享受所在单位与其转业时军队职务等级相应或者同等条件人员的退休待遇。计划分配到企业的军转干部，其工资和津贴、补贴、奖金以及其他生活福利待遇，按照国家和所在企业的有关规定执行。复员军人的工资由企业根据复员军人所在的岗位自主确定。

（4）复转军人的社会保险问题。对于计划就业的军队退役人员，按照《劳动和社会保障部、财政部、人事部、总政治部、总后勤部关于转业到企业工作的军官、文职干部养老保险有关问题处理意见的通知》，计划安置的军队退役人员从到企业工作的当月起，参加企业职工的社会保险，单位和个人按规定缴纳社会保险费，其军龄视同缴费年限。在发生病患、失业、退休等情况时，按企业社会保险办法执行。

对于自谋出路的军队退役人员，在其就业后，应当按照《社会保险费征缴暂行条例》（1999 务院令第 259 号）、《失业保险条例》（1999 国务院令第 258 号）等法规的规定，依法参加当地基本养老保险和失业保险，缴纳养老、失业保险费，并享受相应养老、失业保险待遇，其社会保险缴费年限从其在当地缴纳社会保险费之日算起。关于他们的医疗保障问题，相关法律规定，在建立基本医疗保险制度的地区，自谋出路的军队退役人员未被党和国家机关、人民团体、企业事业单位录用聘用期间，按照安置地政府的有关规定，统一参加安置地的基本医疗保险。其中，转业干部还享受公务员医疗补助待遇。参加基本医疗保险所需缴纳的单位缴费部分和公务员医疗补助，由安置地军队转业干部安置工作部门向当地统筹地区社会保险经办机构缴纳，所需经费由安置地政府解决。退役人员以退役金为计算基数，按规定费率缴纳基本医疗保险费。其服现役期间的医疗保险个人账户基金余额并入本人新的基本医疗保险个人账户。自谋出路的军队退役人员被党和国家机关、人民团体、企业事业单位录用聘用后，按照当地政府的规定，享受所在单位同等条件人员的医疗保险待遇，所需费用由所在单位和个人按规定缴纳。另外，需要注意的是，我国《工伤保险条例》规定，职工原在军队服役，因战、因公负伤致残，已取得革命伤残军人证，到用人单位后旧伤复发的，视同为工伤并享受工伤待遇。

（5）复转军人解除劳动合同时的经济补偿金问题。依据《关于复转军人军龄及有关人职工龄是否作为计算职工经济补偿金年限的答复意见》（劳社厅函［2002］20号），企业与职工解除劳动关系计发法定的经济补偿金时，退伍、转业军人的军龄应当计算为“本单位工作年限”。

11.1.4 外籍职工和港、澳、台地区职工的劳动关系管理

外国人和港、澳、台地区人员来中国就业主要有两种途径。一种是直接受雇于中国境内的企业。此时，他们与企业形成劳动关系，双方各自的权利义务受《劳动法》、《劳动合同法》以及《外国人在中国就业管理规定》和《台湾和香港、澳门居民在内地就业管理规定》等劳动法律的调整。另一种是接受外国或台、港、澳地区企业或者机构的派遣在中国境内企业工作，这种情况下，劳动关系一般建立在外国和台、港、澳地区企业与外国人或者台、港、澳地区人员之间。由于未与中国境内企业建立劳动关系，因此当事人之间的劳动关系不适用中国劳动法律的调整。

1. 普通人员的就业许可及就业许可证

直接受雇于中国境内企业的外国人和台、港、澳地区人员，企业应依据其工作性质及职务等向劳动行政部门或人事管理行政部门申请为其办理《就业许可证》或者《外国专家证》。

按照《外国人在中国就业管理规定》，在中国就业的外国人应持职业签证入境（有互免签证协议的，按协议办理），入境后需首先申请《中华人民共和国外国人就业许可证书》和外国人居留证件，方可在中国境内就业。未取得居留证件的外国人（即持F、L、C、G字签证者）、在中国留学和实习的外国人及持职业签证外国人的随行家属不得在中国就业。特殊情况下，应由用人单位按规定的审批程序申领许可证书，被聘用的外国人凭许可证书到公安机关改变身份，办理就业证、居留证后方可就业。

符合下列条件之一的外国人可免办就业许可和就业证：①持有《外国人在中华人民共和国从事海上石油作业工作准证》从事海上石油作业、不需登陆、有特殊技能的外籍劳务人员；②经文化部批准持《临时营业演出许可证》进行营业性文艺演出的外国人。其中，符合第①规定的人员，应凭中国海洋石油总公司签发的通知函电申请职业签证；符合第②项规定的人员，应凭有关省、自治区、直辖市人民政府外事办公室的通知函电和文化部的批件（径发有关驻外使、领馆处）申请职业签证。

符合下述条件的外国人可免办就业许可，入境后凭职业签证及有关证明直接办理就业证：按

照我国与外国政府间、国际组织间协议、协定，执行中外合作交流项目受聘来中国工作的外国人。符合此款的人员，应凭被授权单位的通知函电和工商行政管理部门的登记证明申请职业签证。

《就业许可证》的申办程序：用人单位聘用外国人，须填写《聘用外国人就业申请表》（以下简称申请表），向其与劳动行政主管部门同级的行业主管部门（以下简称行业主管部门）提出申请。经行业主管部门批准后，用人单位应持申请表到本单位所在地区的省、自治区、直辖市劳动行政部门或其授权的地市级劳动行政部门办理核准手续。省、自治区、直辖市劳动行政部门或授权的地市级劳动行政部门应指定发证机关具体负责签发许可证书工作。发证机关应根据行业主管部门的意见和劳动力市场的需求状况进行核准，并在核准后向用人单位签发许可证书。中央级用人单位、无行业主管部门的用人单位聘用外国人，可直接到劳动行政部门发证机关提出申请和办理就业许可手续。外商投资企业聘雇外国人，无须行业主管部门审批，可凭合同、章程、批准证书、营业执照和规定的文件直接到劳动行政部门发证机关申领许可证书。获准聘用外国人的用人单位，须由被授权单位向拟聘用的外国人发出通知签证函及许可证书，然后凭许可证书、被授权单位的通知函电及本国有效护照或能代替护照的证件，到中国驻外使、领馆处申请职业签证。

用人单位应在被聘用的外国人入境后15日内，持许可证书、与被聘用的外国人签订的劳动合同及其有效护照或能代替护照的证件到原发证机关为外国人办理就业证，并填写《外国人就业登记表》。外国人在中国就业期间遗失或损坏其就业证的，应立即到原发证机关办理挂失、补办或换证手续。就业证只在发证机关规定的区域内有效。办理就业证的外国人，应在入境后30日内，持就业证到公安机关申请办理居留证。居留证件的有效期限可根据就业证的有效期确定。对于港、澳、台地区人员，用人单位应参照上述做法为其在规定的期限内申请办理就业证。

表11－1　外国人及港、澳、台地区人员的就业许可

	外国人	港、澳、台地区人员
在中国内地就业须具备的条件	①年满18周岁，身体健康 ②具有从事其工作所必需的专业技能和相应的工作经历 ③无犯罪记录 ④有确定的聘用单位 ⑤持有有效护照或能代替护照的其他国际旅行证件（以下简称代替护照的证件）	①年龄18～60周岁（直接参与经营的投资者和内地急需的专业技术人员可超过60周岁） ②身体健康 ③持有有效旅行证件（包括内地主管机关签发的台湾居民来往大陆通行证、港澳居民往来内地通行证等有效证件） ④从事国家规定的职业（技术工种）的，应当按照国家有关规定，具有相应的资格证明 ⑤法律、法规规定的其他条件

续表

	外国人	港、澳、台地区人员
申办就业证需要的文件	①拟聘用外国人履历证明 ②聘用意向书；拟聘用外国人原因的报告 ③拟聘用的外国人从事该项工作的资格证明 ④拟聘用的外国人健康状况证明 ⑤法律、法规规定的其他文件	①用人单位营业执照或登记证明 ②拟聘雇或者接受被派遣人员的个人有效旅行证件 ③拟聘雇或者接受被派遣人员的健康状况证明 ④聘雇意向书或者任职证明 ⑤拟聘雇人员从事国家规定的职业（技术工种）的，提供拟聘雇人员相应的职业资格证书 ⑥法律、法规规定的其他文件
就业许可的决定期限	用人单位提交的《外国人就业申请表》和有关文件之日起10个工作日内做出就业许可决定	用人单位提交的《台湾香港澳门居民就业申请表》和有关文件之日起10个工作日内做出就业许可决定

2. 高级管理或技术人员的就业许可和专家证

关于高级管理或技术人员的就业许可，我国法律规定：由我国政府直接出资聘请的外籍专业技术和管理人员，或由国家机关和事业单位出资聘请，具有本国或国际权威技术管理部门或行业协会确认的高级技术职称或特殊技能资格证书的外籍专业技术和管理人员，并持有外国专家局签发的《外国专家证》的外国人可免办就业许可和就业证。此外，外国企业常驻中国代表机构中的首席代表和代表也免办就业许可。

依据《外商投资企业外国专家管理办法》，来华工作的外国和港、澳、台地区专家必须办理《外国专家证》和《港澳台专家证》。《外国专家证》分经济技术类和文教类两种。

申请《外国专家证》的外国专家需符合的条件有：①为执行政府间、国际组织间协议、协定和中外经贸合同，应聘在中国工作的外国籍专业技术或管理人员；②应聘在中国从事教育、科研、新闻、出版、文化、艺术、卫生、体育等工作的外国籍专业人员；③应聘在中国境内的企业中担任副总经理以上职务，或享受同等待遇的外国籍高级专业技术或管理人员；④经国家外国专家局批准的境外专家组织或人才中介机构常驻中国代表机构的外国籍代表；⑤应聘在中国从事经济、技术、工程、贸易、金融、财会、税务、旅游等领域工作，具有特殊专长、中国紧缺的外国籍专业技术或管理人员。符合②、③款的外国专家应具有大学学士以上学位和5年以上相关工作经历（其中语言教师应具有大学学士以上学位和2年以上相关工作经历）。

外国专家来华工作许可申请材料：《外国专家来华工作许可申请表》；个人简历（包括学历、工作经历）；最高学历证书或专业资格证明材料复印件；经中国驻外使领馆认证的外国卫生医疗机构或中国政府指定的卫生检疫部门出具的健康证明书；聘用协议或合同。另外，符合第①~

⑤款的外国专家，需分别提交的其他材料是：有关项目协议和项目批件复印件；聘请单位资格认可证书复印件或提交该证书编号以及与聘请单位订立的由国家外国专家局统一印制的标准聘用合同；企业任命书或聘用合同复印件；常驻中国代表机构的批准文件和外国代表任命书或其他具有法律效力的派遣文书复印件；聘用协议或合同复印件。

中央级专业总公司、事业单位聘请外国专家，向国家外国专家局提出申请，其他单位聘请外国专家，按属地管理的原则向所在地省级外国专家局提出申请。

《外国专家证》的申办程序包括两大步骤：①办理职业（Z）签证。拟在中国工作的外国专家须凭工作许可原件、中国被授权单位的签证通知函（电）及有效护照，向中国驻外使领馆申请办理职业（Z）签证。中国驻外使领馆为外国专家核发职业（Z）签证后，留存工作许可原件。②办理《外国专家证》和居留许可。持职业（Z）签证在中国工作的外国专家须在入境后15日内，到工作许可签发部门申办《外国专家证》，并在入境后30日内凭职业（Z）签证和《外国专家证》到所在地公安出入境管理部门办理外国人居留许可。

聘请单位中来自香港、澳门和台湾地区，符合有关专家条件的人员，参照办理《港澳台专家证工作许可证》和《港澳台专家证》。

3. 外国人在华就业的劳动关系管理

用人单位与被聘用的外国人应依法订立劳动合同。劳动合同的期限最长不得超过5年。劳动合同期限届满即行终止。但如需续订，该用人单位应在原合同期满前30日内，向劳动行政部门提出延长聘用时间的申请，经批准并办理就业证延期手续后方可续订劳动合同。

外国人被批准延长在中国的就业期限或变更就业区域、单位后，应在10日内到当地公安机关办理居留证件延期或变更手续。外国人在发证机关规定的区域内变更用人单位但仍从事原职业的，须经原发证机关批准，并办理就业证变更手续。外国人离开发证机关规定的区域就业或在原规定的区域内变更用人单位且从事不同职业的，须重新办理就业许可手续。

因违反中国法律被中国公安机关取消居留资格的外国人，用人单位应解除劳动合同，劳动部门应吊销就业证。被聘用的外国人与用人单位的劳动合同被解除后，用人单位应及时报告劳动、公安部门，交还该外国人的就业证和居留证件，并到公安机关办理出境手续。

对于最低工资、工作时间、休息休假、社会保险、劳动安全卫生等方面的劳动标准，要按照国民待遇适用外国人，其他方面有约定从约定。

用人单位与被聘用的外国人发生劳动争议，应按照《中华人民共和国劳动法》和《中华人民共和国企业劳动争议处理条例》处理。

用人单位聘用外国人就业每满1年，应在期满前30日内到劳动行政部门发证机关为被聘用的外国人办理就业证年检手续。逾期未办的，就业证自行失效。

4. 在中国大陆就业的台、港、澳地区人员的劳动关系管理

用人单位与聘雇的台、港、澳地区人员应当签订劳动合同，并按照《社会保险费征缴暂行条例》的规定缴纳社会保险费。

用人单位与聘雇的台、港、澳地区人员终止或者解除劳动合同，或者被派遣台、港、澳地区人员任职期满的，用人单位应当自终止、解除劳动合同或者台、港、澳地区人员任职期满之日起10个工作日内，到原发证机关办理就业证注销手续。

用人单位变更的，应当由变更后的用人单位到所在地的地（市）级劳动保障行政部门为台、港、澳地区人员重新申请办理就业证。

用人单位与聘雇的台、港、澳地区人员之间发生劳动争议，依照国家有关劳动争议处理的规定处理。

11.2　身体特殊类职工的劳动关系管理

本节提到的“身体特殊类职工”主要指那些因身体伤病，或者因身体状况的特异性而不能像普通劳动者那样提供劳动的人员。身体特殊类职工主要包括工伤和病患职工、“三期”女职工、残疾职工和未成年工。

11.2.1　工伤职工的劳动关系管理

对于企业来讲，工伤职工劳动关系管理的难点在于，企业一方基于对工伤职工伤后工作效率降低的忧虑而总是在管理上有借故变更甚至解除其劳动合同的冲动，如果此时企业劳动关系管理人员不能对法律进行准确把握，很容易引起劳动争议。

1. 我国劳动法律关于工伤职工劳动关系的规定

职工在工伤医疗期间享受如下待遇：①工伤职工符合规定治疗工伤或职业病所需的挂号费、住院费、医疗费等医疗费用全额报销。②工伤职工需要住院治疗的，由单位按照省内因公出差伙食补助标准的2/3发给住院伙食补费；经批准转外地治疗的，所需交通、住宿费用由单位按照职工因公出差标准报销。③工伤职工在医疗期内工资停发，改由单位按月发给工伤津贴，标准相当于工伤职工受伤前的本人工资。

2. 工伤职工的待遇

（1）职工因工致残被鉴定为一级至四级的，应退出生产（工作）岗位，并享受以下待遇

（见表 11 -2）。

表 11 -2　　工伤 1 ~4 级职工的工伤待遇

<table>
<tr><th>伤残等级</th><th>一次性伤残补助金</th><th>伤残抚恤金</th><th>护理费</th><th>安家补助费</th></tr>
<tr><td>伤残一级</td><td>伤残职工本人 24 个月工资</td><td>伤残职工本人工资的 90%</td><td rowspan="4">评上护理依赖等级者，按月发给护理费，标准按完全、大部分、部分护理依赖三个等级，分别为当地上一年职工月平均工资的 50%、40%、30% 发放，完全护理依赖者中特别严重的按 60% 发放</td><td rowspan="4">工伤职工易地安家的，由所在单位一次性发给当地上一年职工平均工资 6 个月的安家补助费，途中所需车船费、住宿费、行李搬运费和伙食补助费均由所在单位按照因公出差标准报销</td></tr>
<tr><td>伤残二级</td><td>伤残职工本人 22 个月工资</td><td>伤残职工本人工资的 85%</td></tr>
<tr><td>伤残三级</td><td>伤残职工本人 20 个月工资</td><td>伤残职工本人工资的 80%</td></tr>
<tr><td>伤残四级</td><td>伤残职工本人 18 个月工资</td><td>伤残职工本人工资的 75%</td></tr>
</table>

（2）伤残等级被鉴定为五级至十级的，原则上由单位安排适当工作，并享受以下待遇（见表 11 -3）。

表 11 -3　　工伤五至十级职工的工伤待遇

<table>
<tr><th>伤残等级</th><th>一次性伤残补助金</th><th colspan="2">伤残抚恤金</th></tr>
<tr><td>伤残五级</td><td>伤残职工本人 16 个月工资</td><td colspan="2" rowspan="2">伤残程度被评为五至六级且单位难以安排工作的，经本人同意，可以退出生产、工作岗位，由单位办理因工致残退养手续，并按月发给相当于本人工资 70% 的伤残抚恤金。在此期间单位和个人继续缴纳社会保险费，直至符合退休条件时，按照规定办理退休</td></tr>
<tr><td>伤残六级</td><td>伤残职工本人 14 个月工资</td></tr>
<tr><td></td><td></td><td>一次性伤残就业补助金/伤残回乡安置费</td><td>生活费</td></tr>
<tr><td>伤残七级</td><td>伤残职工本人 12 个月工资</td><td rowspan="4">伤残程度被评为七级至十级，职工本人愿意自谋职业并经单位同意的，或者劳动合同期满终止合同后本人愿意另行择业的，可以由单位发给一次性伤残就业补助金或者伤残回乡安置费。标准分别为 20 个月、18 个月、12 个月、6 个月，同时终止工伤保险关系</td><td rowspan="4">伤残程度鉴定为七级至十级的，在劳动合同期内，单位确实难以安排适当工作、职工本人又不愿意自谋职业的，由单位根据伤残等级分别按月发给相当于职工本人工资 60%、50%、40%、30% 的生活费</td></tr>
<tr><td>伤残八级</td><td>伤残职工本人 10 个月工资</td></tr>
<tr><td>伤残九级</td><td>伤残职工本人 8 个月工资</td></tr>
<tr><td>伤残十级</td><td>伤残职工本人 6 个月工资</td></tr>
</table>

11. 2. 2　病患职工的劳动关系管理

《劳动合同法》规定，职工在医疗期内不得解除劳动合同。医疗期是指企业职工因患病或非因工负伤停止工作治病休息不得解除劳动合同的时限。

根据《企业职工患病或非因工负伤医疗期的规定》的通知（劳部发［1994］479号），企业职工因患病或非因工负伤，需要停止工作医疗时，可享受法律规定的医疗期。医疗期计算应从病休第一天开始，累计计算。例如，享受3个月医疗期的职工，如果从2008年3月5日起第一次病休，那么该职工的医疗期应在3月5日至9月5日之间确定，在此期间累计病休3个月即视为医疗期满。其他依此类推。根据《关于贯彻〈企业职工患病或非因工负伤医疗期的规定〉的通知》（劳部发［1995］236号）规定，对某些患特殊疾病（如癌症、精神病、瘫痪等）的职工，在24个月内尚不能痊愈的，经企业和当地劳动部门批准，可以适当延长医疗期。

表11－4　工龄与医疗期

实际工作年限	本单位工作年限	医疗期	累计病休时段
10年以下	5年以下	3个月	6个月
10年以下	5年以上	6个月	12个月
实际工作年限10年以上	5年以下	6个月	12个月
实际工作年限10年以上	5年以上	9个月	15个月
10年以上15年以下		12个月	18个月
15年以上20年以下		18个月	24个月
20年以上		24个月	30个月

关于病患职工医疗期间的待遇，根据《企业职工患病或非因工负伤医疗期的规定》，职工患病或非因工负伤治疗期间，在规定的医疗期内由企业按有关规定支付其病假工资或疾病救济费，病假工资或疾病救济费可以低于当地最低工资标准支付，但不能低于最低工资标准的80%。

企业职工非因工致残和经医生或医疗机构认定患有难以治疗的疾病，在医疗期内医疗终结，不能从事原工作，也不能从事用人单位另行安排的工作的，应当由劳动鉴定委员会参照工伤与职业病致残程度鉴定标准进行劳动能力的鉴定。被鉴定为一至四级，应当退出劳动岗位，终止劳动关系，办理退休、退职手续，享受退休、退职待遇；被鉴定为五至十级的，医疗期内不得解除劳动合同。

根据《违反和解除劳动合同的经济补偿办法》（劳部发［1994］481号），劳动者患病或者非因工负伤，经劳动鉴定委员会确认不能从事原工作，也不能从事用人单位另行安排的工作而解除劳动合同的，用人单位应按其在本单位的工作年限，每满一年发给一个月工资的经济补偿金，同时还应发给不低于6个月工资的医疗补助费。患重病和绝症的，还应增加医疗补助费，患重病的增加部分不低于医疗补助费的50%，患绝症的增加部分不低于医疗补助费的100%。

11.2.3 “三期”女职工的劳动关系管理

女职工的“三期”，即孕期、产期和哺乳期，指的是女职工从怀孕到婴儿满一周岁的时间段。在这段时间内，女职工往往无法提供正常的劳动，因此很多企业就想方设法来迫使“三期”女职工离职。对此，国家专门立法对“三期”女职工的劳动权益进行特殊保护。

表 11-5　“三期”女职工的法定权利

法定假期	相关规定
产检假	女职工做孕期检查应当算做劳动时间，视为正常出勤。在职工请产检假时，单位可要求职工出示产前检查手册和相应的检查记录。如果不按此手册操作，也可以按照通常产检的频率给予产检假，超出的按病假（需提供病假单）或事假处理
产前假	产前假指的是女职工怀孕 7 个月以上，如果工作许可且单位批准许可，可享有一定时间的休假。在我国，只有上海和江苏在其地方法规中规定了产前假。这些地方法规规定，用人单位对 35 周岁以上的高龄产妇或者经二级以上医疗保健机构证明有习惯性流产史、严重的妊娠综合征、妊娠合并症等可能影响正常生育，本人提出申请的，应当批准其产前假。产前假的工资待遇为原工资性收入的 80%
产假	产假一般不得低于 90 天（其中产前休假 15 天）。难产的，增加产假 15 天。多胞胎生育的，每多生育一个婴儿，增加产假 15 天。女职工怀孕流产的，怀孕不满 4 个月流产时，应当根据医务部门的意见，给予 15～30 天的产假；怀孕满 4 个月以上流产时，给予 42 天产假。被确诊为体弱儿时可申请延长产假，且时间最多不超过 6 个月。这里延长的产假指的是每天两次或合并一次的哺乳期的延长，而非指女职工全天在家休正常产假的期限的延长。产假期间，基本工资按原来标准发放
晚育假	我国各个地方对晚育假的规定不同。如在上海、浙江、北京等地，已婚妇女初次生育且年满 24 周岁的才能享受晚育假。其中，上海、北京的晚育假在原产假基础上再增加 30 天，浙江无晚育假。而在江苏，晚育假的规定为 23 周岁结婚后怀孕的初次生育，或者年满 24 周岁初次生育的。山东、大连、苏州、南京等地的晚育假为增加 60 天。晚育假期间的待遇同产假，应视为正常出勤
哺乳假	哺乳期女职工可享受哺乳假。哺乳假指的是企业在女职工哺乳期内给予其每天两次、每次半小时的哺乳时间，两次哺乳时间可以合并使用。如果经医院证明婴儿身体特别虚弱，哺乳假可以适当延长 6～12 个月。哺乳假期间的待遇同产前假，不能低于原工资性收入的 80%，延长哺乳假期间工资按本人工资的 70% 发放

对于“三期”女职工劳动合同的管理，需要重点把握三方面内容。

（1）“三期”女职工劳动合同变更的限制。根据相关法律规定，当女职工身处“三期”而不适合在其原来岗位工作时，用人单位可以通过调整工作岗位等做法来完成企业对“三期”女职工的劳动保护。在这种情况下，企业不能因为岗位变动而对“三期”女职工的基本工资进行调整。如果因为单方面强调“岗变薪变”而致使“三期”女职工基本工资降低，则属于违法克扣工资行为。

（2）“三期”女职工劳动合同解除的限制。我国劳动法律规定，女职工“三期”内，用人单位不能因为其不能胜任工作、医疗期满、客观情况发生重大变化以及经济性裁员等原因解除女职工的劳动合同。劳动合同期满的，用人单位不能自行终止劳动关系。劳动关系的终止要等到“三期”情形消失方可。

（3）不能与“三期”女职工解除劳动合同的豁免。《劳动合同法》规定，如果“三期”女职工出现试用期不符合录用条件，严重违纪，严重失职，违规兼职等严重过错，用人单位可以解除劳动合同，而不受“三期”保护的特殊限制。

11.2.4　残疾职工的劳动关系管理

1. 残疾人与残疾职工的概念

残疾人是指在心理、生理、人体结构上某种组织、功能丧失或者不正常，全部或者部分丧失以正常方式从事某种活动能力的人。包括视力残疾、听力残疾、言语残疾、肢体残疾、智力残疾、精神残疾、多重残疾和其他残疾。

劳动统计意义上的残疾职工指持有《中华人民共和国残疾人证》和《中华人民共和国残疾军人证（1～8级）》，并且在企业从事社会劳动，领取劳动报酬的符合劳动年龄条件的人员。

2. 残疾职工的劳动关系管理

符合条件的单位，如果未按规定招录残疾职工，则应缴纳残疾人就业保障金。

我国劳动法律规定，残疾人就业除享有与正常劳动者同等的劳动权利外，还享受其他一些特殊的权利。

（1）企业必须依法与安置的每位残疾人员签订一年（含一年）以上的劳动合同或服务协议，并且安置的每位残疾人在单位实际上岗工作。

（2）必须为安置的每位残疾人员按月足额缴纳所在县级人民政府规定的基本养老保险、基本医疗保险、失业保险和工伤保险等社会保险。

（3）必须通过银行等金融机构向安置的每位残疾人员实际支付不低于企业所在县（市）适用的最低工资标准的工资。

（4）必须具备安置残疾人员就业的基本设施和规章制度。

（5）在发生劳动争议时，仲裁机构、人民法院依法有义务向残疾人提供司法救助（如对有残疾的当事人减免诉讼费等）。

11.2.5 未成年工的劳动关系管理

1. 未成年工的概念

未成年工是指年满16周岁未满18周岁的男女劳动者。在我国，年满16周岁未满18周岁的未成年人，如果完成了规定年限的义务教育，不再继续升学的，依法可以从事有经济收入的劳动或者个体劳动。这是年满16周岁未满18周岁的未成年人享有的劳动权利（见表11-6）。

表11-6 未成年工享有的劳动权利

法定权利	相关规定
选择职业的权利	在法律允许的范围内，未成年人同样有权依照自己的意愿选择自己从事的职业，任何人不得强迫
取得劳动报酬的权利	未成年工在向用人单位付出劳动的同时，有权获得相应的劳动报酬
休息休假的权利	未成年人有权在法定工作时间之外享受法定的休息时间和法定节假日。此外，还对未成年工实行缩短工作日制度，并且不得安排未成年工从事加班、加点和夜班工作
获得劳动安全卫生保护的权利	用人单位应当对未成年工定期进行健康检查。一般一年进行一次，特殊岗位的每年应进行2~3次，如果发现未成年工身体有了疾病或发育异常，应当及时进行治疗
接受职业技能培训的权利	未成年人有权获得必要的职业培训
享受社会保险和福利的权利	未成年工在患病、负伤、失业等情形下，有权获得社会保险待遇，有权享受国家和用人单位提供的各项福利待遇
提请劳动争议处理的权利	未成年人与用人单位发生劳动争议时，有权依法申请调解、仲裁或者提起诉讼
其他劳动权利	如依法参加和组织工会的权利；以合法方式参与民主管理权利；就保护自身合法权益与用人单位进行平等协商的权利等

2. 未成年工的劳动关系管理

（1）登记备案。我国企业在招用未成年工从事社会劳动时，需要到劳动行政部门登记备案。对情况进行核准后，劳动部门签发《未成年工登记证》。未成年工须持登记证方可上岗；调查后发现不符合条件的，不予登记和发证。未成年工的登记工作由用人单位统一办理并承担费用。

（2）未成年工的劳动禁忌。未成年工享有职业选择的权利，但不包括国家规定的禁忌工种和不适宜其工作的场所（见表11-7）。

表11－7　未成年工的劳动禁忌

项目	相关规定
未成年工禁忌劳动的范围	矿山井下作业及矿山地面采石作业；《体力劳动强度分级》国家标准中第三级体力劳动强度的作业；《生产性粉尘作业危害程度分级》国家标准中第一级以上的粉尘作业；《有毒作业分级》国家标准中第一级以上的有毒作业；《高处作业分级》国家标准中第二级以上的高处作业；《冷水作业分级》国家标准中第二级以上的冷水作业；《低温作业分级》国家标准中第三级以上的高温作业；森林业中的伐木、流放及守林作业；工作场所接触放射性物质的作业；有易燃、易爆、化学性烧伤和热烧伤等危险的作业；地质勘探和资源勘探的野外作业；潜水、涵洞、涵道作业和海拔3000米以上的高原作业；连续负重每小时在6次以上并每次超过20公斤，间断负重每次超过25公斤的作业；使用凿岩机、捣固机、气镐、气铲、铆钉机、电锤的作业；工作中需要长时间保持低头、弯腰、上举下蹲等强迫体位动作频率每分钟大于50次的流水线作业；锅炉司机
不适宜其工作的场所	未成年工不得在餐饮、娱乐、住宿等场所从事有偿劳动

（3）未成年工的劳动合同管理。依据劳动法律，未成年工一旦与用人单位建立劳动关系，就应当订立书面的劳动合同。用人单位不得以任何形式向未成年工收取定金、保证金（物）或抵押金（物）。

关于劳动合同文本，除法律所规定的劳动合同必须具备的条款外，未成年工与用人单位还可以就试用期、保守用人单位的商业秘密等进行平等协商并在此基础上达成约定。劳动合同履行过程中，如果因工资、工时等问题与单位发生劳动争议，未成年工有权通过调解、仲裁、诉讼等方式维护自身权益。

（4）违法使用未成年工的处罚。用人单位安排未成年工从事禁忌从事的劳动，劳动行政部门将对其发出责令改正的命令，并按每侵害一名未成年工罚款3000元以下的标准予以处罚。

用人单位未按规定对未成年工定期进行健康检查的，劳动行政部门将责令其改正；逾期不改的，按每侵害一名未成年工罚款3000元以下的标准处罚。

11.3 职务特殊类职工的劳动关系管理

职务特殊类职工主要包括工会干部、职工代表和企业高管三类人员。前两类劳动者由于其职务范围内要施行某些维护劳动者权利的行为而可能遭受来自企业管理方的权利侵害；后一类劳动者则具有管理者身份而难以适用普通的劳动关系管理的手段。因此，在对这三类劳动者进行劳动关系管理时，有必要考虑其职务的特殊性而进行特别对待。

11.3.1 工会干部的劳动关系管理

工会干部肩负着依托工会组织维护职工合法权益的特殊职责。在当前的工会制度下，企业中的工会干部扮演的是双重角色，一方面他们作为企业的职工，与企业形成隶属关系，接受企业的管理；另一方面他们归属于企业工会这个与企业行政并列的社团组织，对企业行政负有监督义务。具有双重身份的工会干部在代表职工与企业管理方就职工工资、劳动条件、劳动时间等问题进行交涉时，必然对企业构成潜在或者显性的威胁，因而也很容易陷入被企业施与报复的境地。为此，对企业工会干部进行劳动关系管理时，应该制定相关的办法对其进行特殊的保护，以保护其合法劳动权益并更好地担负维护职工权益的任务。

企业工会组织由会员大会或会员代表大会民主选举产生。只有工会会员大会或会员代表大会有权撤换或者罢免其所选举的代表或工会委员会组成人员。罢免工会主席、副主席，必须召开会员大会或者会员代表大会讨论，非经会员大会全体会员或者会员代表大会全体代表过半数通过，不得罢免。在工会干部身份未被免除前，企业也无权解除和终止其劳动合同。

此外，《工会法》还规定："工会主席、副主席任期未满时，不得随意调动其工作。因工作需要调动时，应当征得本级工会委员会和上一级工会的同意。""基层工会专职主席、副主席或者委员自任职之日起，其劳动合同期限自动延长，延长期限相当于其任职期间。非专职主席、副主席或者委员自任职之日起，其尚未履行的劳动合同期限短于任期的，劳动合同期限自动延长至任期期满。但是，任职期间个人严重过失或者达到法定退休年龄的除外。"

因履行职责被解除劳动合同的工会主席有两种选择：①选择恢复工作，企业应补发其被解除劳动合同期间应得的报酬。②选择离开企业，企业应给予其年收入两倍的赔偿并给予其经济补偿金。

11.3.2 职工代表的劳动关系管理

职工代表是指由企业全体职工民主选举产生的，代表职工与用人单位进行集体协商，或者参与职工代表大会等企业民主管理的企业职工。

根据《职工代表大会条例》的规定，职工代表有权在职工代表大会上行使选举权、被选举权和表决权；有权参加职工代表大会及其工作机构对企业执行职工代表大会决议和提案落实情况的检查，有权参加对企业行政领导人员的质询。

职工代表因参加职工代表大会组织的各项活动而占用的生产或者工作时间，有权按照正常出勤享受应得的待遇。对职工代表行使民主管理权利，任何组织和个人不得压制、阻挠和打击报复。

11.3.3　高级管理人员的劳动关系管理

我国《劳动法》并未将企业高管排除于劳动者之外，但高管毕竟不同于一般职员，他们同时具有劳动者和管理者的双重身份。因此，一方面，高管作为企业聘用的劳动者，应与企业建立受《劳动法》、《劳动合同法》等劳动法律法规调整的劳动关系。另一方面，作为企业高管，企业还应依据《公司法》与高管签订聘用合同，以明确高管的权利、义务、职责、目标、任务和考核办法等。

1. 企业高管与劳动合同订立

高管应与企业股东会或董事会签订聘用合同。而对于劳动合同，企业高管签订劳动合同的对象依据企业性质的不同而有所不同。如果是用人单位未与高管签订劳动合同的，则责任在用人单位一方。如果是高管本人不愿签订劳动合同的，责任在高管本人，用人单位可以解除其事实劳动关系。

知识拓展　企业高管与劳动合同订立

在国有企业，如果企业高管是上级委派或者任命的，其劳动关系或人事关系的管辖权放在上级单位，他们的劳动合同与上级组织签订，而其实际工作的单位可以不与其签订劳动合同。

其他企业应按《劳动合同法》的规定，与其高管签订劳动合同。

企业高管订立劳动合同根据对象的不同，主要有四种情形：①与董事会或董事长签订；②高管自订；③与人力资源部门签订；④领导班子成员之间互订。

其中，只有与董事会或董事长签订劳动合同才符合法律规定。其他的签订办法则有其各自的不合理性。其中，③和④两种办法，高管的劳动合同在事先报董事会审议，得到明确答复并同意后，其劳动合同的签订才有效。

如果遇到高管是在企业设立直至注册登记之前的时间段被聘用的情况，要在企业注册登记后再与其补签劳动合同。

2. 企业高管与劳动合同解除

解除企业高管的劳动合同，既要考虑《公司法》的规定，又要依据《劳动合同法》的规定。

高管被解除劳动合同最常见的原因是不能完成聘任合同中约定的任务。在高管不能完成聘用合同约定的工作任务时，企业不能因此解除与高管的劳动关系。企业可以先依据聘用合同解除高管的职务，为其另行安排其他工作岗位，如果高管不能或者不愿从事该岗位工作，劳动合同的解除程序才能启动。

企业与高管解除劳动合同，同样应遵循经济补偿金的相关规定。但是由于高管的薪酬标准较高，因此，企业可能会面临支付巨额经济补偿金的问题。

3. 企业高管与医疗期内履行职责

高管可以享受普通职工医疗保险待遇。高管生病处于停工医疗期的，用人单位不得解除其劳动合同。高管医疗期过后，应在其原来职位回复工作。

4. 企业高管与劳动合同特别约定条款

与高管签订劳动合同，特别应注意竞业限制条款、保密条款等方面的约定。如果约定不合法或者不具体，企业与高管终止劳动关系后，可能会遭受竞业风险、泄密风险或者约定无效。为此，企业可以在劳动合同中签订竞业限制与禁止条款，并约定条款生效的时间，如果当事人违反，企业可向当事高管要求赔偿。

至于保密条款，应尽可能详细列举保密措施，以防止高管在被企业解聘后泄露商业秘密。同时，在约定中还必须规定违约事项，如果当事人违背这些规定，就侵犯了企业的权益，企业可以提起侵权诉讼，其损失由泄密人承担。

11.4 用工形式特殊类职工的劳动关系管理

目前，我国企业劳动用工环节存在着大量的灵活用工形式，如劳务派遣用工、非全日制用工等。灵活用工形式与普通的劳动合同制用工存在着明显差异，它们在用工形式上表现出双重雇主、不完全劳动等特殊性，因此，在对用工形式特殊人员进行劳动关系管理时，要进行特殊的处理。

11.4.1 劳务派遣人员的劳动关系管理

劳动派遣最显著的特征就是劳动力的雇用和使用分离。劳务派遣通常包含三种关系：派遣机构与派遣人员之间是劳动关系，双方订立劳动合同；派遣人员与要派单位之间是劳务关系，要派单位负责安排和管理被派遣人员及其工作；派遣机构与要派单位之间通过劳务派遣协议建立经济关系。

在劳务派遣人员的劳动合同管理方面，《劳动合同法》第 58 条规定："劳务派遣单位是本法所称用人单位，应当履行用人单位对劳动者的义务。劳务派遣单位与被派遣劳动者订立的劳动合同，除应当载明本法第十七条规定的事项外，还应当载明被派遣劳动者的用工单位以及派遣期限、工作岗位等情况。劳务派遣单位应当与被派遣劳动者订立二年以上的固定期限劳动合同，按月支付劳动报酬；被派遣劳动者在无工作期间，劳务派遣单位应当按照所在地人民政府规定的最低工资标准，向其按月支付报酬。"当劳动合同到期终止或者被解除，派遣机构无需支付经济补偿金。

在劳务派遣人员的劳动管理方面，《劳动合同法》第 92 条规定，因派遣单位违法，给派遣劳动者造成损害的，劳务派遣单位与用工单位承担连带赔偿责任。《劳动合同法实施条例》第 35 条规定，因用工单位违法而给被派遣劳动者造成损失的，劳务派遣单位和用工单位承担连带赔偿责任。因此，无论是派遣单位违法，还是用工单位违法，都应当对劳务派遣员工承担完全连带赔偿责任。这里，完全连带责任指的是劳务派遣公司或用工单位，无论由哪方违法导致劳动者受损，都应当独立对派遣劳动者承担所有的赔偿责任。即使被派遣劳动者只对一方提起仲裁或起诉，派遣和要派单位都要承担共同雇主责任。

11.4.2 借调职工的劳动关系管理

1. 借调与借调职工概述

借调是指一个用人单位（借调单位）因工作上的特殊需要，从其他组织（出借单位）商借其现职工作人员在借调单位担任特定的职务并完成相应的工作，他们在出借单位的原有工作由其他人员代理的现象。

被借调的人员即为借调职工。

按照被借调人员的去向，借调分为上调、平调、下调三种形式。

人员借调的特征有三点：

①被借调人员的行政、人事关系仍然保留在原单位。

②被借调人员与借调单位之间不是行政隶属关系，而仅仅表现为工作关系。被借调人员根据借调单位的安排进行工作。

③借调存在期限，借调期限截止后被借调人员返回出借单位继续工作，而不再与借调单位发生关系。

2. 既有劳动关系下的借调程序

人员借调的一般程序为：借调单位首先要征求被借调人员和出借单位的意见，获得同意后报请上级人事部门审核，审核通过后再进行人员借调。

3. 借调职工与劳动关系处理

对企业来讲，职工借调一般有两种情形：

第一种，被借调人员借调到新单位工作后，仍与出借单位保留劳动关系。如果是这种情况，被借调人员的人事管理和日常管理由借用双方通过借调协议的方式来具体约定。其中，被借调人员借调期间的工作年限按出借单位的连续工龄计算，其工资、社会保险及福利待遇的支付以借调协议的约定来处置。这里还应注意的是，如果借调期间被借调人员受到工伤事故伤害，按照《工伤保险条例》，出借单位应承担工伤保险责任，然后再通过约定的方式与借调单位达成补偿办法。

第二种，如果借调行为最终导致了劳动合同主体的变更，此时，借调人员与出借单位之间的劳动合同应履行解除或终止手续。借调人员应与借调单位经平等协商签订新的劳动合同，出借单位应将该职工的社保关系转移到借调单位，该职工的劳动关系管理按照新的劳动合同来执行。

11.4.3 非全日制职工的劳动关系管理

非全日制用工是指以小时计酬为主，劳动者在同一用人单位一般平均每日工作时间不超过4小时，每周工作时间累计不超过24小时的用工形式。

表11-8 非全日制用工与全日制用工的劳动关系管理比较

	非全日制用工	全日制用工
劳动合同的形式不同	用人单位既可以与劳动者签订书面劳动合同，也可以订立口头协议。口头协议一般限于个体工商户、特小企业或仅一次性、短期使用非全日制劳动者的情形	用人单位应与劳动者签订书面劳动合同

续表

	非全日制用工	全日制用工
试用期约定不同	双方不能约定试用期	双方可以约定试用期
对兼职的要求不同	法律允许劳动者与多个用人单位建立非全日制劳动关系	如果最先与劳动者签订劳动合同的用人单位明确规定劳动者不得兼职，则劳动者不可以同时与其他用人单位建立劳动关系
工作时间不同	每天不超过4小时且每周不超过24小时	每日不超过8小时且每周不超过40个小时
计酬方式及工资支付周期不同	采取计时工资制，工资支付周期不超过15日	一般是按月计酬，支付周期比非全日制长，通常为一个月
劳动合同解除的规定不同	劳动关系双方均可随时解除合同且用人单位无需支付经济补偿金	劳动合同的解除和终止必须严格按照《劳动合同法》的规定执行
在是否适用特殊用工方式上不同	不可适用劳务派遣	可以适用劳务派遣
用人单位缴纳的社会保险的种类不同	用人单位仅需为劳动者办理工伤保险，其他险种可以根据需要选择适用	用人单位必须按照所在地的要求为劳动者缴纳国家规定的各项社会保险费

1. 非全日制用工与最低工资标准

非全日制劳动者的工资不应低于当地最低工资标准。目前，大部分省市及地区均采用小时最低工资标准制对非全日制劳动者的最低小时工资进行限定（比如，北京市为9.6元/小时，上海市8.0元/小时等）。此外，非全日制用工形式下的小时最低工资标准包含了养老、医疗、失业和工伤保险费的额度，用人单位无需再额外承担上述社会保险的缴费责任。

2. 非全日制用工与加班

非全日制用工一般不允许加班，否则将被界定为全日制用工。如果在法定节假日确实需要加班的，用人单位应向劳动者支付加班工资。按照《关于非全日制用工若干问题的意见》及《劳动合同法》，用人单位应向在法定节假日加班的非全日制劳动者支付300%的加班工资。还有些地方通过规定法定节假日小时最低工资的办法来对非全日制劳动者的加班工资进行限定。如北京市《关于调整北京市2008年最低工资标准的通知》规定，非全日制劳动者法定节假日小时最低工资为22元/小时。

3. 非全日制用工与社会保险

非全日制劳动者参加基本养老保险时，原则上参照个体工商户的参保办法执行。达到法定退休条件时，按国家规定计发基本养老金。

参加基本医疗保险时，按照待遇水平与缴费水平挂钩的原则享受基本医疗保险待遇。

非全日制劳动者发生工伤时，依法享受工伤保险待遇。被鉴定为五级至十级伤残的，经劳动者与用人单位协商一致，可以一次性结算伤残待遇及有关费用。

4. 非全日制用工与试用期

根据《劳动合同法》规定，企业虽不应与非全日制劳动者约定试用期，但仍应对新入职人员进行必要的安全、纪律、基本工作要求的培训，并做好相应纪录。

11.4.4 劳务工的劳动关系管理

1. 劳务工的概念

劳务工的概念有广义和狭义之分。广义的劳务工指的是与由劳动行政部门资质认定，经工商部门注册登记的劳务型公司签订劳动合同或劳务合同后向实际用工单位进行劳务输出，从事劳动服务的一种用工形式，劳动者与劳务型公司建立劳动关系或劳务关系，劳动者与劳务输入的实际用人单位不发生劳动关系和劳务关系，只是从事劳动服务。狭义的劳务工是指没有城镇常住户口而被用人单位招用的人员。

知识拓展　　广义的劳务关系的种类

(1) 用人单位将某项工程包给某个人员或某些人员，或者将某项临时性或一次性工作交给某个人或某些人，双方订立劳务合同，形成劳务关系。

(2) 用人单位向劳务派遣机构提出所需人员的条件，由劳务派遣机构向用人单位派遣劳务人员。

(3) 用人单位中的待岗、下岗、内退、停薪留职人员，在既有的劳动关系之外，从事一些临时性有酬工作而与另外的用人单位建立的劳务关系。

(4) 已经办完离退休手续的离退休人员再就业，与用人单位形成新的雇佣关系并签订聘用合同。

2. 劳务工的招用条件及程序

(1) 招用条件。劳务工一般应具备的条件是：年满16周岁；身体健康；具有初中及以上文化程度。

（2）招用程序。除劳务派遣用工形式外，用工单位招用劳务工的程序如下。

用工单位招用劳务工之前，应向对之有管辖权的劳动行政部门提出申请，说明招工理由、招工人数和招工地区。

劳动行政部门批准后，办理《用工许可证》。用工单位应与劳务工在上岗之前签订劳动合同。若用工单位需对劳务工进行培训或试用，应在培训或试用之前签订劳动合同。劳务工从事电工、焊工、起重工、锅炉司炉工等特种作业，以及由劳动行政部门认定的对操作者本人的安全，或者对他人和周围设施的安全有重大危害因素的其他特种作业的，必须经过专门培训，取得劳动行政部门核发的《特种作业人员操作证》，方可从事相应工种作业。

自合同签订之日起15日内，用工单位应到劳动行政部门办理用工手续，并按有关规定到公安机关办理暂住手续。用工单位招用劳务工，不得收取报名费及押金，不得将暂住人口管理费和应由用工单位负担的社会保险费转嫁给劳务工负担，不得强制劳务工向本单位投资。

3. 劳务工的工作待遇及工作条件

劳务工的工资支付应遵循劳动法律的规定以及双方间的约定。其工资标准不低于当地最低工资标准。

用工单位和劳务工应按规定办理社会保险，按时缴纳各项社会保险费，并享受社会保险待遇。

用工单位应当严格执行国家规定的工时制度。在法律允许延长工作时间的期限内安排劳务工加班加点，必须征得工会和劳务工本人的同意，并按规定支付劳务工加班工资。用人单位强制和胁迫劳务工加班加点的，劳务工有权予以拒绝。

用工单位应严格执行有关劳动保护、劳动安全卫生的法律法规，建立健全劳动保护、劳动安全卫生制度。严禁将劳务工宿舍与仓库、工作场所混同使用。

用工单位应对劳务工中的女工和未成年工依法实行特殊劳动保护。

11.5　工龄特殊类职工的劳动关系管理

所谓的工龄特殊职工，主要包括连续工龄10年的职工、连续工龄15年且距退休5年内的职工。工龄特殊职工的劳动关系管理的特别之处主要表现在劳动合同的续订、解除、中止以及与工龄相关的福利管理等方面。

11.5.1 连续工龄10年的职工的劳动关系管理

对于连续工龄10年的职工，我国《劳动合同法》规定，对于劳动者在同一用人单位连续工作满10年的；对于用人单位初次实行劳动合同制度，或者国有企业改制重新订立劳动合同时，劳动者在该用人单位连续工作满10年且距法定退休年龄不足10年的，如果劳动者提出或者同意续订、订立劳动合同，除劳动者提出订立固定期限劳动合同外，企业应当与之订立无固定期限劳动合同。如果企业违反规定不与劳动者订立无固定期限劳动合同，自应当订立无固定期限劳动合同之日起向劳动者每月支付两倍的工资。

11.5.2 连续工龄15年且距法定退休年龄不足5年的职工的劳动关系管理

对于连续工龄15年且距法定退休年龄不足5年的职工，用人单位只可以在双方协商一致的情况下与其解除劳动合同。如果因企业改制而致使劳动合同无法继续履行，则企业也不能在达不成一致的情况下，单方面通过预告的形式解除与这类职工的劳动合同。此时，改制后的企业应保留其原劳动关系，为其继续缴纳社会保险费。当其达到法定退休年龄时，再为他们办理退休手续。这说明，用人单位不得对这类职工行使单方面解除劳动合同的权利。反过来，对于这类劳动者来讲，如果是他们自己主动提出解除劳动合同，则企业可以与其解除劳动合同，且可以不支付经济补偿金。

11.5.3 工龄与福利管理

工龄与福利管理关系密切。下面以上海市企业福利管理规定为例来说明两者之间的关系（见表11-9）。

表11-9　　工龄与福利支付的关系——以上海市企业为例

福利项目	具体规定	
年休假	劳动者连续工作一年以上的，享受带薪年休假 工龄5~15年的，带薪年休假为7天 工龄15~25年的，带薪年休假为10天 工龄25年的，带薪年休假为14天	
医疗期	1. 2002年5月1日前与用人单位签订劳动合同的劳动者	
	一般工龄未满10年，在本单位连续工龄未满5年	3个月
	一般工龄未满10年，在本单位连续工龄满5年	6个月

续表

<table>
<tr><th>福利项目</th><th colspan="2">具体规定</th></tr>
<tr><td rowspan="11">医疗期</td><td>一般工龄满10，未满20年，在本单位连续工龄未满5年</td><td>6个月</td></tr>
<tr><td>一般工龄满10，未满20年，在本单位工作年限满5年未满10年</td><td>9个月</td></tr>
<tr><td>一般工龄满10，未满20年，在本单位工作年限满10年未满15年</td><td>12个月</td></tr>
<tr><td>一般工龄满10，未满20年，在本单位工作年限满15年未满20年</td><td>18个月</td></tr>
<tr><td>一般工龄满20年，在本单位工作年限未满5年</td><td>12个月</td></tr>
<tr><td>一般工龄满20年，在本单位工作年限满5年未满10年</td><td>18个月</td></tr>
<tr><td>一般工龄满20年，在本单位工作年限满10年未满15年</td><td>24个月</td></tr>
<tr><td>一般工龄满20年，在本单位工位年限满15年</td><td>不限定医疗期</td></tr>
<tr><td colspan="2">2. 2002年5月1日前与外商投资企业签订劳动合同者
外商投资企业中的中国职工患病或非因工负伤，按在企业工作时间的长短，给予3个月至1年的医疗期，本企业工龄和一般工龄长的以及在经营中表现卓著的，医疗期可适当延长</td></tr>
<tr><td colspan="2">3. 2002年5月1日后与用人单位签订劳动合同的劳动者
劳动者在本单位工作第1年，医疗期为3个月；以后工作每满1年，医疗期增加1个月，但不超过24个月。劳动者经劳动能力鉴定委员会鉴定为完全丧失劳动能力但不符合退休、退职条件的，应当延长医疗期。延长的医疗期由用人单位与劳动者具体约定，但约定延长的医疗期与前条规定的医疗期合计不得低于24个月</td></tr>
<tr><td colspan="2"></td></tr>
<tr><td>病假工资</td><td colspan="2">职工疾病或非因工负伤连续休假在6个月以内的，企业应按下列标准支付疾病休假工资：连续工龄满4年不满6年的，按本人工资的90%计发；连续工龄满8年以上的，按本人工资的100%计发。职工疾病或非因工负伤连续休假超过6个月的，由企业支付疾病救济费，其中连续工龄不满1年的，按本人工资的40%计发；连续工龄满1年不满3年的，按本人工资的50%计发；连续工龄满3年及以上的，按本人工次的60%计发。</td></tr>
</table>

11.6　地位特殊类职工的劳动关系管理

我国《劳动合同法》对于企业出资培训职工和知悉商业秘密的职工，在签订劳动合同时可以约定服务期和竞业限制条款，如果劳动者违反这些规定，要向企业支付违约金。

11.6.1　企业出资培训的职工的劳动关系管理

1. 《劳动合同法》关于企业出资培训职工的规定

《劳动合同法》第22条规定，用人单位为劳动者提供专项培训费用，对其进行专业技术培训的，可以与该劳动者订立协议，约定服务期。劳动者违反服务期约定的，应当按照约定向用人单位支付违约金。违约金的数额不得超过用人单位提供的培训费用。用人单位要求劳动者支付的违约金不得超过服务期尚未履行部分所应分摊的培训费用。用人单位与劳动者约定服务期的，不影响按照正常的工资调整机制提高劳动者在服务期间的劳动报酬。

2. 对《劳动合同法》规定的解释

规定中提到的可以约定劳动者违约金的"培训"主要是指"专业技术培训"，而非职业培训、上岗培训等其他形式的培训。

所谓专业技术培训，在法律上并没有明确定义，通俗讲这种培训是指企业为了满足本企业中特殊岗位的工作需要，对这些岗位上的员工进行以提高专业操作技能及加强对专业知识的了解为主要内容的培训。

这类培训在内容上强调要围绕着特定岗位的技能开发来设计培训方案；其培训的主体大多是规格较高的一些企业外部的专业化的培训机构；培训持续的时间也相对较长，通常有几个月甚至更长时间。

规定中所谓的"培训费用"，主要包括用人单位为了对该劳动者进行专业技术培训而支付的有凭证的培训费用、培训期间的差旅费用以及因培训产生的用于该劳动者的其他直接费用。

知识拓展　　职业培训及其种类、特点

职业培训通常是指针对准备就业和已经就业的人员，以开发其职业技能为目的而进行的技术业务知识和实际操作能力的教育和训练。其种类包括：初中高级职业培训、劳动预备制度培训、再就业培训和企业职工培训。培训工作主要由技工学校、就业训练中心、社会力量办学等各级各类职业培训机构承担。其对象是企业的全体职工，内容包括员工职业道德、文化素质、纪律观念和职业技能等多个方面。

双方要约定的"服务期"，是指当事人双方在劳动合同或者其附件中约定的、对劳动者有特殊约束力的、劳动者因获得特殊的劳动条件而应有义务与用人单位持续劳动关系的期限。

关于劳动合同期限与服务期之间的关系，司法解释认为，劳动合同期满，但用人单位与劳动者所约定的服务期尚未到期时，劳动合同应当续延至服务期满。双方另有约定的，再从其约定。

关于劳动者违反服务期约定而应支付违约金的数额，我国劳动法律采取的是限制性违约金

的规制办法，也就是说违约金的总额不得超过培训费用。此外，在劳动者已履行部分服务期的情况下，应当根据已履行服务期在原约定服务期中所占比例，相应减少违约金支付数额。

11.6.2　知悉商业秘密的职工的劳动关系管理

针对“知悉商业秘密的职工”，用人单位依据法律与劳动者在劳动合同中约定保守用人单位商业秘密和与知识产权相关的保密事项。对负有保密义务的劳动者，用人单位可以在劳动合同或者保密协议中与劳动者约定竞业限制条款。在劳动合同解除或终止，企业在竞业限制期限内按月给予劳动者经济补偿；而劳动者如果违反竞业限制约定，则应按照约定向用人单位支付违约金。

规定中所谓的“商业秘密”，主要指那些不为公众知晓、能为权利人带来经济利益，具有实用性并且权利人已采取保密措施的技术信息或经营信息。《劳动合同法》未对竞业限制经济补偿金和违约金进行数额方面的规定。基于倾斜保护劳动者的立场，企业在与劳动者约定违约金数额时，应考虑进行数额限制。违约金超出竞业限制经济补偿金倍数过高，在发生争议时，可能得不到仲裁或司法机构的支持。

11.6.3　享受其他特殊待遇的职工的劳动关系管理

所谓特殊待遇，主要指普通劳动者普遍享受的工资、培训、保险、福利待遇之外的那些待遇。特殊待遇通常是指用人单位为劳动者提供住房、政策外住房补贴、汽车、购车补贴、境内外旅游度假、大额商业保险、股权安排等具有高市场价值的特殊待遇。

在企业中能够享受到特殊待遇的职工通常不是普通劳动者，而往往是企业高管、掌握企业核心技术或者企业命脉资源的职工。由于他们在与企业建立的劳动关系中往往表现出强势，因此，单从平衡劳动合同当事人双方的利益角度考虑，应当对其享受的特殊待遇进行权利限制。但是，我国劳动法律未就此进行限制性约定。

在实践中，劳动法律没有专门就职工享受特殊待遇而进行权利的平衡和制约。这些特殊待遇通常是通过企业与职工协商约定的形式存在的。因此，企业如果想规避在特殊待遇方面先期投入的风险，可以在约定待遇的同时，另外再有针对性地约定相应责任和补偿办法（例如，在其任期内按月支付政策外住房补贴等）。

在特殊待遇中，为防止高管离职套现等损害企业和股东利益的行为，依据《公司法》，企业高管在其离职半年后方可卖出股权，而深交所的规定更为严格，规定高管离职一年内只能转让股权的50%，一年后才可转让全部股权。

11.7 表现特殊类职工的劳动关系管理

在企业管理过程中，总是存在一定比例的劳动表现特殊的职工。这些职工有的是拒签劳动合同的“钉子户”，有的因失职给企业造成重大损失，还有的不能胜任企业安排的工作或者小错不断。对于这些表现特殊的职工进行劳动关系管理时，应针对特殊情形，准确运用法律来加以管理。

11.7.1 拒签劳动合同的职工的劳动关系管理

劳动者拒签劳动合同是企业劳动关系管理中的常见问题。遇到这种问题，企业的劳动关系管理人员应当首先调查劳动者拒签的真实原因。如果发现是由于企业方面的原因（如劳动合同条款不合理等)，则应尽快就此展开平等协商，在调整后，如果双方能够达成一致，则拒签劳动合同的问题得到妥善解决。如果不能达成一致，则依法进入劳动合同的解除或者中止程序。

表 11－10　　关于劳动者拒签劳动合同的规定

劳动者拒签劳动合同的情形	相关规定
在用工之日起一个月内，职工拒绝签合同	用人单位应当书面通知劳动者终止劳动关系，而无需支付经济补偿金。但应依法向劳动者支付其实际工作日所对应的劳动报酬
在企业发出签订劳动合同通知后，如果超过一个月但不满一年，职工仍然拒绝签订劳动合同	用人单位可以书面通知其解除合同，但需支付劳动者经济补偿金。劳动者工作不满6个月的，经济补偿金按其半个月工资标准支付
在企业发出签订劳动合同通知后，超过一年后，职工仍然拒签劳动合同	视为企业与劳动者订立了无固定期限劳动合同，企业应与其补签书面合同。用人单位在自用工之日起满一个月的次日至满一年的前一日这段时间内，应向职工每月支付双倍工资

劳动者拒签劳动合同，企业应注意保存有相关证据（如单位通知其多少日内签订劳动合同的函等)，已备劳动争议之需。如果法律确认企业劳动合同在内容、程序等方面合法合理，是因劳动者原因而没有签订劳动合同的，则劳动者要承担拒签的责任，如不能享受失业保险金待遇，因养老、医疗等社会保险费不能及时缴纳而无法享受其待遇等。

11.7.2　失职导致企业损失的职工的劳动关系管理

失职是指企业职工未按规定履行其工作职责，导致对本单位或对其服务对象的权益侵害的行为。严重的失职可构成犯罪。

《劳动法》第25条和《劳动合同法》第39条中规定，严重失职，营私舞弊，对用人单位利益造成重大损害的，用人单位可以单方面解除劳动合同，且无需支付经济补偿金。

用人单位根据上述法条单方面解除劳动合同，一旦发生劳动争议，用人单位要承担举证责任。用人单位必须对以下两方面事项能够提供足够的证明：①劳动者的失职行为属于“严重失职”。②劳动者的严重失职行为和用人单位利益的重大损害之间存在因果关系。用人单位提供的证据如果不完整、不充分，则可能在争议中失败。

知识拓展　　严重失职的概念及司法判定要件

严重失职和营私舞弊是指劳动者在履行劳动合同期间，违反其忠于职守、维护和增进用人单位利益的义务，有未尽职责的严重过失行为或者利用职务之便牟取私利的故意行为，使用人单位的有形财产、无形财产或人员遭受重大损害。例如，因玩忽职守而造成重大事故，贪污受贿，泄露或出卖商业秘密等。其中的“重大损害”，可由仲裁或司法机关根据企业的类型、规模和损害程度等情况，依据企业规章的规定来进行认定。

对于严重失职，在司法认定上至少有两个要件：①企业应制定有明确的岗位职责，这是认定“失职”的前提；②严重失职里的“严重”包含有两层意思，即“严重”的行为再加“重大”的损害，缺乏任何一个，都构不成“严重失职”。

11.7.3　不能胜任工作的职工的劳动关系管理

劳动法律中提到的“不能胜任工作”通常是指有证据表明劳动者不能按要求完成劳动合同中约定的工作任务或者同工种、同岗位人员的工作量。

知识拓展　　对是否“胜任工作”的理解

劳动者“是否胜任工作”在劳动合同管理中是一个非常重要的概念。由于其涉及劳动合同的单方面解除，因此，需要在法律所认可的程序下才能完成认定。

我国法律规定，劳动者不能胜任工作的举证责任由用人单位承担。举证内容包括：

(1) 用人单位必须在合法有效的规章制度中明确设定“不能胜任工作”的标准，并依据这一标准事先对劳动者进行考核。如果劳动者未达到考核标准，才可对其做出不能胜任工作的认定。

(2) 上述认定不能直接导致企业对劳动者行使单方解除权。企业应证明在认定劳动者不胜任工作后对其进行培训或调岗。

(3) 如果经过培训，员工还不能胜任原工作的，或者是经调岗后还不能胜任新的岗位要求的，用人单位才可以依法解除劳动合同。

依据《劳动合同法》第40条和第87条的规定，劳动者不能胜任工作的，必须由用人单位提供培训或者调整工作岗位，如经过培训或调整岗位仍不能胜任工作的，用人单位可以选择提前30日以书面形式通知劳动者本人或者选择额外支付劳动者一个月工资，然后解除劳动合同。如果单位不经过培训或调整工作岗位就解除劳动合同，则属于违法解除劳动合同，需要支付双倍经济补偿。

在对不胜任工作的劳动者进行劳动合同管理时，需要对几类特殊的职工施以特别的措施(见表11－11)。

表11－11　不能胜任工作的特殊类劳动者的劳动合同管理

特殊类劳动者	劳动合同管理的特别措施
怀孕女职工	女职工在孕期、产期、哺乳期的，企业不得以其不能从事原工作也不能从事由用人单位另行安排的工作的原因解除其劳动合同
签订了无固定期限劳动合同的职工	签订了无固定期限劳动合同的职工严重违反用人单位的规章制度的；严重失职，营私舞弊，给用人单位造成重大损害的，用人单位都可以单方面解除劳动合同 劳动者不能胜任工作，经过培训或者调岗，仍然不能胜任的，用人单位只要提前30日以书面形式通知劳动者本人或者额外支付劳动者一个月工资后，可以解除劳动合同
病患职工和非因工负伤的职工	劳动者患病或者非因工负伤，医疗期满后，不能从事原工作也不能从事由用人单位另行安排的工作的，用人单位可以解除劳动合同，但是应当提前30日以书面形式通知劳动者本人
工伤职工	在本单位患职业病或者因工负伤并被确认丧失或者部分丧失劳动能力的，用人单位不得依照《劳动合同法》第40条、第41条的规定解除劳动合同
试用期职工	用人单位须在试用期间证明劳动者不符合录用条件，才可以解除劳动合同。以试用期不符合录用条件为由解除劳动合同，用人单位应在试用期内对劳动者进行考核、评价，并在试用期内做出解除劳动合同的决定

11.7.4 屡犯小错的职工的劳动关系管理

在企业中，总是有一些职工小错不断、大错不犯，对此，企业的人力资源管理人员或者劳动关系管理人员有责任通过切实有效的管理手段，来引导、督促其纠正对企业不利的行为。

在实践中，对于屡犯小错的职工，企业可以通过内部规章制度来调整和约束其劳动行为。

对于屡犯小错的职工的处理，应遵循警告性原则、即时性原则和公平性原则。警告性原则是指在规章制度中明确告知何种行为会受到何种惩罚。即时性原则是指职工一旦触犯规定，就会受到足以对其产生警示效应的惩处。公平性原则是指企业内部奖惩规章对企业所有职工均适用，且在规则的适用上一视同仁。

企业应结合自身的经营特点来制定相应的劳动规则、流程和规范。这些劳动规范，应做到标准、明确，如果可能，应详细注明每一种规范适用的对象、适用的行为以及对应的后果、行为是故意还是过失等，以使各种情况有所区别。

知识拓展　　关于惩戒制度

1. 制定程序

《劳动法》规定：用人单位在制定、修改或者决定有关劳动报酬、工作时间、休息休假、劳动纪律等直接涉及劳动者切身利益的规章制度或者重大事项时，应当经职工代表大会或者全体职工讨论，提出方案和意见，与工会或者职工代表平等协商确定。实践中，很多企业都是采用管理方首先拟定规章制度，然后再通过一定的民主程序，最终形成内部管理规章。

2. 惩戒制度的载体和形式

①先按照法定的民主程序制定出本企业的规章制度，然后将其纳入劳动合同的附件；

②企业行政方先将劳动纪律和惩戒的内容罗列出来，然后再通过订立劳动合同的协商一致程序直接将其列为劳动合同附件。

劳动纪律及惩戒制度的形式一般有两种，一种是列举式，只有在规章制度中列举出来的行为才能惩戒。另一种是列举式，即规定除了规章制度中列举出来的行为，其他只要违背了单位正常秩序的行为，同样可以惩戒。

本章小结

本章就企业特殊类劳动者的劳动关系管理展开分类论述。

身份特殊类劳动者有四类。对于尚未获得或者刚刚获得企业职工身份的实习生、见习生以及试用期员工来讲，劳动关系管理的关键点在于劳使双方建立劳动关系时的对劳动报酬及福利待遇等进行特别的约定。对于返聘、内退、协保、和停薪留职人员，劳动关系管理的着力点在于，因事实劳动关系的变动而需要在对原劳动合同进行变更、解除和终止程序时就劳动报酬、社会保险等条款进行特别的约定。对于应征入伍职工及复退和转业的军人而言，应特别注意服役协议与劳动合同之间的衔接。对于外籍职工和台、港、澳职工，应注意我国政策对这类人员在就业准入方面的限定。

身体特殊类劳动者主要包括工伤类、病患类、残疾类劳动者和“三期”女职工和未成年工。

职务特殊类劳动者有三类。对于工会干部和职工代表，应注意保障他们在实施工会工作和代表职责时的合法劳动权益免受企业管理方侵害。对于企业高管，应注意他们在劳动关系中处于管理者一方，故而其劳动关系应遵循公司治理结构来建立、变更和解除。

用工形式特殊类劳动者主要有劳务派遣人员、借调人员、非全日制用工人员、劳务工等类型。

工龄特殊类劳动者主要有两类，即连续工龄十年的职工和连续工龄十五年且距退休5年内的职工。

地位特殊类劳动者有三类。对于企业出资培训人员，劳使双方应依法进行服务期和违约金的约定。对于知悉企业商业秘密的人员，企业应与其进行竞业禁止方面的约定。对于享受特殊待遇的人员，特别是享受企业股权分配权益的人员，企业在向其施予特殊福利时，应经董事会或职工代表大会批准后再施行。

表现特殊类劳动者主要指三类人员。对于拒签劳动合同的人员，企业可以酌情采取及时补签或者协商不成后直接启动劳动合同解除或中止程序。对于失职且给企业造成重大损失的人员，企业可单方面解除劳动合同。对于不能胜任工作的人员，企业应依法先进行工作岗位的调整，仍不能胜任新岗位的，除几类特殊人员外，企业可以启动劳动合同解除和中止程序。对于屡犯小错的职工，企业可依法建立内部职工奖惩办法来规范生产经营行为和劳动纪律。

思考题

1. 简述试用期劳动者与其他劳动合同制下的劳动者在劳动合同签订时的区别之处。

2. 分析返聘协议的性质。

3. 简述复退、转业军人到地方就业后，工资和福利待遇的衔接。

4. 外籍劳动者如何在中国申请就业许可?

5. “三期”女职工和未成年工享有哪些法定劳动权利?

6. 工会干部的劳动关系依法受到哪些保护?

7. 简述劳务派遣人员发生工伤时的雇主责任分担。

8. 企业与地位特殊类人员签订劳动合同时应进行哪些特别约定?

9. 企业在特殊类人员不能胜任工作时，应对劳动关系进行哪些特别的处理?

案例思考

王某于2006年11月1日与A公司签订了为期3年的劳动合同。合同约定：王某的工作职位为A公司人事部门经理，月薪为税前RMB22500。2007年7月，A公司认定王某不能胜任人事部门经理的工作，与王某协商：将其工作岗位调整为人事顾问，但保持其工资不变，直至2007年12月31日解除劳动合同。该协商解除方案未获王某同意。2007年8月7日，A公司向全体员工宣布，免去王某人事部门经理职务，并将其工作岗位调整为人事顾问。2007年9月24日，A公司向王某发送《调薪通知》，将王某月薪调整为税前RMB6000。王某在该《通知》上签字确认收到。但王某对A公司的调岗降薪决定持有异议，不配合工作交接。

【问题】

1. A公司能否以王某不胜任工作为由单方面调岗降薪?

2. A公司对王某做出的调岗降薪的决定是否合法有效?

注：本资料选编于北京市劳动和社会保障法学会编，《劳动合同、社会保险与人事争议疑难案例解析》，法律出版社2009年版，第169～174页。

References

参考文献

书籍类

[1] 冯同庆．劳动关系理论．北京：中国劳动社会保障出版社，2009

[2] 黄越钦．劳动法新论．北京：中国政法大学出版社，2003

[3] 常凯．劳权论——当代中国劳动关系的法律调整研究．北京：中国劳动社会保障出版社，2004

[4] 关怀，林嘉．劳动法．北京：中国人民大学出版社，2006

[5] 程延园．集体谈判制度研究．北京：中国人民大学出版社，2004

[6] 佘云霞．市场经济国家的集体谈判制度．北京：中国经济出版社，1999

[7] 孙国华主编．中国特色社会主义法律体系前沿问题研究．北京：中国民主法制出版社，2005

[8] [日] 六本佳平．刘银良译．日本法与日本社会．北京：中国政法大学出版社，2006

[9] 朱景文．比较法社会学的框架和方法——法制化、本土化和全球化．北京：中国人民大学出版社，2001

[10] 黄少安．制度经济学．北京：高等教育出版社，2008

[11] 李琪．产业关系概论．北京：中国劳动社会保障出版社，2008

[12] 戈瑞格．巴姆博等．李诚等译．比较劳资关系（第 3 版）．台北：华泰文化事业有限公司，2000

[13] 许继峰，吴育仁译．比较工会运动．台北：韦伯文化国际出版有限公司，2004

[14] 高爱娣．中国工人运动史．北京：中国劳动社会保障出版社，2008

[15] 常凯．劳动关系学（第 1 版）．北京：中国劳动社会保障出版社，2005

[16] ILO（国际劳工组织）/东亚多功能工作队，“三方性与争议处理”．劳动争议处理工作手册（第 1 版）．北京：中国劳动出版社，1998

[17] 郭庆松．企业劳动关系管理．天津：南开大学出版社，2001

[18] 廖名宗．劳动规章制度研究．北京：法律出版社，2009

[19] 劳动和社会保障部劳动工资研究所编．中国劳动标准体系研究．北京：中国劳动社会保障出版社，2003

[20] 王全兴．劳动法（第二版）．北京：法律出版社，2006

[21] 王益英．外国劳动法和社会保障法．北京：中国政法大学出版社，2001

[22] 甘勇译．劳动法（最新不列颠法律袖珍读本·英汉对照）．武汉：武汉大学出版社，2003

[23] [日] 下井隆史．雇佣关系法．东京：有斐阁，1991

[24] 刘志鹏．劳动法裁判选辑（一）．台北：台湾元照出版公司，1999

[25] 董保华．劳动关系调整的法律机制．上海：交通大学出版社，2000

[26] 彭小绅．劳动合同单方解除制度研究．北京：法律出版社，2009。

[27] 丹尼斯·罗伊德．张茂柏译．法律的理念．北京：新星出版社，2005

[28] 董保华主编．劳动合同研究．北京：中国劳动社会保障出版社，2005

[29] 北京市劳动和社会保障法学会编．劳动合同、社会保险与人事争议疑难案例解析．北京：法律出版社，2009

[30] 劳动科研所劳动法学研究会编．劳动法手册．北京：经济管理出版社，1988

[31] 郑尚元．劳动争议处理程序法的现代化．北京：中国方正出版社，2004

[32] 贾俊玲．劳动法学．北京：中国广播电视大学出版社，2003

[33] 史尚宽．劳动法原论．台北：台湾正大印书馆，1978

[34] 杨燕绥．劳动与社会保障立法国际比较研究．北京：中国劳动社会保障出版社，2001

[35] 吴晓巍主编．企业劳动关系管理．大连：东北财经大学出版社，2009

[36] 刘旭．国际劳工标准概述．北京：中国劳动和社会保障出版社，2003

[37] 石美遐，Lisa Stearns 主编．全球化背景下的国际劳工标准与劳动法研究．北京：中国劳动和社会保障出版社，2005

[38] 王东，曹晓薇．美国、日本及北欧三国劳动关系的形成与运行机制研究．北京：社会科学文献出版社，2007

[39] 廖名宗．劳动规章制度研究．北京：法律出版社，2009

论文类

[40] 林嘉．我国的劳动法律制度．中国人大，2006（1）

[41] 佘云霞．英国的集体谈判．工会理论与实践，1996（1）

[42] 赵炜．美国的集体谈判．工会理沦与实践，1996（4）

[43] 关怀．略论集体合同制度．法制与社会发展，1996（2）

[44] 陆颖音．浅析欧盟国家集体谈判制度 80 年代以来的新发展动态．内蒙古科技与经济，2004（7）

[45] 黄燕东，杨宜勇．美、德、日集体谈判制度的比较研究．首都经济贸易大学学报，2006（6）

[46] 欧阳帆．国外集体谈判制度的比较分析．中国集体经济，2007（23）

[47] 欧阳应斌．市场经济发达国家集体谈判制度面面观．工会博览，2007（5）

[48] 朱健．集体谈判制度在国外．中国劳动保障，2008（4）

[49] W illiam R. Simpson. The ILO and Tripartism：Some reflection. in Monthly Labour Review，Vol·117，No·9（Sept.）.

[50] 姜列青．调解社会和劳动关系的重要机制－国外三方协商机制的理论和实践活动．天津市工会管理干部学院学报，2002（4）

[51] 董嘉骊．德国的三方协商机制．工会博览，2001（15）

[52] 中企联雇主工作部．透视挪威、法国三方协调机制及人力资源管理．上海企业，2005（2）

[53] 范建，张首．德国法中雇员参与、公司决策制度比较研究．外国法译评，1996（3）

[54] 龚一萍．试论企业劳动关系．中国工业经济，1998（6）

[55] 马隽戎等．转型期国有企业劳动关系研究报告．洛阳农业高等专科学校学报，1999（12）

[56] 刘启军，刘刚．国有企业劳动关系变化的基本态势与对策性思考．理论学习与探索，1995（5）

[57] 吴中宇．我国当前国有企业与私营企业劳动关系比较研究．华中理工大学学报（社会科学版），1997（1）

[58] 陈永志．中外私营企业雇佣劳动关系比较研究．世界经济与政治，1995（10）

[59] 陈永志．私营经济雇佣劳动关系剖析．厦门大学学报（哲社版），1995（1）

[60] 焦连．正确处理三资企业的劳资关系．江苏经济探讨，1999（6）

[61] 许晓军．略论我国乡镇企业的劳动关系．工会理论与实践，1996（1）

[62] 温海池．关于我国现阶段劳动关系的几个问题．南开经济研究，1994（5）

[63] 卢现祥．转轨时期我国非公有制企业劳资关系形成的特征．经济问题，1999（11）

[64] 孙达林，杨勇．私营企业劳动关系存在的问题及对策．统计与决策，2003（3）

[65] 刘秀华．从劳资关系看当代中国私营经济的基本性质．山西财经大学学报，2000（5）

[66] 马连杰，陈捍宁．论外商投资企业的劳资关系．经济问题，1996（4）

[67] 卢现祥．转轨时期我国非公有制企业劳资关系形成的特征．经济问题，1999（11）

[68] 2008 年工会组织和工会工作发展状况统计公报．工运研究，2009（13）

[69] 石美遐．中外劳动合同立法比较研究．环球法律评论，2006（6）

[70] 刘和平．劳动合同特殊性初探．安徽律师，1999（4）

[71] 董保华．论我国无固定期限劳动合同．法商研究，2007（6）

[72] 张春华，张继钢．关于书面劳动合同订立的几个问题．法学之窗，2010（5）

[73] 钱叶芳．劳动合同变更制度的法律问题研究—兼析苏、浙、沪高院的指导意见．法治研究，2010（9）

[74] 哈萨克斯坦共和国劳动法典．中华人民共和国商务部网，http：//kz. mofcom. gov. cn/aarticle，2009. 05. 13。

[75] 钟鞍刚，杨荣华．立法构建和谐稳定的劳动关系．法制日报，2005 年 9 月 13 日

[76] 娄娜．加班现象及加班规定研究．中国人力资源开发，2009（4）

[77] 劳动科研所劳动法学研究会编．劳动法手册．1988 年 3 月第 1 版

[78] 邱宁．论集体合同的制度框架及其实施．改革与战略，2009（6）

[79] 杨冬梅．国有企业集体合同内容的两点思考．工会理论与实践，1997（4）

[80] 郑尚元．集体协商”与“集体合同”词义辩”．北京市工会干部学院学报，2005（3）

[81] 程延园．我国劳动争议的发展变化与劳动关系的调整．经济理论与经济管理，2003（1）

[82] 韩淑华．集体合同争议解决机制问题研究．西安财经学院学报，2010（5）

[83] 江山．试用期管理的劳动法律问题．中国劳动，2008（4）

[84] 何伦坤．返聘的劳动法规制研究．理论学刊，2010（5）

[85] 宋辉，李定柏．返聘与解聘．中国电力企业管理（农电版），2008（9）

[86] 江山，李偏．内退制度设计与内退职工管理．中国劳动，2008（8）

[87] 停薪留职后解除劳动合同经济补偿金如何计算．中国社会保障，2007（8）

[88] 沈海燕．破解女职工“三期”管理难题．人力资源，2010（11）

[89] 胡志鑫，陈立林．未成年工维权问题探析．玉林师范学院学报（哲学社会科学），2004（6）

[90] 吴亚平．关于企业工会干部保护的几个问题．工会理论研究，2007（2）

[91] 高管．劳动争议困惑何时画上句号．劳动报，2010年11月13日

[92] 陈昱．如何解聘高管．中国民营科技与经济，2006（12）

[93] 劳务派遣中的连带责任如何界定．中国劳动保障报，2009年7月14日

[94] 刘畅，肖雪非等．非全日制用工相关概念及实操．中国劳动，2009（12）

[95] 聂辉．谈服务期协议争议处理的几个问题．中国劳动，2008（12）

[96] 刘文华．服务期约定应当有一个合理限制．中国劳动，2006（12）

[97] 陈峰，谢立新．企业职工奖惩条例废止后员工违纪惩戒对策研究．现代商业，2009（5）

学位论文类

[98] 余洪峰．我国劳动合同违约金制度研究．西南政法大学硕士学位论文，2009

[99] 高云嵩．海上劳动领域三方性机制研究．大连海事大学硕士论文，2007

[100] 鲁银梭．民营经济劳资关系三方协调机制中存在的问题研究．安徽大学硕士论文，2007

[101] 花蓓　上海市劳动关系三方协调机制研究．华东师范大学硕士论文，2006

[102] 金廉凤．劳动关系三方协调机制研究．华东政法大学硕士论文，2009

[103] 高新峰．集体合同制度若干法律问题研究．复旦大学硕士论文，2008

[104] 章俊．集体合同制度研究．华中师范大学硕士论文，2008

[105] 曾志浩．集体谈判工资制度研究．华东交通大学硕士论文，2006

[106] 杜杨．论集体谈判权．西南财经大学硕士论文，2007

[107] 张秋．我国集体合同主体的法律问题研究．湖南大学硕士论文，2007

[108] 殷建华．中国集体合同的现状及问题解决．内蒙古大学硕士论文，2008

[109] 沈挖慧．劳动合同变更问题研究．厦门大学硕士论文，2007

[110] 叶婷．我国劳动合同期限问题研究．吉林大学硕士论文，2007

[111] 孙凯．无固定期限劳动合同研究．厦门大学硕士论文，2009

[112] 刘隽．劳动经济补偿金法律制度研究．重庆大学硕士论文，2009

[113] 余洪峰．我国劳动合同违约金制度研究．西南政法大学硕士学位论文，2009

[114] 蔡毅芬．劳动争议仲裁制度之研究．中国政法大学博士学位论文，2006

[115] 郭志刚．西南财经大学博士论文．无边界组织下雇佣关系研究，2007

[116] 龚基云．转型期中国劳动关系研究．南京师范大学博士论文，2004